シティズンシップ論の射程

藤原 孝・山田竜作【編】

日本経済評論社

目次

序論　シティズンシップ論とデモクラシー

藤原　孝
山田竜作

二一世紀初頭の現在、日本の社会科学でシティズンシップ論がひときわ活況を呈している。すでに一九八九年の冷戦終結の前後から、欧米の市民社会論やいわゆるラディカル・デモクラシー論において、「市民とは誰か」「市民であるとはいかなることか」という意味での「シティズンシップ（citizenship）」は重要な概念となっていた。それらの諸議論の日本への紹介が、二〇世紀最後の一〇年間に精力的になされた末に、今や「シティズンシップ」の名を冠した著書や論文、あるいは学会報告が、政治学・社会学・教育学などの分野で急増している。

しかし、日本で「市民」という言葉に注目が集まったのは、何もポスト冷戦期になって初めてのことではない。マルクス主義的な階級概念としての「ブルジョアジー」とは異なる、デモクラシーを担う政治主体を表す言葉として「市民」が明示的に語られるようになったのは、一九六〇年の「安保闘争」の頃からであったろう。そして六〇年代は、高度経済成長に対峙する面としての環境破壊・都市問題に対する住民運動や、ベトナム反戦運動、学生運動などの社会運動に彩られた時代でもあった。久野収や高畠通敏は「生活者」としての市民を考え、鶴見俊輔は「私」（＝自分自身としての市民）から発する「根もとからの民主主義」を論じた。「ベトナムに平和を！市民連合」の中心的役割を担った小田実にとって、「市民」とは文字通り「ただの人」であった。

だが、市民参加や市民自治が語られるようになった一九六〇～七〇年代の日本においては、松下圭一も指摘したように、「市民」という言葉は往々にして、専門用語としてのみ通用するか、あるいは特定の行政区画に居住する「住民」としてもっぱら理解され、十分に定着した言葉とはなっていなかった。それが、現在ではどうだろう。「市民社会」はもとより、NGO／NPOなどの「市民団体」や「市民運動」など、「市民」という言葉はごく普通に使われるようになっている。半世紀という時間の流れのなせる技であろうか。にもかかわらず、「市民とは誰か」「市民であるとはいかなることか」について、日本の文脈で十分な議論の蓄積がなされてきたとはなかなか言い難い。現在のシティズンシップ論の盛況ぶりは、裏を返せば、この半世紀の間の議論のギャップを埋める知的作業の必要性をも意味していると言えよう。

欧米の場合、イギリスの社会学者T・H・マーシャルがその有名な「シティズンシップ」の定式化を行なったのは一九四九年であった。しかし、「市民の権利とは何か」「市民であるとはいかなることか」をめぐる議論が、デモクラシー論や福祉国家論と連動する形で改めて顕著になったのは、一九七〇年代頃と考えられる。その要因として、まず第一に挙げられるのは、一九六〇年代の多くの社会運動を経た後の、七〇年代以降の「参加デモクラシー論」の潮流である。第二次世界大戦後の欧米のデモクラシー論では、市民の政治参加を選挙（エリート選出）に限定することで政治的安定化を図ろうとする「利益集団多元主義」が主流であった。それに対して参加デモクラシー論では、より直接的な市民の政治参加・意思決定の必要性が説かれ、市民生活にとって日常的な職場を民主化する産業デモクラシーもまた語られた。そこでは、言わば「ストロング・デモクラシー」（B・R・バーバー）が模索されたのであり、その議論は現在でも継続中である。

第二の要因は、「国家の失敗」と言われた、一九七〇年代の福祉国家の行き詰まりである。七九年にはイギリスでサッチャー政権が、また翌八〇年にはアメリカでレーガン政権が発足することで、現在にいたる「ネオ・リベラリズム」へと大きく舵を切られた時代にあって、シティズンシップとは何よりも「労働」と結びつけて考えられた。つまり、雇用されず国家の福祉をあてにして生活しているフリーライダーは「市民」たる資格はない、とされたのである。ここでは、シティズンシップをめぐる言説は、むしろ福祉削減という目的のためになされたと言うことができよう。

以上の要因の他に、現代的なシティズンシップ論を検討する際に無視し得ないのは、一九六〇年代に登場したいわゆる第二波フェミニズムである。従来のシティズンシップが、国家と個人との間に結ばれる権利・義務関係として考えられるにせよ、あるいは前述のように労働とセットで考えられるにせよ、そこで「市民」とされた人間は男性であり、女性は形式的に参政権を与えられたとしても「二級市民」扱いを受けてきた。ゆえに、一八世紀以来の「男女同権」を追究するフェミニズムとは異なり、むしろ男女の「差異」を重視し、公／私の区分という社会科学の前提そのものの問い直しを迫るところに、現代的なフェミニズムの知的貢献はあったのである。

そして、「差異」の強調は「アイデンティティの個別性」への着目を伴うことから、多文化主義とシティズンシップの問題も浮上した。女性のみならず、同性愛者や障害者、あるいは少数民族など、社会のメインストリームから異質とされ差別される「マイノリティ」（数の上で少数とは限らない）が、自らのアイデンティティの承認を求めて闘争する――やはり六〇年代に端を発したそうした諸々の運動が、デモクラシーの安定性を脅かす大衆運動としてでなく、むしろ「さらなる民主化要求」の問題として認識されたのである。ここで問われているのは、普遍的なシティズンシップを装っているメインストリームが、実は白人・男性・健常者・異性愛者という個別性を不当に普遍化しているという問題であり、追求されるべき民主的社会は排除なき多元主義的なものだということになる。

さらに見落とせないのは、一九七〇年代頃から顕著になったグローバリゼーションである。すでにその時代から、ヒト・カネ・モノが国境を越えて移動することで、国内と国外とを分ける境界線が著しく低くなりつつあったが、冷戦終結以後、資本主義的な面でのグローバル化はそのスピードを加速させた。その中で、国民国家という単位の自明性がゆらぎ、「国籍」という意味でのシティズンシップが疑問視されるようになる。誰が政治共同体の一員としての「市民」なのかという問題は、近代国民国家を前提としたウェストファリア体制が厳然としていた時代にはさほど問われずに済んだ。しかし、グローバル化の時代――まして、「冷戦」という一定の国際秩序が崩壊した一九九〇年代以降――には、否応なく、国家という単位そのもの、国民／民族の範囲、そしてそれらとシティズンシップとの関係性が、根底から問い直されなければならなくなった。特に、ECからEUへと国際統合の度合いを深めたヨーロッパにおける「ヨーロピアン・シティズンシップ」の問題が理論的にも政策的にも市民生活の面でも注目の的となったことは、不思議ではない。

今一つ付け加えるべきは、シティズンシップ教育をめぐる議論である。従来、政治学やデモクラシー論において、政治に無関心で受動的な「大衆」をいかに能動的・活動的な「市民」とするかをめぐって、政治教育は古典的な問題として存在したはずである。しかし、「教育」という営みに伴いがちな「上からの啓蒙」あるいは「教化」が忌避されるあまり、政治教育は長らく議論されずに放置されてきた感がある。ところが、それが「シティズンシップ教育」となると、今度は一気に関心が集中し、日本でも一種の風潮とさえなっていると言ってよい。その一つのきっかけは、イギリスの政治学者バーナード・クリックらによって一九九八年に市民教育に関する報告書（いわゆる『クリック・レポート』）が発表され、イングランドとウェールズにおいて二〇〇二年より市民教育が中等教育の必修科目となったことだろう。市民教育には、デモクラシーを支える市民／公民として身につけておかなければならない能力や資質を養うという共和主義的な課題と、移民としてやってきた外国人に対してホスト国の市民権を得るために必要な能力を身につけさせるという課題とがある。いずれにしても、政治共同体の一員として、公的領域への積極的参加を伴う「市民」をどのように育成するかという課題は、古くて新しい。だが、政治教育やシティズンシップ教育を、もっぱら狭義の学校教育のカリキュラムの問題に限定してしまうのは一面的に過ぎよう。なぜならシティズンシップは、市民による参加・自治の実践を通じて、市民社会の中で訓練・陶冶されていくものでもあるからである。

本書『シティズンシップ論の射程』は、「シティズンシップ」という言葉が持つ多義性と、その言葉をめぐる言説の多様性を重視し、いかなる論点がその射程に入るかを検討する試みとして編まれている。「市民とは誰か」「市民であるとはいかなることか」をめぐっては、理論的・思想（史）的な検討も必要であるし、また実際の政策課題の問題としても論じる意味がある。以下、本書の概略を簡潔に述べておきたい。

第1章の藤原論文は、近代ヨーロッパにおける「市民《シティズン》」像の析出の歴史を、ホッブズ、ロック、ルソーという古典的な社会契約論者のテクストとの対話を通じて、改めて再確認するものであり、それ以降の章の導入の役割を果たしている。この三人の思想家に関する研究はおびただしい数にのぼるが、第1章の目的はそうした先行研究を整理することではなく、シティズンシップを持つとされる近代の「市民」の理論的原形を、これらの思想家たちのテクストから抽出することである。

第2章の杉本論文は、やはり現代のデモクラシー論で重要視される「公共性」の観点からシティズンシップを論じたものである。公共性論では、アレントやハーバーマスが扱われるのが一般的であり、この章でも両者への言及はある。しかし杉本論文は、むしろトクヴィルのアソシアシオン論を重点的に考察しつつ、公共性を担う主体としての市民のあり方を探求している。さらには、何らかの内発的な動機がない限り、人の公的領域への参加は困難であるとの観点から、ここでは宗教的な「コンパッション」がデモクラシーにおいて持ち得るポジティブな可能性が検討されている。

第3章の佐藤論文では、シティズンシップとナショナリティの関係性が取り上げられている。近代国民国家の成員資格（メンバーシップ）としてシティズンシップを考えるのであれば、それはほぼ「国籍」と重なりあう。しかし現代にあっては、シティズンシップと国籍がイコールであるとは限らない。と同時に、共通のナショナリティこそ人々を同胞市民として結びつけるものであることも、否定しきれない。佐藤論文では、現代のナショナリズム論や多文化主義論を参照しつつ、シティズンシップとナショナリティのこうした両義的な関係性を考察しており、後のグローバル・シティズンシップをめぐる章ともつながる論点を提示している。

以上の章が思想（史）的・理論的な面に重心を置いたものであるのに対して、続く三つの章は、シティズンシップのより具体的なアクチュアリティをめぐる議論を展開している。

第4章の石井論文は、先に触れた福祉国家との関連で、「経済的シティズンシップ」という概念を検討している。サッチャーやレーガンといった政治家に象徴される新保守主義から、ポスト冷戦期のネオ・リベラリズムに至る世界的な潮流の中で、経済格差や貧困の問題が改めて鋭く問われるようになった。生存権そのものが脅かされる昨今において、最低限の市民生活を保障する福祉国家の再編は大きな問題である。石井論文では、近年大いに注目されているベーシック・インカム論をも視野に入れつつ、労働と結びついた従来型のシティズンシップを問い直す視点を提供している。

第5章の安論文では、一九九七年以降のイギリス労働党（ニュー・レーバー）政権における行政改革を取り上げ、そこで考えられたシティズンシップのモデルを明らかにしようとする、ひとつの事例研究である。ここでのキーワードは、「顧客シティズンシップ」である。行政改革のポイントは、顧客としての市民を満足させる公平かつ効率的な行政サービスの提供であり、それを可能にする政策・制度設計であると考えられる。しかし、市民が顧客であるということは、一方的な受益者であることを意味しない。むしろ、当初からシティズンシップ教育の重要性を掲げていたニュー・レーバーにとって、その「第三の道」路線は市民のエンパワーメントを目指すものでもあった。第4章と第5章は、国家と市民社会との関係性を問い直す際に、シティズンシップが具体的にどのように扱われるかを、それぞれの仕方で具体的に提示する内容となっている。

第6章の毛利論文は、社会学的な観点から、高度情報化社会において市民に求められる能力のひとつであるメディア・リテラシーに着目し、それとシティズンシップとの連関、すなわちシティズン・リテラシーの問題を論じている。ここでは、「仮想現実」（バーチャル・リアリティ）としてのネット空間が持つポジティブな可能性が模索され、インターネットを通じて公的参加を行なう市民＝ネティズンや、e-デモクラシーの研究動向などにも言及されている。メディアの発達の歴史から説き起こしている毛利論文は、本書の中でも異色の論稿に仕上がっている。

最終章である第7章の山田論文は、「グローバル・シティズンシップ」という論争的な概念がいかなる内容を持ち得るかについて検討している。グローバル化した時代に対応したシティズンシップの見直しは、多くの研究者が手掛けている課題であるが、それがそのまま「グローバル・シティズンシップ」という概念の受容につながるわけではない。山田論文では、国際NGOなどを重視するグローバル市民社会論的なシティズンシップ論のみならず、多文化化しつつあるグローバルな都市における「市民性」をも視野に入れ、相互に異質な他者同士が共存するために必要な「社会的実践」としてグローバル・シティズンシップを位置づける試みがなされている。

もちろん、本書の中で取り上げることのできなかった論点も多々存在する。また本書が、「シティズンシップ」という外来語をめぐる著書であるため、各論文の主要な議論が欧米のものを紹介ないし検討することになったことも、やむを得ない。しかし、シティズンシップの諸問題を日本で議論しようというのであるから、やはり最終的には「日本のデモクラシーを考える場合に、それらのシティズンシップ論はいかなる意味を持つのか」が問い直されなければなるまい。残念ながら、その問題についての十分な考察は本書の「射程外」に置かざるを得ず、今後の課題とするほかない。ここではさしあたり、「市民」「市民社会」「シティズンシップ」をキーワードとして、戦後日本のデモクラシーおよびデモクラシー論の歴史がいずれ書かれなければならないだろう、という問題提起だけはしておきたい。それがそのまま、「シティズンシップ」という言葉を必要とする現代日本の政治社会の歴史的位置を確認することになると考えられるからである。

第1章　「市民」概念の思想史的系譜

藤原　孝

But a state is composite, like any other whole made up of many parts–these are the citizens, who compose it. It is evident, therefore, that we must begin by asking, Who is the citizen, and what is the meaning of the term? For here again there may be a difference of opinion. He who is a citizen in a democracy will often not be a citizen in an oligarchy.

Aristotle, *The Politics*, Book III

近年、政治思想及び政治理論の分野で「市民社会論」の議論が隆盛を極めている。昨今の市民社会論の隆盛の出発点は、一九八九年東欧諸国におけるいわゆるビロード革命に端を発したのであるが（cf. 川原 2001：第九章）、しかし「市民社会論」自体は少なくとも日本における研究史のなかで今回の議論のような高まりは、かつて何度か経験したことである。たとえばマルクス主義陣営内部における「日本資本主義発達史論争」（cf. 小山 1966, 1967）のそれであったり、六〇年安保をめぐる一連の運動史の中でのそれ（cf. 山田 2004：第二章）であったり、大塚久雄や丸山真男たちの論陣に触発されたそれであったりした。それらに共通する理解の仕方は、「封建社会」→「市民革命」→「市民社会」と概念化された連続性のなかで捉えられてきた。確かに東欧諸国の八九年の叛乱は、社会主義の鎧をつけた絶対権力を欲しいままにしたこれまでの「封建社会」を内部から崩壊させる、いわば市民革命の様相を呈したところから脱封建社会を「市民社会」として捉えなおしたのである。このような捉え方の原型を私たちは西欧近代の市民社会に求めることが出来ようし、それらを思想的に準備したいわゆる契約思想家たち、とりわけトマス・ホッブズやジョン・ロック、そしてジャン＝ジャック・ルソーたちに見出すことが出来よう。彼らは共に市民社会概念の基礎である「市民」に照準を当て、それぞれの「市民」概念を嚮導した。たとえばホッブズは、絶対的主権概念をあきらかにし、そこから主権者のもとにおける平等な臣民（subject）概念を、従ってそれは「絶対主義的市民像」ともいうべき市民像を確立したのである。またロックはのちの資本主義原理を構成する所有権（property）構想を基礎とした自由主義思想の先駆者として、「自由主義的市民像」を描ききった。こうしたイギリス的政治風土とは異なる大陸における言説空間のなかで、ルソーは「一般意志」としての国家概念を展開し、一般意志と不可分の市民概念をあきらかにした。彼の一般意志は、政治思想のレベルでは共和主義と分かちがたく結ばれており、これを「共和主義的市民像」として考察することが出来よう。「絶対主義的市民像」・「自由主義的市民像」・「共和主義的市民像」のそれぞれの特徴と論理構造を、「市民像」を中心として比較しながらそれらの連続性、ないし非連続性を検証することが、今後の政治思想史研究に課された大きな課題として提起されよう。これまで、これら三者の思想の比較には多くの先行研究が山積しているのであるが、「市民像」に絞りながらこれを比較研究の中心に措定することによって、今日の市民社会論の一角を構成する「シティズンシップ論の射程」に迫ろうとするものである。

1　絶対主義的市民像——ホッブズの場合

(1)　自然状態の論理

かの余りに有名な『リヴァイアサン』の刊行に先立つ一六四二年、ホッブズは『市民論』を完成させ、少部数を印刷し親しい友人に配布したとされる。一般読者向けに刊行されたのは一六四七年オランダのアムステルダムのElzevir Companyをつうじてであり（本田 2008：450-451）、その折に書き加えられた「読者に向けての序文」においてホッブズは「市民社会の外にある人々の状況（この状態を自然状態と呼ぶことができる）は万人の万人に対する戦争にほかならず、この戦争のなかでは万物に対する権利が万人にある」（Hobbes 1998：11-12 = 2008：18）ことを述べる。これはのちに『リヴァイアサン』第一部一三章の「人類の至福と悲惨に関するかれらの自然状態について」のなかで敷衍される（Hobbes 1991：86-90 = 1992a：207-215）。これによると「人びとは生まれながらに平等である」、従って「平等から不信が生じる」、故に「諸政治国家（Civil States = 市民状態・社会状態）のそとには、各人の各人に対する戦争がつねに存在する」とする自然状態の論理構造を読み取る。しかし彼は「戦争」を単なる闘争行為に限定するのではなく、戦闘によって争おうとする意志が十分に知られている一連の時間にあるとして、可能性としての「戦争」を示唆する。従ってそのような自然状態にあっては、「勤労のための余地はない。なぜなら、勤労の果実が確実ではないからであって、従って土地の耕作はない。航海も、海路で輸入されうる諸財貨の使用もなく、便利な建築もなく、移動の道具およびおおくの力を必要とするものを動かす道具もなく、地表についての知識もなく、時間の計算もなく、学芸もなく文字もなく社会もなく、そしてもっともわるいことに、継続的な恐怖と暴力による死の危険があり、それで人間の生活は、孤独でまずしく、つらく残忍でみじかい」（Hobbes 1991：89 = 1992a：211）と描写する。ここにアリストテレス以来これまで展開されてきた「政治的動物（ゾーン・ポリティコン）」観を全否定するホッブズ独自の人間像が表出される。それはたとえば『市民論』においての「公共体について何事かを著述した人々の大部分は、人間が社会的結合に適するように生まれついた動物、すなわちギリシア人たちのいわゆる『国家的動物』であることを前提、要求もしくは要請し、この土台の上に市民に関する学説を構築している。（中略）しかしこの公理は、非常に多くの人に受け入れられてはいるが、偽であって、人間本性についてのあまりにも軽率な考察に由来する誤謬である」(Hobbes 1998：21-22 = 2008：31-32)[1]と断じ、人間は先見的に他者に対して積極的にポジティブな関係を維持しようとするのではなく、そうしないと生きていくことが出来ないから消極的にそうするのであることを説く。だからこそ『リヴァイアサン』で示されたように、人間の本性を「競争」・「不信」・「誇り」とみなす、ホッブズ独自のシニカルな人間観が示されるのである。こうした人間観についての議論はこれまでのホッブズ研究の中ではしばしば語られてきたが、ここではその一つジョン・プラムナッツの一文を引いておこう。「ホッブズのシニシズムを弾劾するのに多くの言とインクとが費やされてきた。たしかに、人びとはかれが考えたほど利己的ではないし、その情念のいくつかについてのかれの説明は吟味に堪えないであろう。かれの定義は、しばしば、あまりにも単純である。しかしかれは、かれの時代の基準からすれば、シニカルでも冷徹でもなかった。一七世紀には誰も、人は社会によって干渉されなくとも善良である、とは信じていなかった」(Plamenatz 1992：176 = 1975 (I)：215-216) とホッブズ擁護の論陣を張る。プラムナッツのこうした観点は思想史解釈においては、その時代背景のなかで解釈する必要性を強調するクエンティン・スキナーらのコンテクステュアリズム (cf. 佐藤 1990) の立場からすれば当然の解釈であろう。ホッブズのこうした自然状態における人間観の前提には人間の平等観があることを見逃してはならない。それは『市民論』においても、『リヴァイアサン』においても繰り返し述べられるところであるが、たとえば象徴的な記述は「自然は人びとを、心身の諸能力において平等につくったのであり、その程度は、ある人が他の人よりも肉体においてあきらかにつよいとか、精神のうごきがはやいとかいうことが、ときどきみられるにしても、すべてをいっしょに考えれば、人と人とのちがいは、ある人がそのちがいにもとづいて、他人がかれと同様に主張してはならないような便益を、主張できるほど顕著なものではない、というほどのものなのである」(Hobbes 1991：86-87 = 1992a：207) とするものであろう。自然状態における人間の肉体的および精神的な平等こそが、ホッブズ人間論の機軸になるのである。もし人間が肉体的および精神的に不平等であれば「まさにこのような能力の不平等を前提として、政治的関係＝支配服従関係は、そのような『自然』そのもののなかに求めざるをえなくなるであろう。そしてそれこそが伝統的な政治哲学のとった立場であった。従ってその意味ではホッブズの自然状態は、封建的な位階構造の解体と、その共同体からの自由なる個人の析出を意味する」（藤原 2005a：277）ような理解が可能となるのである。こうした観点からホッブズ思想の近代性を説く論者は多いけれども、ここではとりあえず南原繁の理解を示しておこう。南原は「ホッブズにおいて、その国家絶対主義の理論にかかわらず、終始、個人主義の原理が把持されていることである。絶対的な権力も個人の保存、人民の幸福のためであって、たとえ法の制定と解釈が一に主権者の意志にかかっていても、人民は法律によって規定されているほかは処罰されず、その厳格な国家絶対主義の反面は近世の幸福国家または法律国家の思想を看過しえない。この点において、ホッブズの国家は全体的共同体であるよりも、その幾何学的構想と相まって、むしろ一個の近世的利益社会の典型と解しえられるであろう。国家形態に関する理論も、仔細に観察すれば、反民主的とは言いえない。なぜなれば、彼の国家論が自然状態における人間の平等を出発点とするばかりではなく、市民状態においても君主に譲渡された権力は根本において人民の権利、あるいはその自然の総合にほかならず、マキャヴェリにおいてもそうであったように、根本において民主思想に通ずるものがある。彼が理想形態とした君主制にしても、もはやそれまでのような神的起源または歴史的伝統と完全に絶縁せしめたところに、かえって自由主義的革命因子が認められる」（南原 1962：211）とホッブズの近代性を積極的に評価する。このことは本稿においてさらに追求されることになるのだが、自然状態における人間の平等をめぐる議論は『市民論』以来一貫したホッブズの主張であり、彼の「市民社会論」の出発点とも言える。たとえば『市民論』の中でこれが最初に言及されたのは、第一章「市民社会のない人間の状態（Man without civil society）」においてであり、「相互恐怖の原因の一部は人間の本性上の平等性に、また一部は傷つけあおうとする互いの意志にある。この二つの原因により、私たちは安全を他人から期待することも、自分自身で保障することもできなくなる。なぜなら、私たちが成熟した人間たちを観察し、人間身体（これがだめになると人間の力も強さも知恵もほろんでしまう）がいかに脆弱であるか、また最も弱い者にとっても自分より強い者を殺すことがいかに容易であるかに気付くならば、誰も自分の力を信頼するあまり、自分は本性上からして他の人々よりも出来がすぐれていると思い込むようなことはないからである。お互いに対して同等のことをなしうる人々は平等である。しかるに最大のこと、すなわち殺すことができる人々は、同等のことをなしうる人々である。従って万人は本性上互いに平等である」（Hobbes 1998：25–26 = 2008：37–38）とする。これが先に見た『リヴァイアサン』第一部第一三章の「人類の至福と悲惨に関するかれらの自然状態」に結実されるのである。こうした平等な自然状態は何らの拘束力を持たないが故に、同時に完全な自由な状態を意味する。それは「自己保存」を究極の目的とする自然権に依拠するのであり、自然状態の中に自然権は埋め込まれていることになるのである。しかしこの自然権の具体的な効果は、自然状態においてははなはだ覚束ない。そこでホッブズは人びとの平和に向かわせる諸情念と理性に光を当て、自然法の発見という仮説を作るのである。

(2)「契約（contract）」と「信約（covenant）」

既に見てきたように、自然状態には自然権が埋め込まれてはいるが、しかしそれは争いの状態でもある。自然権を確実なものにするためには理性によって発見された「自然の法」「戒律」が必要であるとする。「自然の法とは、理性によって発見された戒律すなわち一般法則であって、それによって人は、かれの生命にとって破壊的であること、あるいはそれを維持する手段を除去するようなことを、おこなうのを禁じられ、また、それをもっともよく維持しうるとかれが考えることを、回避するのを禁じられる」（Hobbes 1991：91 = 1992a：216）ものとし、自然法の性質をあきらかにしていく。「各人は、平和を獲得する希望があるかぎり、それにむかって努力するべきであり、そして、かれがそれを獲得できないときには、かれは戦争のあらゆる援助と利点を、もとめかつ利用していい」(Hobbes 1991：92＝1992a：217) とする「基本的自然法」と、これから導き出される「人は、平和と自己防衛のためにかれが必要だとおもうかぎり、他の人びともまたそうであるばあいには、すべてのものに対するこの権利を、すすんですてるべきであり、他の人びとに対しては、かれがかれ自身に対して持つことをかれがゆるすであろうのとおなじおおきさの、自由をもつことで満足すべきである」とする「第二の自然法」を構想する。「ホッブズの自然法は、社会の構成員を規則の遵奉者としての役割に導くために引き出されたものであり、それはある意味で、合意の体系を構成する人びとにふさわしい行動の規則、ないし行動の『公理』を要約したものといえる」(Wolin 1960＝1994：307) とするシェルドン・ウォーリンに倣うなら、「基本的自然法」が示すところは、規則の主意は平和を追求することであり、自然法による平和の獲得が不可能なのであれば「自己保存」の権利は侵されるべきではないとするのである。自然権は自然法に先立つことを意味し、自然権の確実な保全のために「基本的自然法」は人間に平和を求めるべきことを命令するのである。しかしここで留意すべきなのは、この第二の自然法の中でホッブズが「他の人々も同意するならば」という条件を留保している点である。他の人々が放棄しないところで自らすすんで自然権を放棄するということは、あきらかに他人の思いのままに自らを提供するということになり、自然法そのものの目的にも反することになるのである。自然権の放棄は他の人々と同時になされなければ意味を失うことになる。こうしてホッブズは自己と、自己以外の人々とが同時に自然権を放棄する契約の締結を促す。しかしこの場合、権利の放棄は相互的であることを条件とするのである(cf. Tricaud 1989)。そして自分のところに留保していては人類の平和を阻害することになる諸権利は、これを譲渡すべきであるとする自然法から、「結ばれた契約は履行すべし」という第三の自然法が生まれるのである。この第三の自然法がなければ信約は意味をなさなくなる。履行されない契約は無効だからである。

そこでホッブズは「権利（自然権）」と「法（自然法）」を明確に峻別する。「権利はおこなったりさしひかえたりすることの自由に存し、それに対して法は、それらのうちのどちらかに、決定し拘束するのであって、従って法と権利は、義務と自由がちがうようにちがい、同一のことがらについては両立しない」(Hobbes 1991：91＝1992(一)：216) ものとする。自然状態の中に埋め込まれた自然権はあらゆる自由を意味し、理性で発見された自然法には「義務」が伴うのである。この自然法は平和を求めることを命じ、平和の実現のためには相互に自然権を放棄することをそれぞれに契約し、それの遵守を「義務」とするのである。この契約と義務を強制するための共通権力としてコモンウェルス (Common-wealth) あるいは国家 (State＝Civitas) と呼ばれる、あの偉大なリヴァイアサンが、人為的に創造される。そこで問題になるのは「権利の放棄」についてである。これについてホッブズは「ある人のあるものに対する権利を放棄するとは、他人がそのものに対する自分の権利からえる便益を、さまたげる自由をすてることである。すなわち、自分の権利を放置したり譲渡する人は、自分がまえにもっていなかった権利を、どの他人に与えるのでもなく、なぜなら、各人が自然による権利をもたないものは、なにもないからであって、その人はただかれの道のわきに立って、他人がかれにさまたげられることなしに、他人自身の本源的権利を享受できるようにするだけである。第三者にさまたげられることがない、というのではない。従って、他人の権利の欠如によって、ある人に帰する効果は、かれ自身の本源的権利の行使に対する障碍が、それだけ減少することにすぎない」(Hobbes 1991：92＝1992a：218-219) とする。権利の放棄は、自然権の行使に対する障碍が減少するのである。逆説的に表現すれば、自然権の放棄によってはじめて自然権の確実な享受が可能となるのである。しかし問題は残る。すべての権利は移譲可能なのかという問題である。ロックの場合には「抵抗権」として明確に留保するのであるが、ホッブズの場合はこれの解釈についてさまざまな議論が残る。ホッブズは「人は、かれの生命をうばおうとして力ずくでかれにおそいかかる人びとに、抵抗する権利を、放置することはできない」(Hobbes 1991：93＝1992a：221) とする。これはホッブズが当初想定した自然権の全面的な放棄に矛盾をきたすことになる。しかしこれの解釈にあたっては「ホッブズのこの〈自然権〉の保持と同時に譲与という指示が含む問題の意味は、それが単なる論理上の矛盾であるという点だけに留まらない。というのは、既に前項で述べたようにホッブズは『リヴァイアサン』以外の著作『法の原理』や『市民について』では、むしろ〈自然権〉の『全面的』という用語こそ使っていないものの、いかなる部分も保持しない、〈単純〉な移譲によってこそ強大なコモンウェルスが設立されるという、論理的にははるかに一貫した理論を唱えていたからである」（鈴木 1994：245）とするのが一般的理解であろう。しかし私には当該問題に関して『リヴァイアサン』第一四章で言及された「契約（contract）」と「信約（covenant）」という二つの概念を検討することによって別の理解のしかたが可能になると思われる。ホッブズによれば、「契約」とは権利の相互的譲渡であり、「信約」は契約者の一方が契約を履行し、他方は将来当該契約の履行を信頼している状態、又は契約当事者の双方が将来契約を履行することが信頼されている場合である。「当事者のいずれもが現在は履行せず、相互に信頼するという、信約が結ばれるとすれば、まったくの自然の状態（それは各人の各人に対する戦争の状態である）においては、なにかもっともな疑いがあれば、それは無効になる。しかし、もし双方のうえに、履行を強制するのに十分な権利と強力をもった共通の権力が設定されていれば、それは無効ではない」（Hobbes 1991：96 = 1992a：226）の状態である。従ってコモンウェルスまたは国家の状態にあれば、人びとの間およびリヴァイアサンとの間は信約の状態にあるのであり、事実上抵抗しなければならないような状態はありえないと解することが出来よう。このことは『リヴァイアサン』第二一章「臣民の自由について」において述べられる、「だれも、ことばそのものによって、自分や他のだれかをころすように拘束されはしない。したがって、人がときどきもつことがあるような、主権者の命令によってある危険または不名誉な職務を実施するという義務は、われわれの服従のことばにもとづくのではなく、そのことの目的から理解される意図にもとづくのである。だから、われわれの従順拒否が、主権をさだめることの目的を破壊するならば、そのばあいには拒否の自由はなく、そうでなければ拒否の自由がある」（Hobbes 1991：151 = 1992b：98）ことからも理解される。これらのことをもっとも明確に断定したのはほかならぬリチャード・タックである。彼はその著『トマス・ホッブズ』において「かれ（ホッブズ=引用者）はくり返し、主権者が市民の利益のために行動するといった意味のことをのべており、主権者が自分の保存および市民の保存に資すると判断したことを実行することこそが、主権者にとって合理的なことだと考えていたようである。くり返し述べられているように、主権者がこれに反する行動をとればそれは『自然法違反、信託への裏切り』ということになるであろう。ただし、あとでみるように、主権者には、してはならないことがあるという事実から、かれは、市民には主権者に抵抗する権利があるという結論をひきだすことはしていない」（Tuck 1989 = 1995：134-135）と喝破する。このことは『市民論』でも繰り返し述べられるのであるが、たとえば第五章「国家の原因および起源について」の部分でも「自己の意志を他人の意志に従属させる人は、自己の実力と能力の権利をこの他人に移譲する結果として、他の人々も同様にする場合には、彼が服従する相手は、一人ひとりの意志を統一と一致に向けて形造ることを可能にする恐怖の的となるだけの力を持つことになるのである」（Hobbes 1998：73 = 2008：123）とする。私たちはこれらのことから、主権者と臣民の一体不可分性を見てとることが出来るのであり、そこから見えてくるものは人々の間の「信約」であり、その結果としての主権者との一体性にほかならない。この信約によってこそ、主権者と臣民の間の齟齬はなくなるのである。

(3)　コモンウェルスと絶対主義的市民像

周知のように、ホッブズがコモンウェルスについて詳細を論じたのは、『リヴァイアサン』第二部においてである。この第二部はジョン・ワトキンスに倣えば「第二部はこの権威（コモンウェルス＝引用者）の構成を述べる物語にほかならない――そこにおいては『この政治体の各部分』が、『集められ結合』される方法にかんする簡潔にして合理化された記述が展開される」（Watkins 1989：48）のであるが、その第一七章「コモン-ウェルスの諸原因、発生、定義について」のなかで彼は、人びとが「外国人の侵入や相互の侵害から防衛し、それによってかれらの安全を保障して、かれらが自己の勤労と土地の産物によって自己をやしない、満足して生活できるようにするという、このような能力のある共通の権力を樹立するための、ただひとつの道は、かれらのすべての権力と強さとを、ひとりの人間に与え、または、多数意見によってすべての意志をひとつの意志とすることができるような、人びとのひとつの合議体に与えることであって、そのことは、つぎのようにいうこととおなじである。すなわち、ひとりの人間または人びとの合議体を任命して、自分たちの人格をになわせ、また、こうして各人の人格をになうものが、共通の平和と安全に関することがらについて、みずから行為し、あるいは他人に行為させるあらゆることを、各人は自己のものとし、かつ、彼がその本人であることを承認し、そして、ここにおいて各人は、かれらの意志をかれの意志に、かれらの判断をかれの判断に、したがわせる、ということである」(Hobbes 1991：88＝1992b：32-33)と述べ、このような同意が各人と各人の信約によって作られることによって、人びとはそれをコモンウェルスと呼ぶことになる。ここに至って主権者と臣民はコモンウェルスを通して一つに合体するのである。従ってコモンウェルスは一つの人格であって、これの行為は、人びとの信約によっているのであるから、人びとみずからの行為とみなすのである。この人格をになうものが主権者であり、他のすべてのものは主権者の臣民となるのである。ホッブズはコモンウェルスの獲得方法を自然的な力、すなわち戦争や叛乱などによって「獲得」されるそれと、人びとがかれら自身の協定によって意志的に「設立」されるそれを区別する。(2) ここで問題とされるのは言うまでもなく設立によるそれである。

さて、ホッブズは『リヴァイアサン』第二一章「臣民の自由について」において「自由と必然」について考察する。人びとの「諸行為は、かれらの意志から生じるものだから、自由から生じるものであるが、しかもそれらは、必然性から生じるものである。なぜなら、人の意志のあらゆる行為および、あらゆる意欲と性向は、ある原因から生じ、それはさらに他の原因から継続的な連鎖をなして(その最初の環は、すべての原因の最初のものである神の手中にある)、生じるからである」(Hobbes 1991：146-147＝1992b：88)と、自由と必然の両義性をあきらかにする。このことはホッブズ理解に一つの補助線を提供する。主権者に対する絶対の服従を要求するという必然と、それによってのみ自由を獲得できるとする彼独自の通奏低音としての論理構造を読み取ることが出来るのである。(3) そしてこの必然は主権者の無制限の権力でもある。主権者は無制限の権力を与えられている中で、臣民の自由は保障されるのであるから、臣民の自由は主権者の無制限の権力と両立するのである。しかしこの際の無制限の権力は「主権者は授権によって、コモンウェルスの維持のために必要な特別の権限を獲得する。そしてまた自然法によって、同じくコモンウェルスを維持し共通の『平和』と『安全』を保障すべく義務づけられている。しかし主権者は、直接臣民にたいしてはいかなる義務も負うものではなかった。もちろん、かかる義務の目的ないし結果は臣民のために存在し、その受益者は何よりも臣民である」（藤原 2008a：274）とする藤原保信の解釈に依拠するならば、絶対的主権とその受益者としての臣民は共通の平和と安全に関して相即的と理解されるべきなのである。「コモンウェルスの権力はたしかに個人の自由にたいする拘束として存在する。しかし実質的には、コモンウェルスの権力が、自然状態におけるよりもはるかによく『自己保存』を達成せしめ、『自然権』を実現せしめることになっている」（藤原 2008a：280）のである。このように考えればホッブズが述べる臣民の自由は、少なくとも主権者の側からではなく、臣民の側からのそれであり、ホッブズ自身が臣民の側に立っていることは自明のことと解されよう。

さらに臣民の権利義務関係は「自然法」と「市民法」の関係の中からも指摘できる。既に見てきたように、自然法は理性によって発見された戒律すなわち一般法則であったのに対して、市民法はコモンウェルスの成員であるがゆえに、それを守るように拘束される法律であり、ホッブズの定義に従えば、「臣民各人に対する規則であって、その規則とは、コモン-ウェルスが、語や書面やその他の十分な意志のしるしによって、かれに命令したものであり、それは正邪の区別、すなわち何がその規則に反し、何が反しないのかの区別に、利用するための」（Hobbes 1991：183 = 1992b：164）ものである。従って市民法はコモンウェルス設立後に、コモンウェルス自らが立法者になってこれを初めて制定する。自然法は公正、正義、報恩などにもとづく徳性の中に存するのであり、人びとを平和へと導く性質なのであって、通常言うところの法ではありえない。しかしコモンウェルス設立と同時に、これはコモンウェルスの命令として事実上の法＝強制となるのである。自然法は「人びとをそれらに従順であるように義務づけるのは、主権者権力なのだからである。すなわち、私人たちのあいだに相違があるなかで、何が公正であり、何が正義であり、何が徳性であるかを宣告し、それらを拘束的なものとするには、主権者権力の法令が必要であり、それらを破棄するものに対して処罰がさだめられるべきである」（Hobbes 1991 : 185 = 1992b : 166）とされる。自然状態にあっては自然法は通常の法ではなく、コモンウェルスが設立されて初めて法へとその性質を変化させ、これもまた市民法の一部を構成するのである。「市民法と自然法は、ちがった種類の法ではなくて、法のちがった部分なのであり、そのうちの一方は、書かれているので市民法とよばれ、他方は書かれていないので自然法とよばれる。しかし、自然の権利すなわち人間の自然的自由は、市民法によって縮小されうる。いな、諸法をつくる目的は、こういう抑制にほかならないのであって、まさにそのことがなければ、どのような平和もとうていありえない」（Hobbes 1991 : 185 = 1992b : 167）として、市民法の中に自然法と実定法を措定する。それは『リヴァイアサン』第二部「コモンウェルスについて」の第二七章「犯罪、免罪、および軽減について」市民法がなければ犯罪はなくなること、自然法についての無知はだれをも免罪にしないけれども、市民法についての無知は、ときには免罪することを述べる。その理由は「ある人自身の国の市民法が、かれが知ろうとおもえば知りうるように十分に宣告されなかったり、あるいはその行為が自然の法に反しなかったりすれば、無知はりっぱな免罪理由である」（Hobbes 1991 : 203 = 1992b : 203）からである。こうした市民法のもとに臣民の自由が保障されるのであり、かつ臣民の権利（それは同時に臣民の義務でもあるが）が規定される。ホッブズはこれらの市民法を人工の鎖にたとえ「人間は、平和の獲得と、それによる自分たちの保存のために、人工の人間をつくったのであり、それをわれわれはコモン-ウェルスとよぶのだが、同様に、かれらは市民法とよばれる人工の鎖をつくった。その鎖をかれらはみずから、相互の信約によって、一端を、かれらが主権者権力を与えた人または合議体のくちびるにむすびつけ、他端を、かれら自身の耳にむすびつけた。これらの枷は、それ自体の性質は弱いものにすぎないが、にもかかわらず、それをやぶることの困難によってではなくても、そうすることの危険によって、持続されうるのである」(Hobbes 1991 : 147 = 1992b : 89) として、人工の人間 (Artificiall Man) としてのコモンウェルスとの関連において、人工の鎖 (Artificiall Chains) としての市民法を基礎づけたのである。ここでも市民法によって主権者の無制限の権力と臣民の自由の一体性が説明され、主権者と臣民の不可分性が強調されるのである。こうしたホッブズの市民法理解は、彼以前の法解釈から明確に決別して、近代の実定法主義への道を切り開くものであり、実定法によって自然法をより明確にし、コモンウェルスと臣民の権利義務関係を明確にするのである。

以上ホッブズの自然状態から、自然権・自然法、契約・信約、コモンウェルス・臣民と概観してきたが、これらの中から何を読み取るべきであろうか。一七世紀においてホッブズが臣民概念を提出して、それを主権者とともにコモンウェルスの中に位置づけたことは何を意味するのであろうか。それらは間違いなくそれまでの支配イデオロギーであった「王権神授説」に対抗する理論であったこと、言ってみればそれまでの前近代との明確な決別の宣言であった。たとえ臣民が主権者の絶対性のなかに包摂されるものではあったとしても、そこにはこれまでにない臣民の「市民性 (civility)」を明確に捉えることができるのである。それは「理性」が自然法を発見するとする彼の論理構成からも理解できよう。何よりも「理性」の役割を重視した近代政治思想の出発点でもある。絶対的主権を想定することによってしか万人の万人に対する闘争状態を止揚できないのであれば、一人または一つの合議体という主権者を設定することは無理からぬことであろう。なぜなら結果において主権者を除くすべての人びとが平等であることを意味するからであり、各人は理性によって自然法を導き出すのであるから、人間の理性的側面に大きく光を投げかけているところに注目すべきであろう。それはホッブズの考えるコモンウェルスが戦争や叛乱による獲得によるそれではなく、人びととの協定による意志的な設立によるそれであること、自然法のある部分は市民法（実定法）に回収され、それによって臣民の権利義務関係が定められることなどをあげれば理解できよう。たとえそれらの究極的目的が、安全と平和のためという目的の一点に集中してはいても、それが時代の要求する大きな政治課題であったことを考えれば十分説得的である。

これまでのスコラ哲学的要素や神学的要素から離脱して、厳密な自然哲学から出発した生硬な言語と論理で構成されるホッブズの政治哲学のなかに、ルネサンスの残り香を嗅ぎ取ることもできよう。こうしたホッブズの言説が時代のコンテクストにどのようにかかわったかは本稿では問題にしなかったが、その意味でテクスト中心主義を貫いたといえるかもしれない。現代政治の永遠の課題が、自由と平等の調和にあるとすればホッブズは紛れもなくそれらの前提となる「平和」という現代政治の課題の一つと闘った思想家の一人であろう。彼の描き出した臣民像を「絶対主義的市民像」と名づける所以である。絶対主義は時代の過渡期的要請なのであり、その要請を引き受けることを前提とした、その時代の「市民像」に迫った思想家であった。この時代的要請はやがてジョン・ロックやジョン・スチュアート・ミルたちによって新たな展望が切り開かれることになるのであるが、マンハイムを紐解くまでもなく時代の「存在被拘束性」の問題は依然として残る課題ではある。そして『リヴァイアサン』第二部の最後に書き残したホッブズの心情はそれらのことを明確に補強するものであろう。「その希望というのは、私のこの著作が、いつかある主権者の手にはいって、かれはそれを、利害関係ある、あるいは羨望的な、解釈者のたすけなしに、みずから考察して（なぜなら、それはみじかいし、明白だと私はおもうので）、それを公共的におしえるのを保護するために全主権を行使することによって、この思索における真理を、じっさいにおける効用に転じるかもしれないということである」（Hobbes 1991 : 254 ＝ 1992b : 302）とホッブズが言うとき、彼の平和への視線は、それは同時に政治への視線でもあるのだが、主権者とともに「公共的におしえる」対象、すなわち市民にもまた向けられていたことがあきらかとなる。各市民に向けられた理性的覚醒の呼びかけでもあったのである。

2　自由主義的市民像——ロックの場合

(1)　自然状態と政治社会

先に見たホッブズは自然状態を「万人の万人に対する闘争状態」として描き、そうした状態を止揚すべく主権者という絶対的権力を措定し、そのもとでの市民の平和と平等を説いた。これに対して自然状態そのものを完全に自由な状態であり、かつ平等な状態として描いた思想家にジョン・ロックがいる。周知のように彼はイギリス経験主義哲学の祖として一八世紀啓蒙主義の出発点に立ち、近代政治思想史の中で、とりわけ個人の生命・自由・財産などの自然権を基礎とする契約による国家論を展開してきた。ロックはホッブズと同じく、自然状態における自然権のより良き実現のために契約によって政治社会を設立させる。しかしロックはホッブズにおける主権の絶対化という観点を排して、理性によって把握される自然法の貫徹を求めたのである。そうした彼の社会契約の骨子は、その後に展開される資本主義システムの萌芽期にあたる近代市民社会の理論枠組みの形成に大きく貢献した。彼の政治思想家としての代表的な著作である『統治二論』は、そのタイトルが示すように二つの論文から構成されており、その前編は当時『族長論』でその名をはせていたロバート・フィルマーの所論を逐一的に批判することに費やされている。それはロック自身が第二論文の冒頭で述べているように、政治権力は神によってアダムに与えられ、ノアへと相続され、その後は長子相続の規定に従って継承されてきた父権にのみもとづくものであるとするフィルマーの所論に対する全面的批判である。フィルマーによれば、国王の権力は神が家族の長たる父親に与えた支配権力と同じ種類のものであり、その国の家父である国王の権力は神聖な神の権威によって構成されているものとする。このようなフィルマーの考えを、ロックは聖書を使って丹念に跡付けたのであるが、こうした考えが「族長制論＝家父長制論」としてこれまでの「王権神授説」とともに封建体制の基本的イデオロギーを支えてきたのである。これに対してロックは、そうした考えは聖書からは決して導かれ得ないことを、同じ聖書を使って逐一反証していったのがこの第一論文であった。従ってフィルマーに対する厳しい批判は同時に封建体制に対する根源的な批判でもあったのである。

ところで彼の著作『統治二論』第二篇第二章「自然状態について」の冒頭は「政治権力を正しく理解し、それをその起源から引き出すためには、われわれは、すべての人間が自然にはどんな状態にあるかを考察しなければならない[4]」から説き始められている。自然の状態は、人それぞれが、他人の許可を求めたり、他人の意志に依存したりすることなく、自然法の範囲内で、自分の行動を律し、自らが適当とおもうままに自分の所有物や自分の身体を処理することができる完全に自由な状態である。それはまた、平等な状態であり、そこでは、権力と統治権とは相互的であって、誰も他人以上にそれらをもつことはない」(§4)として、政治権力を理解するためには人間の自然状態から考察をしなければならないことを示唆し、自然状態の特性を各人の自由・平等・独立の状態に見る。なぜなら、自然状態は「それを支配する自然法をもち、すべての人間がそれに拘束される。そしてその自然法たる理性は、それに耳を傾けようとしさえすれば、全人類に対して、すべての人間は平等で独立しているのだから、何人も他人の生命、健康、自由、あるいは所有物を侵害すべきではないということを教えるのである」(§6)とする。ここにロックの人間に対する基本的な視座が表明される。ここに読み取られるロックの人間への眼差しは人民一般とか、国民一般とする集合的な人間ではなく、一人一人の各人間個人への視座を出発点にしていることである。そしてこれらの個人は「自然法たる理性」に拘束されているのである。人それぞれが他人に許可を求めたり、他人の意志に頼ったりすることなく、自然法の範囲で自分の行動を律し、自分が適当と思うままに自分の所有物と身体を処理するような完全な自由の状態として捉える。同時にそうした自然状態では、人はそれぞれ平等な状態でもあるとする。さらに人は他人に対して優越したり支配したりすることはないとの理由で、自然法の執行は各人に委ねられるのである。従って法を執行する権利は誰もが同じようにもつ。そこでは権力と支配はすべて互恵的なのであって、他人よりも多く持つ者は一人としていないことになる。なぜなら同じ種、同じ等級の被造物は、分けへだてなく生を受け、自然の恵みを等しく享受し、同じ能力を行使するものとする。従って、すべての被造物の主であり支配者である神がその意志を判然と表明して、誰かを他の者の上に置き、明快な命令によって疑いえない支配権と主権を与えるのでない限り、すべての者が相互に平等であって、従属や服従はありえない。これらのことはロックの自然状態が自然法の支配する完全に平和な状態であることを意味する。さらにロックは「というのは、人間が、すべて、ただ一人の全能で無限の知恵を備えた造物主の作品であり、主権をもつ唯一の主の僕であって、彼の命により、彼の業のためにこの世に送り込まれた存在である以上、神の所有物であり、神の作品であるその人間は、決して他者の欲するままにではなく、神の欲する限りにおいて存続すべく造られているからである」(§6) と続ける。ロックが人間は神の作品であり、神の業のためにこの世に送り込まれた存在であるというとき、私たち人間は神の前では皆兄弟であること、従って神の前では皆平等であることを確認するのである。自然法は神による「被造物」である人間に向けられた「神の命令」なのである。従って自然状態は、理性に従って生活する人間の平和な状態であると言えよう。そうした自然状態にあっては、すべての人間は平等であり、かつ独立しているのであり、人は皆等しい権利を持っている状態なのである。生存権・自由権・財産権などの基本的人権の原理はこのようにして基礎づけられる。しかしこうした関係や権利を侵害する者に対して、「自然状態においては、自然法の執行は各人の手に委ねられているのであり、これによって、各人は、この法に違反する者を、法の侵害を防止する程度にまで処罰する権利を持つ」(§7) のであれば、自然状態においては各人が各人に対して権力を持つことになり、すべての人間は自然法の侵犯者を自らの手で処罰する権利をもち、自然法の執行者になってしまう。「自然状態においては各人が自然法の執行権力をもつという教説については、間違いなく、人が自分自身に関する事件の裁判官となるのは不合理であり、(中略) 確かに、各人が自分自身の係争事件における裁判官となる自然状態の不都合さには大きなものがあろう」(§13) と、自然状態の不十分さを摘出する。そうした不十分な自然状態にあってはいつでも戦争状態なる可能性の存在は否定することができない。従ってこのような問題点を抱える自然状態を脱するために「ただ、相互に、一つの共同体に入り、一つの政治体を作ることに同意し合う契約」（§14）がその出発点であることを示唆する。しかしこのような共同体は、絶対君主のもとでも可能であるのだが、しかし絶対君主のもとでは各人は絶対的服従を求められるが故に、それは自然状態に何ら変わりはないと、絶対君主制を否定するのである。絶対君主制についてのロックの見解は「他人を自分の絶対的な権力の下におこうと試みる者は、それによって、自分自身をその相手との戦争状態に置くことになる。それは、相手の生命を奪おうとする意図の宣言と理解されるべきだからである。というのは、私には、私の同意なしに私をその権力の下に置こうとする者が、私を補足したときには私をその欲するままに扱い、その気になれば私を殺すであろうと結論する」（§17）のである。このようにロックにとってはどのような人間であれ、他者の自由の権利を侵害することは許されないのであり、その実力によって人間個々人に帰属する自由を奪おうと欲する者はその他の一切のものを奪おうとする意図を持った者だと理解する。ここにロック思想の基本となる自由こそが、他のすべてのものの基礎とするものであるとする、自由への強い意志と思いいれが伺われるのである。しかし他人の自由を侵害するようものが出現すれば、それはたちまちにして戦争状態になることは必然である。「私自身が、自分に破壊の脅威を与える者を滅ぼす権利をもつことは合理的であり、正当である。なぜなら、基本的な自然法によって可能な限り人は保存されなければならないが、もし、すべての人間を保存することができない場合には、まず、罪のない者の安全が優先されるべきであるからである。人は、自分に戦争をしかけてくる者、あるいは自分の存在への敵意をあらわに示す者については、狼やライオンを殺してもよいのと同じ理由によって、これを滅ぼしても良い。というのは、そうした人間は、万人に共通の理性法の拘束の下にはなく、力と暴力の規則以外の規則はもっていないのだから、野獣、つまり、その手に落ちたら間違いなく殺されてしまう危険で有害な被造物として扱われても仕方がないからである」（§16）とすれば、ロックの自然状態はいつでも戦争状態に突入する可能性を秘めているのである。人びとが理性に従ってともに生活しながらも、彼らの間を裁く権威を備えた共通の上位者を地上にもたない場合にはいつでも戦争状態になるのである。こうした状況を止揚するためには、やはり自然状態のままでは限界があることを認める。「(そこでは天以外に訴えるべきところが無く、相争う人々の間を裁定する権威がないために、どんなにささやかな仲たがいができても極点に至りがちな)この戦争状態を回避すること、これが、人々が社会のなかに身を置き、自然状態を離れる一つの大きな理由にほかならない。というのは、地上の権威、地上の能力が存在し、それに訴えることによって救済がもたらせられうる場合には、戦争状態の持続は排除され、争いはその権力によって裁定されるからである」(§21)のであれば、地上に権威ある権力の設定が必然となる。こうして彼は新たな政治社会=市民社会を展望することとなる。

松下圭一の解釈によれば、「ロックにおいては『市民社会』がまさに人民結合体なのである。人民の結合体はまず社会として定位される。それゆえ国家はむしろ市民社会にその存在の基礎をもつ政府機構 government として位置づけられる。自然状態における自然的権利(自然権) natural right ──生命・自由・財産──を私的に保障していた自然権のコロラリーとしての自然的権力 natural power が、社会契約によって国家にたいして放棄され、ここに公的権力機構としての政府が設立」(松下 1959:56–57)されるとする。ロックによれば、「人々が、自分の自然の自由を放棄して、政治社会の拘束の下に身を置く唯一の方法は、他人と合意して、自分のプロパティと、共同体に属さない人に対するより大きな保障とを安全に享受することを通じて互いに快適で安全で平和な生活を送るために、一つの共同体に加入し結合することが求められる。(中略)人々が一つの共同体あるいは統治体を作ることに合意した場合、彼らは、それによって直ちに結合して一つの政治体をなすことになり、しかも、そこでは、多数派が決定し、それ以外の人々を拘束する権利を持つのである」(§95)として、多数決による政治社会の形成を示唆する。そして、そうして成立した政治社会には自然法を自ら執行する自然権を放棄したのであるから、それに替わる実定法を必要とするのである。その実定法の基本は立法権力を樹立することにあるのであって、この立法権力こそ政治社会の神聖にして不変の最高権力であるとする。「もし、立法権力が、多数派によって、最初は、一人あるいはそれ以上の人々の手に生存する間に限って、または一定の期間だけ与えられても、それが終われればその最高権力は再び多数派の手に戻るのであれば、実際にそれが戻ってきたときには、共同体は、新たにそれを適当な人々の手に委ねて、新しい統治の形態を設立することができるのである。なぜならば、統治の形態は最高権力である立法権力がどこに置かれるかによってきまるものであり、また、下位の権力が上位の権力を規定したり、最高権力以外の権力が法を作ったりするなどということは考えられないから、法を作る権力の所在に応じて政治的共同体の形態も決まるのである」（§132）と述べるように、人々が義務付けられている服従はすべて、究極的にはこの最高権力と結びついており、この権力が制定する法によって人々の行動は規制される。政治社会においては、ひとびとは最高機関たる立法府が定めた法に従わなければならず、社会の信託に従って活動している立法府に対しての服従の義務を免れることはないのである。

しかしこの立法権力は一定の目的のために活動するべく義務付けられてもいる。言うまでもなくその一定の目的とは、人間の基本的な自然権の保護であり、その目的のためだけに人々から「信託」されているからである。社会契約が人民相互の同意による契約であるのに対し、この信託は統治者に対して権利ではなく、一定の目的を遂行するための一方的な義務をのみ負わせているところに、ロックの自由主義的側面を見ることができよう。さらに彼の自由主義的側面を強調するものとして、最高の至高権としての立法権に対して次のような制約を課すのである。

一　（立法権力は）国民の生命と財産とに対して絶対的で恣意的なものではなく、また決してそうしたものではありえない。（§135）

二　立法権力、すなわち最高の権威も、一時しのぎの恣意的な法令によっては支配する権力を手中にすることはできず、公布された恒常的な法と、権威を授与された公知の裁判官とによって、正義を執行し、臣民の諸

権利を決定するよう義務づけられている。（§136）

三　最高権力［である立法権力］といえども、いかなる人間からも、その人間自身の同意なしにプロパティの一部なりとも奪うことはできない。（§138）

四　他のいかなる者の手に対しても、立法部は法を作る権力を移譲することはできない。というのは、それは、国民から委ねられた権力にすぎないのだから、それをもつ者は他人にそれを譲ることはできないからである。（§141）

こうした立法権に対する制限事項は、いずれも国家の役割を限定し、人々の自由を最大限堅持しようとの表れでもある。こうした信託的統治権である立法権に対して、国民はそれの排除権をも留保しているのである。立法権も一定の目的のために行動すべき一つの信託的権力にすぎないのであるから、立法権が国民の信託に反した行動をとっていると彼らが考える場合には、それを移転させたり変更したりする最高権力は国民の手の内側に残っていることを明らかにする。ロックの「革命権」ないし「抵抗権」と呼ばれるものである。ここにも国民の自由を最大限に尊重しようとする自由主義の様相が強く見てとれるのである。

(2)　自然権としてのプロパティ論

「ロックの所有権理論は、かれの政治学体系中、最も卓越した特色をもったものの一つである。近年、その解釈をめぐって論争が引き起こされたが、しかし、初期の世代の研究者にとっては、この所有権論こそは、ロックを本質的、かつ本来の個人主義者として識別させるもののように思われた」（Gought 1973＝1976：88）と断じたのはJ・W・ガフであった。彼は人々が本来もっている自由を安全と保護のもとに入れかえるとするホッブズの政治理論に満足せず、私的所有権は市民社会にその存在を負うているばかりか自然状態そのものの中に存在していた制度であり、政府の主要な課題は私的所有権を無事に保全することを証明した思想家こそがロックであったことを主張する。

確かにロックは所有権（property）概念を労働との関連で説明した最初の思想家であったろう。神から人類に与えられた共有の宝庫である大地に労働力を投下することによって獲得された果実は、労働力を投下した人の所有になることを明言する。「たとえ、大地と、すべての下級の被造物とが万人の共有物であるとしても、人は誰でも、自分自身の身体に対する所有権を持つ。これについては、本人以外の誰もいかなる権利をもたない。彼の身体の労働と手の働きとは、彼に固有のものであると言ってよい。従って、自然が残しておいたものから彼が取りだすものはなんであれ、彼はそれに自分の労働を混合し、それに彼自身のものである何ものかを加えたのであって、そのことにより、それを彼自身の所有物とするのである」（§27）と述べる。ひとたび労働力が付け加えられることによって、他人との共有権を排除する何かが付け加えられたことになり、労働力を投下した人以外は誰も権利をもつことはできない。こうしてロックの所有権は、まずは自分自身の身体から出発して、自らの労働を付加した獲得物にまで至るのである。このようなロックの所有権理論は、単にものを所有するといった狭い意味の財産権ばかりか、自らの生存権や自由権にまで及ぶところにその特徴を見ることが出来よう。

しかしロックは、この所有権を無限に認めたわけではない。というのは、すべての人間に平等な所有権を認めようとする以上、たった一人の人間によって、あるいはほんの少しの人間たちによって、所有権が独占されてはならないからである。それについてロックは「おそらく、どんぐりや、その他の地上の果実などを採集することがそれらに対する権利を生じさせるとすれば、誰でも自分が欲するだけの物を独占してよいということになってしまうという反論があるであろう。それに対して、私はそうでないと答えよう。その手段によってわれわれに所有権を与える同じ自然法が、同時に、その所有権を課しているからである。（中略）つまり、人は誰でも、腐敗する前に、自分の生活の便益のために利用しうる限りのものについては自らの労働によって所有権を定めてもよい。しかし、それを超えるものはすべて彼の分け前以上のものであり、他者に属する。腐敗させたり、破壊したりするために神が人間に向けて創造したものは何もない。このように、世界には自然の糧が長い間いかに豊かに存在したか、また、それを浪費する人がいかに少なかったか、そして、特に、自分自身の用に役立つ限りという理性の制限のうちにとどまる限り、一人の人間の勤勉さが及びうる自然の糧の部分はいかにわずかで、それを独占して他人を侵害することもいかに少なかったかということを考えると、その頃は、そのように確立された所有権をめぐって争いや対立が生じる余地はほとんどなかったであろう」（§31）と述べる。要するにロックは他者の自己保存権を侵害してはならないことを言明し、そのために次の三点を自然法的制約として掲げる。まず第一に、他の人々に対しても十分なものが残されていることをあげる。これは自然の宝庫になる果実をひとり又は少数の人たちが独占的に占有することを排除するためである。他人の労働に占有の余地を残すことは、人は一人だけでは生きて行けないこと、社会の中で、共同体の中で他者と共にしか生きて行けないロックの基本的認識によるところからの歯止めである。第二に、獲得した産物を腐敗させることなく利用しうることをあげる。一人の人間がたとえ自らの労働によるものとはいえ、自分で食べられる以上のものを獲得して、残ったものを腐敗させてはならないと言うのである。自ら食べられ、自ら利用できる以上のものを獲得してはならないとする。腐敗させることを禁じるのは、そうすることが獲得物本来の用途から外れるばかりではなく、他の人々への配慮であることは言うまでもない。第三の制約は、土地に関しては自分自身の労働を投下しうる限度を超えてはならないことである。自ら労働できる以上の土地を囲い込んで、それを独占することは自然法がこれを禁じているのである。このようなプロパティに対する自然法的制約はロックのピューリタン的禁欲の精神が見られるばかりか、彼の思想の底流にある国家の共同体的性格も見てとれるのである。同時にこれは社会構成員相互の自己保存権を侵害しないための倫理的制約でもあった。

しかしこうした制約のもとでは、社会や人間は大きな足枷をはめられたことになる。と言うのはこうした制約は、必要以上の労働の禁止であり、人はその日暮らしを余儀なくされることを意味する。自分が利用できる以上のものについてまで、労働できないのであればそこに進歩や発展はない。「神は、世界を人間の利益になるように、また、そこから生活の最大限の便益を引きだすことができるように与えたのだから、神の意図が、世界をいつまでも共有物で未開拓のままにしておこうということにあったとは到底考えられない。神が世界を与えたのは、あくまでも勤勉な理性的な人間の利用に供するためであり、断じて、喧嘩好きで争いを好む人間の気まぐれや貪欲さのためではなかった」（§34）と言うように、こうした自然法的制約はロックの真に意図するところではない。そこで彼はこうした自然法的制約を解除させるために貨幣を導入する。「このようにして、貨幣の使用が始まった。それは、人間が腐らせることなしに保存できる何か耐久性のあるものであり、また、人々が、相互の同意によって、真に有用でありながら消滅する生活の必需品と交換に受けとるものである」（§47）、「もともと、勤労の程度が異なることによって人々に与えられる所有物の割合も異なる傾向にあったのだが、貨幣の発明は、人々にそうした傾向を継続させ、さらにはそれを拡大する機会を与えた」（§48）とするように、人は必要以上の労働、自分が利用できる以上の労働をしても、自ら消費できる以上のものについては貨幣に交換することによって自然法的制約を撤廃出来ることになる。朽ち果てやすい自然の生産物は貨幣に交換され、それによって生産物を腐敗させることなく、貨幣の形態によって所有を永続化出来るのである。ここに私的所有の絶対性と、資本主義的な所有と富の無限の蓄積が正当化されたのである。こうして人はピューリタン的禁欲にもとづく自然法的制約を遵守しながら、個人の消費を越える新たな生産の可能性を手にすることになる。この貨幣の蓄積こそ、資本主義的（それは同時に資本主義と分かちがたく結ばれている自由主義［的］）所有権理論の原型なのである(5)。

(3) 最小国家論の原型と自由主義的市民像

現代の最小国家論の代表者と目されるロバート・ノージックは、その著『アナーキー・国家・ユートピア』の冒頭において「もし国家が存在しなかったなら、国家を発明する必要があっただろうか。国家は必要か。国家は発明されねばならないか。政治〔国家〕哲学と政治〔国家〕的諸現象の説明を行う理論に対してこれらの問題が生起し、そしてそれらには、『自然状態』——伝統的な政治理論の用語を使うなら——を検討することによって回答が与えられる」(Nozick 1974 : 3 = 2002 : 3) として、第二章においてロックの自然状態に触れ、ロックが述べる自然状態の不都合さから政治社会〔市民社会=国家〕を展望する際、ロックの自然状態の不都合なリストを再点検しなければならないことを指摘する。すでに述べたようにロックは自然状態の中に存在する自然法は、何よりも自然権としてのプロパティを承認する。しかし自然状態ではこのプロパティの保護は必ずしも十分ではなく、だからこそ政治社会を構想したのである。政治社会は当然のことながら国家を形成する。そしてその国家に与えられた権力について「私は、政治権力とは、プロパティの調整と維持のために、死刑、従って、当然それ以下のあらゆる刑罰を伴う法を作る権利であり、また、その法を執行し、外国からの侵略から政治的共同体を防衛するために共同体の力を行使する権利であって、しかも、すべて、公共善のためだけにそれを行う権利であると考えるのだ」(§3) と権力を規定する。ここに見られるのは、プロパティの調整と維持のための権力であって、決してそれ以上ではない。先の「自然状態と政治社会」の項で述べたように、自然状態から社会状態への移行は「ただ、相互に、一つの共同体に入り、一つの政治体を作ることに同意し合う契約だけ」である。これに対して藤原保信は「ロックは明らかに人民ないし社会〔ロックは主権者 sovereign という言葉を意識的に避けている〕との関係を一種の契約関係と考えている。それによって政府が契約の目的に違反した場合には同意を撤回できるものとして革命権への道を切り開いたのである」(藤原 2005b : 46) とし、アーネスト・バーカーを引用しながら、ロックはむしろ政府と人民との関係を完全に同等で双務的な契約 (contract) よりも信託 (trust) の関係であり、信託における当事者を信託者 (trustor)、受託者 (trustee)、および信託の受益者 (beneficiary) とに分けるならば、ロックの場合受託者は政府であるのに対して、人民は信託者にして唯一の受益者であることを主張する。この論理に従うならば、政府は常に人民のコントロール下にあり、先に述べた「立法権力は、特定の目的のために行動する単なる信託権力にすぎないから、国民の手には、立法権力が与えられた信託に反して行動していると彼らが考える場には、それを移転させたり変更したりする最高権力が残されている」（§149）とするロックの抵抗権が、論理的かつ必然的に導き出される。ここに政府と人民との関係性が表出される。政府はできるだけ小さなものでなければならないのである。市民社会における権力の大きさと、その社会における市民の政治的社会的自由の度合いが反比例するのならば、ロックの場合には明らかに政治的社会的自由の方を極大化する方向に向かうのである。このことは「人間の生来的な自由とは、地上におけるいかなる上位権力からも解放され、人間の意志または立法権の下に立つことではなく、ただ自然法だけを自らの規則とすることにほかならない。社会における人間の自由とは、同意によって政治的共同体のなかに樹立された立法権力以外のいかなる立法権力の下にも立たないことであり、また、立法部が自らに与えられた信託に従って制定するもの以外のいかなる意志の支配、いかなる法の拘束にも服さないことである」（§22）とし、人が立法府に信託したものこそプロパティの保護にあったことからも理解されよう。さらにロックはこの立法権について、国民の生命と財産とに対して絶対的で恣意的なものであってはならず、公布された恒常的な法と、権威を授与された公知の裁判官とによって、正義を執行し、臣民の諸権利を決定するよう義務づけられていることを明らかにする。そしてこの最高権力である立法権力といえども、いかなる人間からも、その人間自身の同意なしにプロパティの一部なりとも奪うことはできないと断じる。

こうしたロックの議論に対してその重要性は認めつつ批判的評価を下した理論家に、先のプラムナッツがいる。プラムナッツによれば、プロパティと自由は相互に密接に関連しあっており、プロパティは自由を包含し、プロパティは自由への手段に過ぎないことを指摘する。「ロックは既存の社会秩序を心から受け入れたが、その秩序のもとではほとんどの人々が、かれが自由の条件であると信じたところの所有権を欠いていた。おそらくロックはこのことを知ってはいたが、それでもなお、こうした不平等に配分されている富を配分しなおすということには興味を示さなかったのである。それゆえ、実際にかれは共同社会のわずかな人びとの自由にしか関心を払っていなかったことになる。所有権を保証したいというかれの願いは非常に強く、しかも、のちにサン・シモンが最も多数にして最も貧しき者とよぶことになった階級に対するかれの同情が非常にわずかであったので、かれの批判者のうち何人かは、かれが自由を大いに欲したということを認めようとはしなかった。かれらはかれを自由の擁護者としてよりも所有権の擁護者として理解している」(Plamenatz 1992 : 375 = 1975 (II) : 150) とするプラムナッツの指摘は、時代背景を考えれば納得のいく指摘である。というのは、『統治二論』が執筆された時期はイギリス名誉革命以前の一六八三年までに執筆されたことがあきらかになっていることを見ても理解されよう(6)。この時期、新興ブルジョアジーの台頭が著しく、彼らにとって財産所有の正当化と、商取引における自由と平等は絶対必要条件であったのである。そうした時代状況の中で、プロパティの絶対化と、その条件としての自由の要求は必然でもあった。プラムナッツもそのことは承知の上であったことは次の記述からもあきらかである。「政府は、かれが欲しているものをかれに与えることによってではなく、かれ自らの努力によりそれを獲得することを可能にさせることによって、かれがかれの目的を達成するのを助けること以上には、なすべき何物をももたない。強制が正当化されるのは、国家の偉大さのための手段としてでも、天のためでも、人間に徳を獲得せしめるためでも、幸福の増大のためでも、個人の権利にまさる共通善のためでもなく、単に自由がそれなしにはこの世で獲得されえないという理由からに過ぎない。自由を保障するために信託に基づいて保障される権力、これこそ、ロックの時代以来のヨーロッパの政治教義に、とくに西欧自由主義の中に、とりわけ一貫して流れてきたものである」(Plamenatz 1992 : 377 = 1975 (II) : 153) と述べるとき、プロパティと自由の要求は一体的なものであって、プラムナッツが指摘するように西欧自由主義の原型を作りあげた思想家こそロックにほかならない。その意味でもロックは自由主義的市民像の最初の確立者であったし、同時に権力の最小化と自由の最大化を目指した最小国家論者と言えよう。こうしたロックの視座は後のJ・S・ミルをはじめ多くの自由主義的思想家たちに、多大な影響を与えることになる。

3　共和主義的市民像――ルソーの場合

(1)　時代批判と自然状態――人間不平等起源論

「共和主義者は人間 homme と市民 citoyen を分離しないように気をつける。人間 homme に政治的権利を付与するのは国家 cité への帰属だからだ。ひとりの人間 individu が市民としてではなく単なる個人 partculier として扱われると、たちまち奴隷制の影が忍び寄る。当面の脅威は、恣意的な権力、すなわち法の不在ということになるだろうが。共和国における自由がひとりひとりの人間のものとなるのは、ただ法をとおしてのみそうなるのであって、従って国家の役割が決定的に重要なのである。共和主義者は『人と市民の権利』というふうに『市民の』という言葉を付け加えるのに対して、デモクラットが単に『人の権利＝人権』のみを語るとしても、それは少しも驚くべきことではない。共和主義者にとって、『市民の』という言葉を付け加えることは、補足ではなく、条件なのである」（ドゥブレ 2006：18）と述べたのは他ならぬレジス・ドゥブレである。フランス革命から二百年たった一九八七年のドゥブレによる、「あなたはデモクラットか、それとも共和主義者か」と題した論考である。デモクラットと共和主義者の対置は、換言すれば今日の「アメリカ的自由主義者かフランス的共和主義者か」の問いでもあったろう。前者を自由主義的市民像とすれば、後者は明らかに共和主義的市民像をさすものと思われる。私たちは現代的共和主義理論の原型を取りあえずはジャン＝ジャック・ルソーの思想、とりわけ彼の「一般意志（volonté général）」概念に見出す。そこでルソーが「一般意志」概念にたどり着いた過程及び「一般意志」の共和主義的解釈を見て行こう。

周知のようにルソーはスイスのジュネーブ共和国に、時計職人の息子として生まれ、一六歳になるまでをジュネーブで過ごした。既に母親を亡くし、父もルソー一歳のころに失踪し、やがて時計職人の徒弟として暮らすのであるが、一六歳でジュネーブを出帆し放浪の生活に入る。アヌシー、トリノ、シャンベリ、リヨンなどの地を放浪し、一七四二年パリに出た。当時のパリにはディデロやダランベールをはじめとする多くの哲学者たちが華々しく活躍しており、ルソーも彼らのサロンに出入りしながら自らの思想営為を行っていった。一七四九年、ルソーは偶然の機会に、ディジョンのアカデミー懸賞論文課題「学問と芸術の進歩は、習俗を純化することに寄与したか」を見て、ただちに書き上げたのが『学問芸術論』であった。この論文は翌一七五〇年七月に入選し、年末に刊行された。その趣旨はアカデミーの設問に対して「否定」で応え、ルネッサンス以来の学問・芸術の再興、つまり近代文明は道徳の進歩に寄与するどころか、それを腐敗させたことを詳細に立証するところにあった。「学問、文学、芸術は政府や法律ほど専制的ではありませんが、おそらく一そう強力に、人間を縛っている鉄鎖を花環でかざり、人生の目的と思われる人間の生まれながらの自由の感情をおしころし、人間に隷従状態を好ませるようにし、いわゆる文化人を作りあげました。欲求が玉座をたかめ、学問と芸術とがそれを堅固なものにしました」（Rousseau 2006：30-31 = 1968：14）とするこの『学問芸術論』は、パリの哲学者たちのみならず、ヨーロッパ思想界に大きな波紋を呼び起こすことになる。ルソーはその反響に論争を挑みながら、やがて彼の思想の核心は、道徳の退廃と悪の跳梁の問題群の中で、学問・芸術批判を強める。「芸術がわれわれのもったいぶった態度を作りあげ、飾った言葉で話すことをわれわれの情念に教えるまでは、われわれの習俗は粗野ではありましたが、自然のものでした」（Rousseau 2006：32 = 1968：16）、「学問芸術の光が地平にのぼるにつれて、徳が逃げて行くのがみられます。これと同じ現象は、あらゆる時代、あらゆる場所において見られます」（Rousseau 2006：34 = 1968：19）。そしてこうした学問芸術の発達の原因をルソーは人間の奢侈、無為、虚栄から生まれたものとし、これらの発展は奢侈の存在を前提にしているのであって、それは経済的不平等という現実の前に形成されてきたとする。さらに彼は人間は生来善の存在であるのに、文明のゆえに虚栄心に悩まされ、見せかけを追い、実質的な幸福を失っており、学問・芸術は、奢侈・無為・虚栄という人間性の悪の所産である。従ってそれは、人間の悪の側面を促進し、奢侈を煽り、虚栄をつのり、奢侈と偽善をはびこらせる。学問・芸術の栄えるところのいずれにおいても徳の衰微と精神の頽廃が待ち受けており、人々の間の内的、外的な不平等が拡大していくとする認識を示すのである。哲学者は奢侈が国家に不可欠なものとするが、それは美徳とはそもそも相容れないものとするルソーは、どんな犠牲を払ってでも富は求められなければならないのかと問う。こうした現実批判は、政治家に向けられる。彼の批判によると古代の政治家が常に美徳について語っていたのに対して、今の政治家たちは商業と金銭についてしか語らない。彼らは、すべてを金銭的な価値に還元し、人間さえも家畜と同様に扱う。豪奢なものを求める精神は、清廉とは両立せず、無数のつまらない心遣いによって堕落した精神にほかならない。しかも奢侈は風俗を紊乱し、道徳的退廃を結果する。「生活の便宜さが増大し、芸術が完成に向かい、奢侈が広まるあいだに、真の勇気は萎縮し、武徳は消滅します。そして、これもやはり学問と、暗い小部屋の中でみがかれる、あのすべての芸術のしわざなのです」（Rousseau 2006：46 = 1968：40）と述べる彼の脳裏にあったものが、あの絢爛豪華なルイ王朝の文明、なかんずくその貴族文明であったことは容易に理解されよう。しかしルソーは学問芸術の全般を否定したわけではない。彼が否定するのはこの時代のきらびやかな、華美に過ぎたそれらであって、学問芸術論の最後の部分で「おお　徳よ！　素朴な魂の崇高な学問よ！　お前を知るには多くの苦労と道具とが必要なのだろうか。お前の原則はすべての人の心に中に刻みこまれていはしないのか。お前の掟を学ぶには、自分自身の中にかえり、情念を静めて自己の良心に耳を傾けるだけでは十分ではないのか。ここにこそ真の哲学がある」（Rousseau 2006：54 = 1968：54）と結ぶ。要するにルソーは、当時のフランス絶対王政の絢爛豪華なベールに包まれた、一部の特権階級に独占されている学問芸術を批判したのであり、それは当然のことながら、不平等への視点を内在させるのである。

この不平等について正面から論じた書が、『人間不平等起源論』であった。一七五三年一一月、ディジョンのアカデミーは、ふたたび「人々の間における不平等の原因は何であるか、それは自然法によって是認されるか」と題する懸賞論文を募集した。ルソーは『学問芸術論』以来の不平等に関する思想営為を続ける機会を得たのである。「大多数の者が暗闇と貧困とのなかを這いまわっているのに、一握りの権力者と金持が権勢と富との頂上にあるというのは、後者が自分たちの享受するものを、ただ他の人たちがそれを事欠いている間だけ尊重するからであり、そして、また、かりに民衆が悲惨でなくなれば、彼らは、身分を変えなくても、幸福ではなくなるだろうからである」(Rousseau 2008 : 143 = 1972 : 124) と述べるように、ルソーの立ち位置は暗闇と貧困とのなかを這いまわっている人々の側にあることは言うまでもない。こうした不平等の原因を彼は、人間と人間との相互依存にあることを見て取った。かつて人が自給自足で、生活のすべてをひとりでなし得ていた時代、人は自立していたし、完全な自由を享受していた。「彼らがただひとりでできる仕事や、数人の手の協力を必要としない技術だけに専心していたかぎり、彼らはその本性によって可能だった程度には、自由に、健康に、善良に、幸福に生き、そしてたがいに、独立の状態での交流のたのしさを享受しつづけるのであった。ところが、一人の人間が他の人間の援助を必要とするやいなや、またただひとりのために二人分の貯えをもつことが有効であると気づくやいなや、平等は消えうせ、私有が導入され、労働が必要となった。そして広大な森林は美しい原野と変って、その原野を人々の汗でうるおさなければならなかったし、やがてそこには収穫とともに奴隷制と貧困とが芽ばえ、生長するのが見られるようになった。冶金と農業とは、その発明によってこの大きな革命を生みだした二つの技術であった」(Rousseau 2008 : 119 = 1972 : 96) のである。

農業と冶金の発明が人々に分業を教え、この分業が人々の相互依存体質を作ってしまったのであり、かつ私有財産制を確立させたと言うのである。というのも、土地を耕すことが必然的に土地の分配を生み、自然法とは異なる私有の権利を生み出したからである。他者への依存は被依存者の恣意に同調せざるを得ないため、本来の自己を他者の自己へと疎外させる。ここから自由が喪失し、偽善がはびこる。かつて自然状態では、人は山野を駆け廻り、木の実漁りや狩猟で自己の生命を維持していた。その頃こそ人は真に自立していたのであり、自由であったと考える。しかしそうした孤立と自足の自然状態は人口の増大などの自然条件の変化によって終息を遂げることになるのであるが、もちろんルソーはそうした自然状態が歴史的に存在したと考えているのではない[7]。そうした状態を想定することによって、人間の自由と平等の問題を根源的に考えてみようとするのである。ところでルソーは人間の本性として、自己愛（amour de soi）、憐憫の情（pitié）、自由（libre）の三点を指摘する。しかし文明の発達が人間に自尊心（amour propre）を植えつけ、この自尊心が人間の本性である憐憫の情を抑圧し、他者への思いやりをなくし、さまざまな悪徳と不平等をはびこらせていると考えた。この悪徳と不平等こそが、政治的専制を形成しているのであって、富者の呼びかけによる契約を通じて形成された専制政治は、紛れもなく富者の利益を擁護する見せかけの共同体であるとして、文明社会としてのフランス絶対王政に鋭く対峙するのである。

(2) 社会契約——一般意志の形成

これまで見てきたようにルソーの文明批判は、当然の帰結として当時の絢爛豪華なヨーロッパ文明総体への批判でもあった。不平等にもとづく相互依存関係が人間の本性を疎外し、人間の人間に対する支配を許し、自由の全面的喪失と道徳的頽廃が忍び寄った。とすれば、このような状態から脱却するにはどうすればよいのであろうか。その鍵が社会契約であった。ルソーにとって文明の網の中に織り込まれた一八世紀ヨーロッパを救済するための課題は、権威と自由の調和であり、不平等の除去であり、原始的自然状態における諸利益の回復にあった。そのためには正当な政治社会の本質的諸原則を定立する理論的裏付けが必要とされたのである。それがルソー的社会契約理論なのである。

「人間は自由なものとして生まれた、しかもいたるところで鎖につながれている。自分が他人の主人であると思っているようなものも、実はその人々以上にドレイなのだ。どうしてこの変化が生じたのか？　わたしは知らない。何がそれを正当なものとしうるか？　わたしはこの問題は解きうると信じる」（Rousseau 1947：173＝1978：15）という書き出しから始める『社会契約論』こそは、先の正当な政治社会の本質的諸原則を確立するための著作であった。これまで見てきたようにルソーは既に『学問芸術論』や『人間不平等起源論』において、本来自由であるはずの人間が、必ずしも自由ではない現実を見てきた。いたるところで鉄鎖に繋がれている人間に自由を回復させるための手段、それが契約によるものであることを示唆し、新たな市民像＝共和主義的市民像を示したのがこの『社会契約論』であった。人間はなぜ、どのような鉄鎖に繋がれているのか、そしてその状態はいかなるものなのかとの疑問に、彼は人間がいまだ自然状態の枠組みの中にいるからであると考える。「もし、わたしが力しか、またそこから出てくる結果しか、考えに入れないとすれば、わたしは次のように言うだろう――ある人民が服従を強いられ、また服従している間は、それもよろしい。人民がクビキをふりほどくことができ、またそれをふりほどくことが早ければ早いほど、なおよろしい。なぜなら、そのとき人民は支配者が人民の自由をうばったその同じ権利によって、自分の自由を回復するのであって、人民は自由をとり戻す資格を与えられるか、それとも人民から自由をうばう資格はもともとなかったということになるか、どちらかだから。しかし、社会秩序はすべての他の権利の基礎となる神聖な権利である。しかしながら、この権利は自然から由来するものではない。それはだから約束にもとづくものである。これらの約束がどんなものであるかを知ることが、問題なのだ」（Rousseau 1947：174＝1978：15）と、合意による契約こそが、人間が自由を回復するための手段であることを述べ自らの契約理論を展開する。

さて、そもそも人はなぜ社会契約をしなければならないのか。自然状態において各人は自由で自立的な生活を営んでいた。しかし前述の通り、冶金と農業の発明が分業と不平等をもたらすことになったのである。もはや人々は自然状態において自己保存を妨げている多くの障害に堪えがたくなると、各人が自然状態における生存の維持のために協力する必要、合意を形成する必要がでてくるのである。彼らはもはや他者に依存することによって自立的存在ではないのであり、協力は不可欠となる。いうなれば、この自然状態はもはや存在できず、従って生存様式を変更しない限り人類は滅亡することになる。社会契約は、人類滅亡の鍵を握っているのである。しかし、人間は非力であり、新しい力を作り出すことはできない。人間にできるのは、ただ既存の力を集め、統一することだけである。よって、自己保存のためには、力を集結させ、障害を克服できるようにする必要がある。人間は力を一つにし、そろって作用させるより他に方法はないのである。このように自然状態から社会状態に移行する際の人間像は、自立していないが故に非力な存在として描かれている。ルソーの主張は、自己保存を契約の要においている点で、ホッブズに近いともいえるが、人間の他ならぬ非力さが力の統一を必要なものとする点で、移行期における人間の相互関係は全く様相を異にするのである。

ところで、この力の総和は多数の人々の協力からのみ生じうるものなのである。しかし各人の力と自由は自己保存にとって一番大切なものである。従って利益を害することなく、どのようにして各人は力と自由を制御・制限することができるのか。彼の契約論の骨子は、人間のあらゆる権利を全共同体に委譲することによって、一般意志（volonté général）を創出する。この一般意志が観念的な統一体としての国家主体になるのである。人はこの一般意志に従うことによって、人間の人間に対する支配服従関係を止揚し、自由で平等な国家状態を作り出すことができると考える。「各構成員の身体と財産を、共同の力のすべてをあげて守り保護するような、結合の一形式を見出すこと。そうしてそれによって各人が、すべての人々と結びつきながら、しかも自分自身にしか服従せず、以前と同じように自由であること。これこそ根本的な問題であり、社会契約がそれに解決を与える。（中略）この諸条項は、正しく理解すれば、すべてが次のただ一つの条項に帰着する。すなわち、各構成員をそのすべての権利とともに、共同体の全体にたいして、全面的に譲渡することである。その理由は、第一に、各人は自分をすっかり与えるのだから、すべての人にとって条件は等しい。また、すべての人にとって条件が等しい以上、誰も他人の条件を重くすることに関心をもたないからである」(Rousseau 1947 : 191-192 = 1978 : 29-30) とする。すなわち、各人はそれぞれに契約を行う中で結合し、それぞれの身体と財産のすべての権利を、その共同体に譲り渡すことによって、各人と共同体との一体性を確保する。しかも、この譲渡が無条件に行われる場合、結合は完全に行われることとなり、構成員は要求すべきものを全く持たない。というのも、もしも多少の権利が留保されれば、この個人と公衆の間を裁くことができる共通の上位者・裁判官がいないからである。すなわち、各人が自分自身の裁判官なのである。となると、いったん個別的で私的な権利を留保すること、そこからもたらされる利益を認めれば、やがてはあらゆる点について、自ら裁判官たることを主張することになるからである。もしこの状態が続くならば、それは社会状態ではなく、自然状態の延長でしかなく、結合は必然的に専制的になるか、無力になるかのいずれかである。権利を留保したままでは人類存亡の危機は回避されない。他方、各人はすべての人に自己を譲り渡すことによって、各人は特定の誰にも自己を譲り渡さないことになる。このことをルソーは「われわれの各々は、身体とすべての力を共同のものとして一般意志の最高の指導の下におく。そしてわれわれは各構成員を、全体の不可分の一部として、ひとまとめとして受けとるのだ」(Rousseau 1947 : 192 = 1978 : 31) と述べる。

このような共同体が一般意志を形成し、主権を構成することとなる。ここに主権と人民の一体性、すなわち人民主権論が論理化されるのである。「主権の行為とは、本来何であろうか? それは、上位者と下位者との約束ではない。政治体とその構成員の各々との約束である。——合法的な約束だ、社会契約を基礎としているから。公平な約束だ、すべての人に共通だから。有用な約束だ、一般の幸福だけを対象とするのだから。ゆるぎのない約束だ、公共の力と至高の権力を保証とするのだから。臣民がこのような約束にのみ従うかぎり、彼らは何びとにも服従せず、自分自身の意志のみに服従する」(Rousseau 1947 : 217 = 1978 : 52) のである。契約が締結されたその瞬間から、個人はその生命・意志・個性をその共同体の中に没入させることによって、単一体ではなく、全体との関係においてのみ、その価値を決定されることになる。そしてこの契約によって人民は団結し法に服するという意味では臣民になるが、同時に法の制定者としては主権者となるのである。ここに臣民と主権者との同義性が確保され、ルソー独自の「人民主権論」の論理的基礎が措定される。ルソーはこのことを次のように説明する。「この結合行為は、直ちに、各契約者の特殊な自己に代わって、一つの精神的で集合的な団体をつくりだす。その団体は集会における投票者と同数の構成員からなる。それは、この同じ行為から、その統一、その共同の自我、その生命及びその意志を受けとる。このように、すべての人々の結合によって形成されるこの公的な人格は、かつては都市国家という名前をもっていたが、今では共和国（République）または政治体（Corps politique）という名前をもっている。それは、受動的には、構成員から国家（Etat）とよばれ、能動的には主権者（Souverain）、同種のものと比べるときは国（Puissance）とよばれる。構成員についていえば、集合的には人民（Peuple）という名をもつが、個々には、主権に参加するものとしては市民（Citoyens）、国家の法律に服従するものとしては臣民（Sujets）とよばれる。しかし、これらの用語はしばしば混同され、一方が他方に誤用される。ただ、これらの用語が真に正確な意味で用いられるとき、それらを区別することを知っておけば十分である」（Rousseau 1947：193＝1978：31）。こうして人は文明社会以前の、人が本当に人であることができた社会、すなわち自己愛、憐憫の情、そして自由を回復するのである。

(3)　一般意志としての国家――共和主義的市民像

これまで見てきたように、『社会契約論』に表明されたルソーの一般意志についての考えは、明らかに共和主義的国家論である。それは次のような主権者と市民の関係の把握、主権者と市民の権利義務関係の把握からも明らかである。「主権者と市民のそれぞれの権利が、どこまでおよぶかを問うことは、市民たちが、どの点まで、自分自身とつまり各人が全員にたいし、約束することができるか、を問うことである」（Rousseau 1947：217＝

1978：52）と主権者と市民の一体性を強調し、同時に市民の権利義務関係も明らかにする。さらに法は一般意志の行為であって、主権の行使は法によってなされることは言うまでもない。「法によって治められる国家を、その行政の形式がどんなものであろうとすべて、共和国とよぶ。なぜなら、その場合においてのみ、公けの利益が支配し、公けの事がらが軽んぜられないから。すべて合法的な政府は、共和的である」（Rousseau 1947：225＝1978：59–60）と言うとき、公の利益、公の事がらは、主権としての一般意志に回収されて私的利益や私的事がらを超越する。そしてこの主権は他の誰かや他の機関に譲り渡すことは出来ないし、分割することも出来ないのである。主権の不可分性、不可譲性についてはホッブズも同じであるが、ホッブズのそれは主権の絶対性を確保するためのそれであり、ルソーにおいては主権は一般意志なのであって、意志は分割することは出来ないし、まして集合的意志は譲り渡すべきなんびともいない。主権は集合的人民に帰属するしかないのである。こうして一般意志の中に融合される個人は、「自然状態から社会状態への、この推移は、人間のうちにきわめて注目すべき変化をもたらす。人間の行為において、本能を正義によっておきかえ、これまで欠けていたところの道徳性を、その行動にあたえるのである。その時になってはじめて、義務の声が肉体の衝動と交代し、権利が欲望と交代して、人間は、その時までは自分のことだけ考えていたものだが、それまでと違った原理によって動き、自分の好みにきく前に理性に相談しなければならなくなっていることに、気がつく。この状態において、彼は、自然から受けていた多くの利益をうしなうけれど、その代わりにきわめて大きな利益を受けとるのであり、かれの能力はきたえられて発達し、かれの思想は広くなり、彼の感情は気高くなり、彼の魂の全体が高められる」（Rousseau 1947：198–199＝1978：36）のである。こうして一般意志に服従するという大きな義務と引き換えに、公共的市民像は形成される。こうした公共的市民は、主権者の要求にはすべからく奉仕の義務を負うのであるが、主権者は一般意志であり、人は一般意志の構成者である以上、その義務に従うことは他律ではなく自律を意味する。しかしルソーは主権の限界について「市民は、主権者が求めれば、かれが国家になしうる限りの奉仕を、ただちにする義務がある。しかし、主権者がわにおいても、共同体にとって不必要な負担は、決して臣民に課することはできない。（中略）われわれを、社会体に結びつけている約束は、この約束が相互的あるが故にのみ、拘束的なのである。そして、その約束は、人がそれを果たすことによって、他人のために働けば、必ずまた自分自身のために働くことにならざるをえない、といった性質のものなのである」（Rousseau 1947：215＝1978：50）と述べる。ここに主権の絶対性が表出されると同時に、主権と公共的市民の一体性が見てとれるのである。先のドゥブレの言う共和主義者は、人間（homme）と市民（citoyen）を分けるのではなく、人間は国家が制定する法を通して公共的市民となるとする考えの底流にルソーのこうした思想的相似性を見逃すことはできない。これについて藤原保信は、「ルソーによれば、社会契約が政治体に『存在』と『生命』を与え、法がそれに『運動』（mouvement）と『意志』（volonté）を与える。いわば法こそ一般意志を具体化し、政治体を動かす原動力であり、その意味で、単純化するならば、社会契約→一般意志→主権→法という図式が成立するといえよう（あるいは一般意志＝主権＝法といった方が正しいかもしれない）。かかる立法権が主権者たる人民全体に帰属する（それは具体的にはのちに見るように人民集会に帰属する）ことはすでにいうまでもないのであり、しかもここでかかる法によって治められる国家を――のちにみる行政の形式のいかんにかかわらず――共和国（République）とよぶかぎり、われわれはここに、ルソーの原理的な政治理念を直接民主主義、人民主権、共和制という言葉によってとらえることができよう」（藤原 2005b：102–103）と述べる。

こうした主権と法の関係であるが、ルソーは「主権者は、立法以外のなんらの力をもたないので、法によってしか行動できない。しかも、法は一般意志の正当な働きに他ならないから、人民は集会したときだけ、主権者として行動しうるであろう。人民の集会、とんでもない空想だ！　というかもしれない。なるほど今日では、空想である。が二千年前にはそうでもなかったのだ」（Rousseau 1947：298＝1978：127）として、立法は人民の集会によるものとする。彼はその事例として古代ローマ共和国や、マケドニア人・フランク人などの君主制をとっていたところでさえ、人民集会はあったのであり、かつてあったものをもとにして推論することは妥当なものだと断じる。ルソーの念頭にあったのは祖国ジュネーブであったことは想像に難くない。それは先に見た『人間不平等起源論』の献辞が「ジュネーブ共和国にささげる」と記されていることからも明らかであろう。この献辞の中でルソーは「もし自分の出生の場所を択ばなければならなかったとしたら、私は人間の能力の範囲によって限られた、いいかえれば十分に統治されうることを限度とした大きさの社会、そして各人がその仕事を十分に行えるので、だれも自分に負わされた職務をほかの人々にまかせることをよぎなくされることのないような社会を選んだことでしょう。つまり、そのような国家では、個々の人々がみなたがいに識り合っているので、ひそかに行われる悪徳も、地味な悪徳も、すべて公衆の視線と審判とをまぬがれませんし、このたがいに会ったり、知ったりするという心地よい習慣によって、祖国愛が土地に対する愛よりもむしろ市民に対する愛となるでしょう」(Rousseau 2008 : 38 = 1972 : 10) と述べる。ここにルソーの人民集会=直接民主主義の理念が見てとれるであろうし、同時に彼のパトリオティズムが強く表れてもいる (cf. 樋口 1978 ; 白石 1983)。これは『社会契約論』第一遍の冒頭に「自由な国家 (ジュネーブ=引用者) の市民として生まれ、しかも主権者の一員として、わたしの発言が公けの政治に、いかにわずかしかの力しかもちえないにせよ、投票権をもつということだけで、わたしは政治研究の義務を十分課せられるものである。幸いにも、わたしは、もろもろの政府について考えをめぐらす度ごとに、自分の研究のうちに、わたしの国の政府を愛する新たな理由を常に見出すのだ」(Rousseau 1947 : 171 = 1978 : 14, cf. 川合 2007) と記す。しかし一八世紀のジュネーブ共和国の実際は、川合清隆によると「人口は僅か二万四、五千人、そこでは『人々が皆互いに顔見知り』である。共和国は一七三七年の内乱を生み出すような問題をはらんでいるにもかかわらず、ルソーにとって、そこに生まれた市民相互の連帯感、共和主義の精神と習俗、共和国の諸制度は、守り抜かれるべき優れて人間的な価値体系であった。ルソーの意識のなかで、ジュネーヴ共和国というミニ国家は権力機構である以前に、一個の都市共同体」(川合 2007 : 85) であった。こうしたジュネーブ共和国とフランスとは所詮国家の規模の上からも比較になろうはずもなかったのであるが、しかしルソーの夢想する共和国としての国家モデルであったことは否めないであろう。これらの中から明らかになるのは、ルソーは先のロック的自由主義的市民像を排し、公共的市民像を前提にした公共性を色濃く持つ共和制の主張であったことは明らかであろう。

＊本稿の一部は、『日本大学法学部創設一二〇周年記念論文集（第二巻）』に収載されたものを改稿したものである。

注

（1）そうである限り、ホッブズ国家論は、自然的国家論ではなく人為的＝人工的国家論であることが理解されよう。当該問題については、Berns（1987）に詳しい。

（2）このことは、『市民論』のなかでは第五章において、「二種類の国家、自然的な種類の国家と制度的な種類の国家」として簡潔に示されている。

（3）私はこの「自由と必然」に関する考察として、ホッブズの影響を受けたのではないかと考える論考の一つに、フリードリヒ・エンゲルスの通称『反デューリング論』の第一篇哲学、第十一章「道徳と法、自由と必然」をあげることができると考えている。「自由は、自然法則からの夢想された独立にあるのではなく、この諸法則の認識にあり、そして、この認識と結びつけられているところの、この諸法則を計画的に特定の諸目的のために作用させる可能性にある」（エンゲルス 1956：107）とするエンゲルスの論考の中に、ホッブズの絶対的主権と臣民の自由の関係性を読み取るのである。しかしここではさしあたっての主題と外れるので、これの考察は他日を期したい。

（4）以下、本書からの引用は第二篇各節を§としてその番号で略記する。

（5）こうしたロックの所有権理論の解釈に異論もある。たとえば加藤節は「ロックの『プロパティ』概念を、私有と共有との関係や法と私的所有との関係を主要論点とする『プロパティ』論の一七世紀的文脈に還元したり、あるいは、私的＝ブルジョア的所有権を含意する『プロパティ』の一八世紀以降の用法に解消したりすることは到底許されないであろう」（加藤 1987：173）として、その代表的な論者としてマクファーソンを名指す。そして加藤はその数行あとに「それは、ロックが、創造に際して精神と身体、『不死なる魂と現世的生』を与えられた人間の全局面に関わる素、すなわち『自由、生命、健康、資産』を一括して『プロパティ』と呼んでいる点に明らかで」（加藤 1987：174）あることを指摘する。言うまでもなくここでは、「自由主義的市民像」を摘出するためにロックを用いたのであり、その限りでのロック解釈であることを断っておきたい。

（6） これの経緯については『統治二論』の訳者である加藤節の「解説――『統治二論』はどのように読まれるべきか」に詳しい。

（7）「私は、問題を解くという希望からというよりは、むしろ問題を明らかにしてそれを真の状態に戻そうという意図から、いくらかの推理をはじめ、時にはいくらかの憶測をも辞さなかった。（中略）もはや存在せず、おそらくは存在したことがなく、多分これからも存在しそうにない一つの状態、しかもそれについての正しい観念をもつことが、われわれの現在の状態をよく判断するためには必要であるような状態を十分に認識するということは、そう手軽な仕事ではないからである」（Rousseau 2008：53 ＝ 1972：27）。

文献一覧

Berns, Laurence（1987）, "Thomas Hobbes," in Leo Strauss and Joseph Cropsey eds., *History of Political Philosophy*, third edition, Chicago: The University of Chicago Press.

Gought, John Wiedhofft（1973）, *John Locke's Political Philosophy: Eight Studies*, second edition, Oxford: Clarendon Press. 宮下訳『ジョン・ロックの政治哲学』人間の科学社、一九七六年。

Hobbes, Thomas（1642/1998）, *On the Citizen*, edited and translated by Richard Tuck and Michael Silverthorne, Cambridge: Cambridge University Press. 本田訳『市民論』京都大学学術出版会、二〇〇八年。

――（1651/1991）, Leviathan, edited by Richard Tuck, Cambridge: Cambridge University Press. 水田訳『リヴァイアサン』（一）＝a（二）＝b岩波文庫、一九九二年。

Locke, John（1690/1970）, *Two Treatises of Government*, a critical edition with an Introduction by Peter Laslett, second edition, Cambridge: Cambridge University Press. 加藤訳『統治二論』岩波書店、二〇〇七年。

Nozick, Robert（1974）, *Anarchy, State, and Utopia*, New York: Basic Books. 島津訳『アナーキー・国家・ユートピア』木鐸社、二〇〇二年。

Plamenatz, John（1992）, *Man and Society : Political and Social Theories from Machiavelli to Marx*, revised edition, 3 Vols., New York : Longman. 藤原ほか訳『近代政治思想の再検討Ⅰ　マキアヴェリ～ホッブズ』早稲田大学出版部、一九七五年、同ほか訳『近代政治思想の再検討Ⅱ　ロック～ヒューム』早稲田大学出版部、一九七五年（邦訳の底本は一九六三年の初版第七刷）。

Rousseau, Jean-Jacques（1750/2006）, *Discours sur les sciences et les arts*, etabli et annote par Francois Bouchardy, Paris : Gallimard. 前川訳『学問芸術論』岩波文庫、一九六八年。

――――（1755/2008）, *Discours sur l'origine et les fondements de l'inegalite parmi les hommes*, Paris : GF Flammarion. 本田ほか訳『人間不平等起原論』岩波文庫、一九七二年。

――――（1762/1947）, *Du contrat social*, Les editions du Chaval Aile, Constant Bourquin editeur, Geneve. 桑原ほか訳『社会契約論』岩波文庫、一九七八年。

Tricaud, François（1989）, "Lecture parallèle du chapitre xiv de la premiér partie des Elements of Law et du chapitre premier du Cive", en *Thomas Hobbes de la métaphysique a la politique*, Ouvrage publié avec le concours de l'Université de Nantes.

Tuck, Richard（1989）, *Thomas Hobbes*, Oxford: Oxford University Press. 田中ほか訳『トマス・ホッブズ』未来社、一九九五年。

Watkins, John（1989）, *Hobbes's System of Ideas*, Aldershot : Gower Publishing Company.

Wolin, Sheldon S.（1960）, *Politics and Vision : Continuity and Innovation in Western Political Thought*, London : George Allen & Unwin Ltd. 尾形・福田ほか訳『西欧政治思想史――政治とヴィジョン』福村出版、一九九四年。

エンゲルス、フリードリヒ（1956）、岡崎ほか訳『反デューリング論Ⅰ』、マルクス・エンゲルス選集一一巻、新潮社。

加藤節（1987）『ジョン・ロックの思想世界』東京大学出版会。

川合清隆（2007）『ルソーとジュネーヴ共和国――人民主権論の成立』名古屋大学出版会。

川原彰（2001）『市民社会の政治学』三嶺書房。

小山弘健（1966）『日本資本主義論争史』（上）青木書店。

――――（1967）『日本資本主義論争史』（下）青木書店。

佐藤正志（1990）「クエンティン・スキナー――『テクスト主義』と『文脈主義』を超えて」小笠原弘親・飯島昇藏編『政治思想史の方法』所収、早稲田大学出版部。

白石正樹（1983）『ルソーの政治哲学』早稲田大学出版部。

鈴木朝生（1994）『主権・神法・自由――ホッブズ政治思想と一七世紀イングランド』木鐸社。

ドゥブレ、レジス（2006）、水林訳「あなたはデモクラットか、それとも共和主義者か」同ほか『思想としての〈共和国〉――日本のデモクラシーのために』所収、みすず書房。

南原繁（1962）『政治理論史』東京大学出版会。

樋口謹一（1978）『ルソーの政治思想』世界思想社。

藤原保信（1974/2008）『近代政治哲学の形成――ホッブズの政治哲学』、藤原保信著作集1、新評論。

――（1976/2005a）『西洋政治理論史（上）』、藤原保信著作集3、新評論（底本は一九九八年の新装版）。

――（1985/2005b）『西洋政治理論史（下）』、藤原保信著作集4、新評論（底本は一九九八年の新装版）。

本田裕志（2008）「解説」、前掲『市民論』所収。

松下圭一（1959）『市民政治理論の形成』岩波書店。

山田竜作（2004）『大衆社会とデモクラシー――大衆・階級・市民』風行社。

第2章　シティズンシップと公共性——政治における主体性と規範

杉本竜也

シティズンシップと公共性の問題を論じるにあたり、本章ではまずシティズンシップという概念を、市民権として表現される「権利としてのシティズンシップ」と、政治に関する具体的知識やスキルのみならず、それらを支えるより基礎的なコンピテンシー、そしてそれ以上に政治や社会に向き合う人間として備えるべき精神的態度や規範、人間性を含む総合的な概念としての「市民性（civility）としてのシティズンシップ」に分けておきたい(1)。

政治思想史的に見ると、近代以降の政治思想が追求したのは権利としてのシティズンシップであり、具体的にはそれは全ての人々の平等な政治参加を目的としていた。けれども、資本主義の伸展に伴って貧困をはじめとする社会問題が顕在化するようになると、権利としてのシティズンシップは変化していくことになる。とりわけ、T・H・マーシャルの提示した「社会的シティズンシップ（social rights）」（Marshall 1992 : 8 = 1993 : 16）は、この流れに大きな影響を与えた。社会的摩擦の解消のための国家（政府）介入を正当化する彼のシティズンシップ概念は、市民・国民を国家よりも優位に置くことで政府からの過度の干渉の排除を特徴とする従来のシティズンシップに対して、抜本的な性格変更を迫るものであった。社会的シティズンシップの登場は国家の取り組むべき最重要案件のひとつとして社会問題が認識される重要な契機になるのだが、実はこのマーシャル的なシティズンシップはデモクラシーにとって致命的欠陥を内包していた。マーシャルの議論において行動が求められているのは専ら政府であり、かたや人々には政府の施策の対象という政治的客体としての役割しか与えられていない。マーシャルのシティズンシップ概念は「まったく受動的であり、行為主体とはほど遠く、著しく私的なもの」（Delanty 2000 : 19 = 2004: 39）に止まっており、政治や公共的な事柄における人々の主体性が完全に欠落していた。つまるところ、マーシャルの議論も権利としてのシティズンシップという大枠の中で組み立てられたものであったため、権利というものが国家に代表される権力の担保によって初めて機能するものである以上、市民権のみに目を向けたシティズンシップには人々の政治的・社会的受動性の問題が常に付いてまわることになったのである。

市民性としてのシティズンシップに期待されているのは、権利としてのシティズンシップが陥ってしまったこのような陥穽《かんせい》からの脱出である。市民性の詳細については本書所収の山田論文に譲るが、市民性としてのシティズンシップが議論されるようになった背景には権利としてのシティズンシップが行き着いた社会的シティズンシップに対する懸念があり、事実イギリスではまず保守派による福祉国家批判という形でシティズンシップに関する議論の口火が切られた（平石 2009 : 296–298）。さらに、サー・バーナード・クリックらによってまとめられた『シティズンシップ教育と学校におけるデモクラシーの教授に関する報告書』、いわゆる『クリック・レポート』が、この流れに決定的な影響を与えた。このレポートではシティズンシップ教育の目標として生徒の「精神的・倫理的・社会的・文化的成長（Spiritual, Moral, Social and Cultural development）」を通した「積極的シティズンシップ（active citizenship）」の養成が掲げられており（Crick Report 5.3.1）、「社会的・道徳的責任感（social and moral responsibility）」「コミュニティ参加（community involvement）」「政治的リテラシー（political literacy）」（Crick Report 1.8, 2.11, 6.7）がシティズンシップ教育の柱とされている。デモクラシーの中で生きていく市民が備えるべき精神的・知的・具体的な基礎能力の養成が教育目標として掲げられたことは、市民権の追求によって成立した現今のリベラル・デモクラシーにそれらを軽視する傾向があることを示している。また、具体的な政治的リテラシー以上に市民としての主体性の育成や精神的成長が重視されているということは、リベラル・デモクラシーの中にそれらを阻害する要素が存在することを物語っている。要するに、社会や政治に対して何ら責任を感じることなく、また自らが属するコミュニティにも無関心で、政治に関する知識や経験や技能を持たない人間を生み出し、その存在を実質的に容認してしまっているというリベラル・デモクラシーに対する強い危惧が、市民性としてのシティズンシップを求めさせているのである。

一方、本章のもうひとつのテーマである公共性も、シティズンシップと同様に重要な政治概念である。にもかかわらず、この言葉に否定的な感情を覚える人も少なからず存在する。その理由は、公共性が国家と密接な関係を持つ概念として認識されていたからに他ならない。ところが、一九九〇年代の東欧革命を境として、公共性は「国家のための思想概念」から「市民のための思想概念」へとその性質が一変される。齋藤純一は三種の公共性を提示している（齋藤純一 2000：viii-xi）。第一の公共性は公的（official）という意味を持ち、具体的には公共事業や公教育といった国家が法や政策等を通じて国民に対して行う活動を指している。第二は特定の人間ではなく全ての人々に関係する共通のもの（common）という意味の公共性であり、共通の利益や財産、規範、関心事等を指す。そして第三の公共性は誰に対しても開かれている（open）という意味を有しており、誰もがアクセス可能な空間や情報を指している。今日でも国家に関連する事項が公共性を語る上で無視できないことに変わりはないが、東欧革命を境に第三の公共性の比重が大きく増したことは間違いない。このような語義の変化が公共性にまとわりついていた暗い印象を払拭することによって、公共性は「批判的社会思想にとってのマジックワード」（稲葉 2008：9）へと躍り出ることになった。しかし興味深いのは、社会主義体制を崩壊に導いたこの概念が、それに敵対してきたリベラル・デモクラシーの批判的検証にも使用されていることである。いうなれば、公共性には、権利としてのシティズンシップを追求することで構築されたリベラル・デモクラシーの抱える問題点を検証し、それに対して有効な打開策を提示する役割が期待されているのである。

つまり、市民性としてのシティズンシップにしても、また公共性にしても、これらに関する議論と関心の高まりは、現在のリベラル・デモクラシーの問題が看過できない段階にまで至っているという危機感に起因している。今日先進国と呼ばれている国々は、国民国家や主権国家といった近代国家の枠組みを前提とする権利としてのシティズンシップに関する条件の整備を、それなりに完成させたと評価することができよう(2)。それにもかかわらず現在のリベラル・デモクラシーに対して反省が求められているとすれば、これまでのリベラル・デモクラシーの中に、市民性としてのシティズンシップを軽視する性格があることを認めざるをえないのではないだろうか。理念的にはデモクラシーは「民衆のための政治」ではなく、「民衆による政治」でなくてはならない。そのためには、市民には一定レベルの政治的知識だけでなく、自らが政治や社会の主体であるという自覚が必要となる。というよりも、このような人間の主体性の認識があって初めて、政治的知識や技能を習得し、公共的な事柄に参与していこうという意識が人々の中に芽生えるのである。いうなれば、市民性とは、政治的・社会的主体としての市民という自覚のことである。公共という言葉がそのような自覚を持った人々によって形成される関係性を形容する語であるとするなら、政治的・社会的主体とは公共的主体ということになる。そして公共性が主体的な人格と不可分の概念であるなら、公共性にとって何よりも大切なものは、人格の内奥に作用して各人の主体性を定義付けする規範である。要するに、市民性としてのシティズンシップへの関心の高まりと公共性再生の試みが共に目指すところは、デモクラシーにおける主体的存在としての市民の規範の復興なのである。

1　公共性とデモクラシー

(1)　政治における権威と規範――共通善の思想

しかしながら、そもそも公共性とは何なのであろうか。公共性という言葉には普遍的な響きがあるが、時代によって様々な解釈がなされてきたという点において、公共性も他の思想概念と変わりはない。

古代や中世における公共性概念を考えるには、「共通善（common good）」に目を向ける必要がある。アリストテレスは、「善き生」の実現という個人の人格的問題と政治という共同体における問題とを結び付けた。この連結を可能にしたのが「政治的（ポリス的）動物（zoon politikon）」（アリストテレス 2001：9（第一巻第二章 1253a））[3]という人間観、要するに人間は政治的共同体に参入することで初めて、真に人格的存在であることが可能になるという人間観である。「いかなる技術、いかなる研究《メソドス》も、同じくまた、いかなる実践や選択も、ことごとく何らかの善（アガトン）を希求していると考えられる」（アリストテレス 1971：15（第一巻第一章 1094 a））という記述からもわかるように、アリストテレスはあらゆる事象には善への志向性が内包されていると考えた。動物と比較した場合の人間の顕著な特徴は善・悪や正・不正を識別する能力を持っていることであり、全ての人間がこの認識能力を保有しているという前提が、ポリスという人間の共同体に特別な意味を持たせることを可能にした。この考えは人間の行為に対するアリストテレスの信頼感の表明であり、都市国家ポリスは自然（physis）なのか、それとも作為（nomos）なのかという当時の政治思想的課題に対する彼の回答であった。アラスデア・マッキンタイアは、アリストテレスにおける共同体と個人の関係を次のように分析している。

> 人間にとって善の実現が共有の目的となっているような共同体でその尺度を適用することは、もちろん、善と諸徳についてのその共同体の中での広範な同意を前提する。そしてこの同意こそがアリストテレスの見解では、ポリスを成り立たせる類の市民間の絆を可能ならしめるのである。その絆は友愛という絆であり、友愛はそれ自身徳である。アリストテレスの念頭にあるタイプの友愛は、ある善を分かち合って認め追求することに具体化するものなのだ。この分かち合い《シェアリング》こそが、世帯であれ都市であれ、いかなる形態の共同体であってもそれを成り立たせるうえで不可欠で第一のものなのである。（MacIntyre 1984：155＝1993：191）

生来的に善の性向を有している人間の行動は、それ自体徳としての性格を持つ「友愛（philia）」を媒介として、共同体の活動へと総合される[4]。人間はそれによって初めて、政治的（ポリス的）動物としての自身の人格的完成を実現するのであり、共同体は善が具体化される場として現われる。アリストテレスが考える市民の徳とは、国家という最高の善の下で各人が自らの人格的資質に従って行動することであり、政治共同体としての国家において具現化される最高善と密接に関連する概念であった（谷口 2006：166）。そのため、個人の問題と共同体の問題は一体不可分であり、内面的・個人的範疇に属すると思われがちな人格的完成も他者との関係性の中でしか到達することができない。よって、「分かち合い《シェアリング》」は、単独の人間にどうしても付随する肉体的・物理的限界を共同体の成員が互いに補うことを目的としたものではなく、より高次の人間性を目指す積極的な協働として理解される必要がある。友愛を媒介とした総合を通して、善への志向性を有している人間の行動をより充実した生へと転換することを可能にするポリスこそ、アリストテレスの考える共通善のあり方であり、公共性のあり方であった。

このアリストテレスの思想を中世において継承したのが、トマス・アクィナスである。トマスのいう「共通善（bonum commune）」とは、「創造の全体性、そして人間・家族・都市・国家の多様性における創造の全包括的な善」（谷口 2006：176）である。トマスによると、人間には神という究極目的に向かって行動するという万人共通の特性があるため、究極目的への運動という点において「主権を有する個」であると同時に共同体の一員であることが可能になる（佐々木亘 2008：29–30）。そのため、アリストテレスと同様、個と共同性をひとつのコンテクストで語ることが可能になり、個人と共同体とが結ばれる。さらにトマスには、善には家の善や村の善といった劣位の個別的善から国家の善という最高位の善へと至るヒエラルキーが存在しており、頂点に位置する国家は共通善を最終的に実現する「完全な共同体（communitas perfecta）」であり、法はそのための手段であるという考えがあった（佐々木亘 2008：72–74）。トミスト（トマス哲学主義者）として知られたフランスの哲学者ジヤック・マリタンは、トマス哲学における共同体と共通善の関係を次のようにまとめている。

政治社会においては権威が、下から、人民を通じて来る以上、政治団体における権威の動的構造の全体は、一つ一つ層をなしつつ段々に積み上げられて国家という最高権威にいたるような、特殊的かつ部分的な諸権威から構成されているのが正常である。しかし、この共通善はその本性からして大衆の善い人間的生活であり、政治団体の共通善の本質的部分をなしている。最後に、公共の福祉と全般的法秩序は、政治団体の共通善の本質的部分をなしている。すなわち、共通善の還流を受け、そしてそれから益を得べき個々人――との双方に共通であるから、それは、より広くかつ豊かに、より具体的に人間的な含蓄を有する。……これらすべてのものは、それらが、各成員の間に伝達可能であり、そして各成員にもどってきて、かれが一個の人格としてかれの生命と自由とを完成するのを助けるかぎりにおいて、大衆の善い人間的生活を構成するのである。（マリタン 1962：14–15）

トマスは、劣位にある個々の善を総合し、さらにそれらを守護する存在として国家を評価した。社会は、個別の善の相互承認によって生成される横の関係と、最終的に国家に到達する善の階層的秩序という縦の関係が織り成す善のネットワークとして構成されている。中世を暗黒の時代とみなして、その大きな要因をローマ・カトリックの頑迷さに求めるという偏った歴史観は近年ではさすがに払拭されているが、実際にカトリック神学を代表するトマスの政治・社会観は極めて多元的で包括的なものであった。

このように、トマスの政治思想にはアリストテレスからの極めて強い影響がうかがえる。(5) アリストテレスはポリスを人間の作為と考えたが、トマスも国家の権威の由来を人間に求めた。また、個々の人間は個別の善を有しているが、それらは共同体によって総合されることを通して最終的な完成を見るという考えも共通している。しかし、人為を最大限評価する点は同じだとしても、最後まで人為に対する強い信頼を示すアリストテレスと人間の作為といえども神の掌中で展開されているに過ぎないと考えるトマスとの間には大きな隔たりがある。つまり、アリストテレスが人間の作為とそこから生成された関係であるポリスの中に共通善を見出しているのに対して、トマスはあらゆる人間が神の下において神に向かっているというベクトルの共通性の中に共通善を見ていた。神による保証とそれに対する信頼こそ、アリストテレスと比較した場合のトマスの共通善思想の特徴であった。トマスにおいてはまた最高善としての神の秩序に組み込まれることで共通善という概念も成立が可能になるのであり、畢竟《ひっきょう》公共性も神を志向した結果として導き出されることになる。

ところが、社会統合の根拠として神を求めることが困難な近代のような時代に入ると、神に担保された共通善に公共性を見出す思想は必然的に衰退していく。近代において、神に代わって公共性を担保する存在として登場したのは国家であった。近代政治思想の特徴は、主体としての人間の作為が社会を形成する理論の中核に据えられたことである。丸山眞男は、共同体の様態を「個人にとって必然的な所与として先在する場合」と「個人が自己の自由意思よりして結合を作り出す場合」の二種に分けている（丸山 1983：223）。近代政治理論とりわけ社会契約説の国家像は後者に属するわけだが、それを基礎で支えているのは近代になって登場した新たな人間観である。

> 秩序に内在し、秩序を前提してゐた人間に逆に秩序に対する主体性を与へるためには、まづ《（ママ）》あらゆる非人格的なイデーの優位を排除し、一切の価値判断から自由な人格、彼の現実在そのものが窮極の根拠でありそれ以上の価値的遡及を許さざる如き人格、を思惟の出発点に置かねばならぬ。このいはば《（ママ）》最初の人格が絶対化されることは、作為的秩序思想の確立に於ける殆ど不可避的な迂路であった。（丸山 1983：238）

近代は、身分制社会の多元性を克服し、さらに個人を析出することを通して、所与ではなく人為による政治的統一に成功した（樋口 1994：47）。要するに、近代政治理論の展開や市民革命といった近代の政治的営為は、個人を基礎単位にするという着想によって実現されたといってよい。また、個人を理性的存在と考える想定は、所与性から解放された人間が言語象徴の使用能力としての理性を用いることで相互組織を形成するという社会契約説の構想を可能とした（福田 1998：277）。つまり、近代は、所与としての慣習や伝統、価値規範をいったん白紙にすることによる人間の解放と、その結果絶対化された「個人」という人格の理性的な自由裁量による社会秩序の形成を実現したのである。社会契約説の第一の特徴は「社会を個人の作為（fiction）として、個人に解消し、決して個人に対する所与として認めない。したがって、社会契約説にあっては、……社会はあげて作為＝擬制としてのみ成立し、人間の意識のうちに根拠を求める」ことにあり、第二の特徴は「社会契約説における社会とは、それが自由かつ平等な個人の結合であるにもかかわらず、なおどこまでも政治社会であって、優越的には、時代における最も典型的な政治生活としての近代国家にほかならない」という点にある（福田 1998：251）。一見すると、主体的人間による作為として近代国家を見る社会契約説と人為の共同体を考えたアリストテレスは類似しているように思われるが、その間にはやはり大きな違いがある。まず、アリストテレスにおける個人がそれ自身善を志向する存在であったのに対して、社会契約説の前提となる個人は一切の価値規範から自由な存在であるため、社会契約説に基づいて形成される国家に人間を道徳的完成に導くような役割を期待することはできない。また、古代におけるポリスが治者と被治者の双方を含む包括的共同体であったのに対して、ルネサンス期に誕生して以来政治社会の基本単位とされるようになった国家（state）という概念は基本的に被治者を含まない支配者の権力機構であった（福田 1985：183-184）。たとえば、ジャン・ボダンの「主権（souveraineté）」概念などは近代的国家観の典型といえるが、それによれば国家とは絶対的かつ永続的な権力である主権を中心とする支配服従関係のことであり、各人の人格の絶対性が認められた平等な個人による共同体ではなかった（佐々木毅 1973：101）。トマス・ホッブズやジョン・ロックが社会契約に基づく政治社会の正当性を主張しながらも同時に抵抗権に触れざるをえなかった理由は、本来政治「社会」であるはずの共同体が統治者による政治「機構」に過ぎないという近代国家の実態を鋭敏に看取していたからに他ならない(6)。

近代国家の多くはその成立根拠を社会契約に求めないまでも、程度の差こそあれ人々(国民)の意思によって支配された共同体、あるいは人々の福利に貢献する共同体として自身を位置付けることによって、自らの権威を確立していった。このようなプロセスを経て、かつては悪しき政体と考えられていたデモクラシーは積極的に肯定されるべき政治体制として認知されていくことになる(7)。しかし、デモクラシーが肯定的な言葉に変質したことによって、主体的な人々による政治共同体という理想と支配者のための権力機構という現実との乖離は覆い隠されてしまい、デモクラシーが内包している危険性は見過ごされていった。もともと共通善の思想は正しき統治から逸脱した為政者を糾弾するという専制政治批判の役割を担っていた(菊池 2005:2-3)。しかし、近代に入って、近代国家が人々に由来するという権威と主権概念を併用することによって自らの絶対化を果たした後は、共通善の思想が国家に太刀打ちすることは極めて難しくなった。価値規範に縛られない個人によって形成された近代国家には、人間を人格的完成へと導くといった道徳的・規範的役割は期待されていない。それにもかかわらず、人々に由来するというただ一点のみを根拠として、国家はその共同体におけるあらゆる善を掌握し、あたかも規範の主宰者であるかのように振る舞うに至ったのである。そのため、公共性を担保できるのは国家のみとなり、人々は国家に対して受動的に服属するという形でしか公共性を示すことができなくなった。もちろん、そのような状況下で市民の主体性を重視するようなシティズンシップが生き残ることなど、望むべくもない。

(2) デモクラシーの無規範性

こうして所与となったデモクラシーの本質を衝《つ》いたのが、アレクシス・ド・トクヴィルであった。トクヴィルは、デモクラシーを「境遇の平等(égalité des conditions)」(Tocqueville 1992:DA3＝2005:第一巻(上)9)

と定義した(8)。プラトンやアリストテレス以来、政治学には馴染み深いデモクラシーという言葉だが、一般にそれは政治体制を指す語として用いられる。しかし、トクヴィルはこの語に拡大的解釈を施して、政治だけではなく社会全体を対象とする言葉としてこれを使用した。彼にとってデモクラシーとは政治はもちろん、経済や文化等、社会のあらゆる場面における平等とそれへと向かう流れ（平等化）を指示する概念であった。トクヴィルは「愛（amour）」（Tocqueville 1992 : DA 607 = 2008 : 第二巻（上）167）と表現しているが、人間にはその本性として平等に対する極めて強い思い入れがあるため、人々は意識的にも無意識的にも社会の平等化に資するように行動することから、平等は不可避的に社会に浸透していく。トクヴィルはこのような歴史的必然としてのデモクラシーの進展を、「神の御業《みわざ》（fait providentiel）」（Tocqueville 1992 : DA 7 = 2005 : 第一巻（上）14）と評した。平等自体は否定されるべきものではなく、トクヴィルもその可能性に期待を寄せているのだが、同時に彼はそれが人間の内面や社会に及ぼす負の作用も鋭敏に感じ取っていた。それは「個人主義（individualisme）」の危険である。


利己主義は自分自身に対する激しい、行き過ぎた愛であり、これに動かされると、人は何事も自己本位に考え、何を措いても自分の利益を優先させる。

個人主義は思慮ある静かな感情であるが、市民を同胞全体から孤立させ、家族と友人と共に片隅に閉じこもる気にさせる。その結果、自分だけの小さな社会をつくって、ともすれば大きな社会のことを忘れてしまう。

利己主義はある盲目の本能から生まれ、個人主義は歪んだ感情というより、間違った判断から出るものである。その源は心の悪徳に劣らず知性の欠陥にある。

利己主義はあらゆる徳の芽を摘むが、個人主義は初めは公共の徳の源泉を涸らすだけである。だが、長い間には、他のすべての徳を攻撃、破壊し、結局のところ利己主義に帰着する。

利己主義は世界と共に古い悪徳である。ある形の社会に多くあって、他の社会に少ないというものではない。

個人主義は民主的起源のものであり、境遇の平等が進むにつれて大きくなる恐れがある。（Tocqueville 1992 : DA 612 ＝ 2008 : 第二巻（上）175–178）

絶対的な権威が存在しない平等社会であるデモクラシーでは、人間は何ものにも拘束されることはないが、そもそも頼ろうにも頼るに値するものがない。秩序体系の崩壊は社会の流動化を促し、ひとりの人間が把握できる範囲は巨大化した社会のごく一部に止まる。また、平等化は経済的境遇の平準化、別の言い方をすれば貧困層の生活水準の改善が進むため、相互扶助の必要性は低下して社会の原子化が進行する。そのうえ、「民主社会では人間がみなとても卑小で、まるで同じように見えるから、誰もが自分の顔を眺めれば、たちどころに他のすべての人を見ることになる」（Tocqueville 1992 : DA 585 ＝ 2008 : 第二巻（上）131）ため、同質的な人間観が蔓延するようになる。デモクラシーがもたらす個人主義は、人間から自分や身近な人以外に対する関心を奪い取り、「大きな社会」のことを忘れさせる。ところが、その一方で原子化された個人は自らの脆弱さゆえに、寄せ集まって「塊（masse）」すなわち「大衆（masse）」を形成する。人々は「塊」の論理に従わない者を排除すると共に、自身が排除の対象とみなされることがないようにその論理に隷従するようになる。ここに大衆という名の多数者による画一的支配である「多数者の暴政（tyrannie de la majorité）」（Tocqueville 1992 : DA 287ff. ＝ 2005 : 第一巻（下）146 以降）が成立する。いわば、古くからの権威や因習から人間を解き放ったデモクラシーは、解放したはずの人間を新たに「思想の周囲に張り巡らされた恐るべき枠」（Tocqueville 1992 : DA 93 ＝ 2005 : 第一巻（下）154）の中に押し込めるという皮肉な結果をもたらしたのである。トクヴィルがデモクラシーの先進国アメリカを、「アメリカほど、精神の独立と真の議論の自由が存在しない国を、私は知らない」（Tocqueville 1992：DA 292 = 2005：第一巻（下）153）と評した理由はそこにあった。デモクラシーは、物質的な欲求は充足させてくれるが、後見的に人々を管理する中央集権的な「民主的専制（despotisme démocratique）」の成立へと最終的に至る。従来とは異なるこの新たな専制について、トクヴィルは「より広がり、より穏やかであろう。そして人々を苦しめることなく堕落させるであろう」（Tocqueville 1992：DA 835 = 2008：第二巻（下）254-255）と予測している。

デモクラシーは身分階層や慣習といった旧来の社会秩序を一掃し、自治都市やギルドのような中間団体等による多元的社会構造を一変させた。民が主であるはずのデモクラシーにおいて、社会の空白を補填するのは人々以外にはない。だが、デモクラシーが同時に醸成する個人主義のために、その空白は穴埋めされることなく、民主的ではあるが専制的な体制がそこに浸透していく。つまり、デモクラシーでは、「個」の形成のプロセス、主体性の喪失という「個」の空虚化のプロセス、そして抑圧的・専制的な「統合」のプロセスが同時かつ相補的に進行しているのである。既に述べたように、近代という時代は個人という存在を析出することによって可能になった時代であった。デモクラシーはあえて社会的紐帯を理論的に解くことで、それまでは属性等の表面的条件によってアイデンティティを形成していた人間を、無機質な単独者としての個人に変質させた。ところが、単独の個人としての生を全うすることは容易ではない。なぜなら、個人は、中間集団を排して絶対的権威を手にした国家と直接対峙しなければならないからである。要するに、それまで個人を束縛すると同時に保護の楯となっていた身分制が否定されることによって、「いわば裸の個人が国家と直接に向き合う」（樋口 1994：48）事態が発生してしまった。実のところ、極めて脆弱な個人は自らに課された責務のあまりの重さに耐えかねて、逆に過干渉傾向の強い中央権力への依存を強め、民主的専制を積極的に求めるようになるのである。キリスト教社会主義の主唱者のひとりであり、ハンナ・アレントとも深い交流のあった神学者パウル・ティリッヒは、不安とは通常各個人の内面に沈潜しているが、日常的構造となっている概念の意味や権力、信仰、秩序等が崩壊する過程で顕在化するものであるという（ティリッヒ 1995：99-100）。その意味で、デモクラシーは本質的に人々の不安をかき立てるものである。人々は不安を分かち合う相手を求めようとしても、周囲には共に手を携えることのできる人間も集団もないため、はるか彼方に屹立《きつりつ》している国家に依存する道しか残されていない。デモクラシーは国家に対する依存と従属という形で帰結し、自律した個人による自由は消滅する。

そこでトクヴィルは、そのようなデモクラシーにおいて個人の主体性を護るためには、主体的かつ対等な他者との連帯、つまり「アソシアシオン（association）」が必要であると考えた。それは、「経済・政治・文化・文学・宗教・道徳などの各分野における共通の目的を追求するために、「共同・協力・協同・団結・結社・共助する」行為または団体」であり、「「相互行為〔作用〕」（action réciproque）またはその団体」のことである（小山 2006：281-282）[9]。かつてフランスにあった多種多様な中間団体は、社会的多元性を維持するだけでなく、王権の専制に対する抵抗者としての機能も有していた。多数者の暴政や民主的専制に対抗するためには、アソシアシオンはかつての中間団体を彷彿《ほうふつ》とさせるものでなくてはならない。トクヴィルの考えでは、「党派的専制や君主の恣意を妨げるのに、社会状態が民主的な国ほどアソシアシオンが必要な国はない」のであり、「もしこれに似た何かを人為的、一時的につくりえないとすれば、もはやいかなる種類の暴政に対しても防波堤は見当らず、大国の人民も一握りの叛徒、一人の人間によってやすやすと制圧される」ことは必定であった（Tocqueville 1992：DA 216-217＝2005：第一巻（下）44）。

さらにトクヴィルは、専制に対する抵抗の拠点という機能だけでなく、「公共の徳の源泉（source des vertus publiques）」を涸らす個人主義を克服する空間としての役割もアソシアシオンに期待していた。アソシアシオンは共通の目的を有する参加者の自発的意思によって形成される集団であるため、その活動の充実は参加者や関係者の取り組みにかかっている。アソシアシオンは、参加者の自発性と主体性を必然的に要求するのである。また、そこでの活動では参加者は常に他者からの影響に曝されることになるため、参加者の自己変革の契機が恒常的に維持される。すなわち、アソシアシオンとは、参加者の自発性と主体性が発露される相互作用の空間であることを通して、デモクラシーが必然的にもたらす個人主義を克服して自由を守る、意識・実行の両面において自立的(independent)かつ自律的(autonomic)な人々の集団もしくはその集団での活動なのである。そこでは、他者との具体的な協働が実現されるだけでなく、参加者の間の内面的な一体感が醸成される。トクヴィルにおいては、デモクラシーによって受動化された人間が寄せ集まった単なる「塊」としての大衆と、人々の自発性と主体性を誘因とするアソシアシオンとは、人間の集団という点では共通していたとしても、その持っている意味には大きな違いがあり、アソシアシオンにはデモクラシーによって引き起こされる個人の主体性の危機を克服する役割が期待されているのである。

トクヴィルの考えでは、デモクラシーの進展と公共性の衰退の間には比例関係が成立する。公共性は、他者の存在なくしては、成り立ちようのない概念である。ところが、デモクラシーは個人主義をもたらすことによって、元来複数性に富み多元的であるはずの社会を事実上ただひとりの人間しか存在しない世界、要するに公共性など決して成立しえない空虚かつ単一的な空間へと変質させてしまい、その結果として多数者の暴政や民主的専制がもたらされる。その根本的原因は、境遇の平等というデモクラシーの最大の特質にあった。平等において、性別や門地、財産の多寡等は決定的な意味を持たない。人間は自らの属性を剥ぎ取られ、皆同じひとりの人間として扱われることになる。それはひとつの理想状態ではあるが、同時にもともと多様であった人間の画一化も意味しており、結果としてあらゆる価値基準は多数性へと収斂して多数ということだけが全てを規定するようになる。けれども、多数というもの自体は何の規範的方向性も有していない。多数性が規範とされるデモクラシーとは、言い換えれば無規範な状態なのである。

国家とデモクラシーを結び付けたのは近代であった。社会契約説に代表される近代国家原理は伝統的秩序構造が破壊された後に現われた近代国家に絶対性を与え、そして本来何ら価値的存在ではないはずの国家はあたかも共同体における規範の担保者として振る舞うようになった。かたやデモクラシーは、人々を個人主義に陥らせて社会の平準化と個人の原子化をもたらした。大衆と化した人々は隷従に対する拒否感を失い、彼らの中に多数者の暴政や民主的専制を受容どころか積極的に希求するメンタリティが醸成される。近代国家とデモクラシーの癒着は、受動的人間の塊である大衆と絶対化された統治権力の二者によって構成される巨大な権力空間を生み出した。そこには、人々を保護・扶育すると共に指示・干渉・強制する巨大な統治権力と、それを無批判に支持し服従する大衆の相互依存関係がある。市民の主体性を前提とするシティズンシップがここで求められることはない。神から解放された人間はこうして神のエピゴーネンと化した国家に篭絡《ろうらく》されていくのである。

2　公共性の復権

(1)　公共圏の思想——ハーバーマス

二〇世紀後半に公共性に関する議論が盛んに行われるようになった背景には、近代の政治的営為に対する反省が存在した。中でも、ファシズムやスターリニズム等の全体主義体制の登場によって、近代の持つ構造的欠陥は白日の下に曝されることになった。この近代を支えたのが中間階級であった。中間階級は近代社会の産物である。身分制秩序の崩壊という社会的条件の変化と産業革命という経済的条件の変化とが組み合わされることで、一定の社会的地位と財産を有する中間階級が誕生した。トクヴィルは、一九世紀半ばのフランス中間階級を次のように表現している。

この気風〔中間階級の気風＝引用者〕は活動的で勤勉なものであり、しばしば不誠実で、全体としては堅実で、自尊心や利己心で時に向こう見ずになり、気質において内気、すべての事に中庸であるが、物質的な満足の追求に関してだけは別であり、そして凡庸なものだ。この気風は、民衆や貴族の気風と混り合えば、非凡なことも成しとげられるが、それ単独でとなると徳性が欠如する浅薄な政府をつくり出すだけで、そのほかに何かをつくり出すということはない。（Tocqueville 1992 : S 729 = 1988 : 18）

トクヴィルは一概に中間階級を否定しているわけではない。それどころか、デモクラシーを適切に成長させることのできる階級として、その可能性に期待を寄せていた。しかし、トクヴィルは、自らの物質的利益の追求以外では受動的で、公共的な事柄に対しては著しく無関心という中間階級の性向も看破していた。一九世紀のフランスと二〇世紀の全体主義体制との間には時間的な開きがあるが、中間階級の本質は変わっていないように思われる。中間階級が容易に全体主義支持へと傾いていったのは、彼らが生のベクトルを失って精神的なデラシネと化していたために、社会不安や経済危機から生じた精神的葛藤や不安定に対して抵抗力を持っていなかったからではないだろうか。公共性復権の立役者であるハンナ・アレントとユルゲン・ハーバーマスの念頭にあったのは全体主義であった。当時最も進歩的と評価されていたワイマール体制において、なぜ最悪のファシズム政権が誕生してしまったのか、彼らの議論はそれを出発点としている[10]。結論からいえば、アレントとハーバーマスは、人々と社会との接点が失われたことに全体主義の原因を見出した。デモクラシーと近代国家が非主体的な個人、社会の原子化、専制的・介入的統治を生み出したのであり、ファシズムやスターリニズムはその悪しき完成形であった。それは大衆の力を借りて押し進められていったのだが、彼らは自発的・主体的にそこに関与したというよりも、社会や時代の奔流に呑み込まれていったということができる。そのため、これを同時代人として目撃したアレントとハーバーマスは、人々の主体性の回復を図り、彼らを公共空間に引き戻すことを目指した。シティズンシップとの関連でいえば、彼らの議論の眼目は市民性としてのシティズンシップが十分機能できるような環境の整備にあり、公共性の復権とはそれが実現された状態のことであった。

まずハーバーマスについていえば、彼は『公共性の構造転換』の第一版において、公共性が育まれる場という理由で、「ブルジョワ市民社会（die bürgerliche Gesellschaft）」を評価している。絶対王政によって封建的・中世的拘束から解放され、急速に拡大していった市場経済を舞台に存在感を増していたブルジョワジーをはじめとする上級市民層は、ディナーやサロン、喫茶店といった私的空間を公共性発現の場へと質的に変化させていった。そこではあえて社会的地位を無視するような社交様式が求められ、従来は問題にされることがなかったような領域が議論の俎上に載せられた。また、その場は非閉鎖性を特徴としていた（ハーバーマス 1994：55-58）。そもそも私的空間であったはずのサロン等において、当時公的な事柄とされていた政治体制や宗教思想を論じ批判することを通して、ブルジョワジーたちは「公共性＝公共圏（Öffentlichkeit）」という新たな空間を創り上げたのである。いうなれば、彼らは公私に関するそれまでの区分を超える新たな言説空間としての公共圏を築き、そこでの批判的議論を通して、かつては教会や王権に独占されていた公共性を奪取したのである。ブルジョワジーが「読書する公衆」「公衆の真の担い手」（ハーバーマス 1994：35）へと変化していくプロセスは、書物に関する議論と批評を特徴とする文芸的公共性が社会的・政治的公共性へと発展的な意味変容を果たしていく過程でもあった。しかしながら、ハーバーマスのこのような公共性概念には様々な批判が寄せられることになる[11]。彼自身も認めているように、その原因のひとつは公衆を有産階級のみに限定した点にあった（ハーバーマス 1994：118）。

そこでハーバーマスは、『公共性の構造転換』の第二版序文では「市民社会（Zivilgesellschaft）」という概念を導入して、それまでの自身の公共性＝公共圏概念の転換を図る。ハーバーマスは、クラウス・オッフェの議論を引きながら教会・メディア・市民運動・同業組合・政党・労働組合等によって構成される「アソシエーション関係（Assoziationsverhältnisse）」を新たな公共空間として捉え、ジョン・キーンを引用してこれらの組織が国家の脱構造化と民主化を両輪としながら市民社会と国家の境界の再定義に貢献していることを評価する（ハーバーマス

1994：xxxvii-xxxix）。ブルジョワ市民社会という当初の公共圏構想と市民社会という新たな構想は、ブルジョワジーや企業といった資本主義・市場経済的要素が公共性の条件から排除されている点において明確に区別される。第二版序文は、一九八〇年代後半から九〇年代にかけての東ヨーロッパにおける一連の解放・改革運動の後に書かれている。ハーバーマスの理解では、東欧革命とは、「市民のコミュニケーション的実践」が行われていた「新しい秩序の下部構造《インフラストラクチャー》」としてのアソシエーションが、東ヨーロッパの「国家社会主義」（ナチスを指すものではない）を打倒した改革であった（ハーバーマス 1994：xxxix-xl）。第一版において公衆と評価された経済的アクター（ブルジョワジー）の評価は一転し、第二版序文ではコミュニケーションを阻害する危険のある存在として認識されている。中でも大規模産業化したメディアには、コミュニケーション経路の商業化や資本の投下量の増大による拡大に反比例して公共的コミュニケーションに接する機会は減少してしまうという理由で、厳しい批判が加えられている（ハーバーマス 1994：xix）。しかし、第一版と第二版序文の間にあるこのような違いはむしろハーバーマスの思想的一貫性の証左である。彼の根幹にあるのは、公共性＝公共圏概念における自由なコミュニケーションの絶対的重要性の確信である。『事実性と妥当性』では、政治・社会・公共圏は次のように整理されている（ハーバーマス 2003：89-119）。第一に、公共圏とは制度や組織、システムを指すものではなく、一種の社会現象、コミュニケーションのためのネットワークである。第二に、公共圏は「社会的労働と商品交換のための市場経済システム」であるブルジョワ市民社会とは明確に異なる「自由意思にもとづく、非国家的・非経済的な共同決定および連帯的結合」としての市民社会のことであり、「成立した公共圏の枠内で一般的関心を引く問題のために問題解決討議を制度化する、連帯的結合に関する制度」がその核心を占める。第三に、政治的公共圏や市民社会といった概念は規範的要請を表すものではなく経験的なものであり、政治と生活という二つのシステムを媒介する中間的構造である。第四の定義は市民社会の行為者に関するものだが、「市民社会の周辺部は政治という中心に対して、新たな問題状況を知覚し同定するためのより豊かな感受性を有している点で優位に立っており、このようなかたちで、公共圏のコミュニケーション的構造は私的生活領域と結び付いている」ことから、体制の指導者や組織的背景を有する人々と比べて弱体と考えられている市民社会の行為者たちは実は広範で強力な影響力を持っている。そのため、市民社会において「危機が生じた場合には民主的法治国家の規範的内実を、公共的意見の媒体によって表明し、制度的政治のシステム的停滞に抗して実現しようとする」ことが可能になるのである。そして第五に、法治国家の基本権と諸原理は法を共有する自由で平等な人々からなる共同体の自己構築の遂行的意味を表現しており、とりわけ「憲法は創設行為の記録」かつ「そのときどきの現在から見た未来に対する期待の枠組み」とされる。当初ブルジョワジー市民社会に対する評価から始まったハーバーマスの公共性に関する論考は、対等な人々の結合（アソシエーション）によって誕生するコミュニケーション空間として、またそこでの自由な議論を通して権力の抑圧や政治の停滞に対する不断の監視と批判を行う抵抗の場として、公共性＝公共圏を定義するという結論に至ったのである。

今日、公共性に関する議論が活況を呈している大きな理由は、ハーバーマスによって人間の主体性が発現されるコミュニケーションの場として公共性＝公共圏が再定義されたことにある。彼は、特定の体制に対する人々の姿勢やイデオロギーの実現程度によって公共性を測るのではなく、自由で理性的なコミュニケーションの存在とそこでの活動の充実度を公共性評価の規準とするように主張した。ハーバーマスの取り組みはイデオロギーをはじめとする特定の価値規範から公共性を解放するものであり、それによって公共性に関する議論の自由度は格段に増し、公共性への関心は著しく高まった。だが、公共性の真の復権を考える上でハーバーマスの理論は十分といえるであろうか。たとえば山口定は、政策決定における公共性（publicness）を判断するための八つの規準を挙げている（山口 2004：278-285）。第一の基準は、その公共事業が本当に必要なものなのかという「社会的有用性」もしくは「社会的必要性」である。第二に、社会の成員間の共通認識としての社会生活のルールや価値観に沿っているかという「社会的共同性」がある。第三に挙げられるのは「公開性」であるが、山口によればこれがハーバーマスのいう公共性＝公共圏概念に重なるものであり、デモクラシーにおける情報公開の重要性が訴えられている今、重要性が高まっている考えである。第四の基準は「普遍的人権」であり、それは人間の尊厳あるいは政治システムにおける個人の地位の尊重を重視する。第五の基準は国際社会で形成されつつある「文化横断的諸価値（cross-cultural values）」である。それは前項の普遍的人権と並ぶ規範であり、国際社会で一定の手続きによって確認された、国境を超えて浸透しつつある一連の普遍的諸価値を指す。第六は〝共同態〟を成立させるための特定の「集合的アイデンティティ（collective identity）」であり、何を持って公共的であるかを判断するための目安となる。第七の基準は環境問題等の「新しい公共争点（リスク問題）への開かれたスタンス」である。これは公共性に関する固定観念からの自由を目的とするものであり、柔軟で開かれた問題意識と感受性を必要とする。そして第八の基準は「手続きにおける民主性」である。それは通常の議会制民主主義もしくは代表制民主主義の手続きに加えて、説明責任や情報公開、市民・住民の参加を求めるものである。山口の提示したこれらの基準と比較した場合、ハーバーマスの考えが公共性を構成するごく一部の条件であることがわかる（もちろん、それは極めて重要なごく一部であるが）。

ハーバーマスの公共性概念の特徴は、「歴史的近代の惹起した窮状の原因を目的合理性のパラダイムの一元化に求めながらも、それに対して「意識哲学のパラダイム」をもって対処しようとする立場から一線を画し」たところにある（齋藤純一 1987：257）。『公共性の構造転換』の第一版において公共性の担い手とされていたのは教養を備えた理性的な市民（ブルジョワ）であったが、同書の第二版序文や『事実性と妥当性』においてはコミュニケーションのネットワークやアソシエーションにそれが期待されている。このことは、ハーバーマスが、特定の人間の人格ではなく、コミュニケーションをする人々によって生成されるネットワークというそれ自体は非人格的なものを公共性の担い手とする方針に転換したことを表しているように思われる。そうなるとコミュニケーションの質そのものが重要になる。ハーバーマスによれば、コミュニケーション的行為とは、「すべての当事者がその発話行為で発語内的目標を、しかもそれだけを追求する、言語に媒介された相互行為」と、それに対応する「当事者のうち少なくとも一人が、その発話行為で相手に発語媒介的効果を喚起しようとしている相互行為を、言語に媒介された戦略的行為とする」ものである（ハーバーマス 1986：33）。ここで重視されているのは、議論の末に導き出された結論以上に、そこで行われたコミュニケーション行為の質と妥当性であり、そしてそれが適切であればコミュニケーション空間という公共圏における言説はその参加者および関係者を拘束するだけの十分な正当性を備えることになる。ハーバーマスは、議論をあらかじめ縛ってしまうような規範や慣習を意識的に排除した。悲惨な全体主義を実際に目撃したハーバーマスの中には、ドグマと化した価値規範やイデオロギー、人々の間を穏やかに結ぶ紐帯ではなく逆に人々を抑圧する道具と化した伝統や習俗に対する強い懸念があったのであろう。しかし、規範の不在が自由な思想や言論を促すわけではない。それどころか、一般に既存の価値規範は時間をかけて導き出されたものであることから、絶対的な正統性とはいわないまでも一定の妥当性を備えたものであるため、その否定は人間を精神的無秩序に陥れて虚無的にし、かえって公共的な事柄への関心を奪い取ってしまう危険がある。かつてトクヴィルは、あらゆるものが多数という要素に還元されてしまうデモクラシーについて、その先進国アメリカを例に挙げて、「精神の独立と真の討論の自由がない国」といった（Tocqueville 1992：DA 292＝2005：第一巻（下）153）。デモクラシーという平等社会には絶対的な権威は存在せず、流動性も著しいため、社会の原子化や人間の孤立は否応なく進み、「個」の形成とそれに矛盾するかのような主体性の喪失という「個」の空虚化が同時進行して、最終的に抑圧的・中央集中的な「統合」へと至る。あえて「無」規範的な公共性＝公共圏概念を提示したハーバーマスだが、このようなデモクラシーにおいて公共性の復権を企図する時、彼の議論は真に有効といえるであろうか[12]。

(2) 人間の条件——アレント

ハーバーマスの公共性概念がコミュニケーションのネットワークやアソシエーションといった公共圏の思想であるのに対して、アレントのそれは人間それ自身を基礎に据えたものであった。そのため、彼女には政治や公共性について語る前に、人間という存在に関する分析と考察の必要、要するに彼女の主著のタイトルどおり「人間の条件」について考える必要があった。この著作では、人間の行為が「労働（labor）」「仕事（work）」「活動（action）」に分類され、世界は「社会」と「政治」に分けられている。人間の活動の三分類についていえば（Arendt 1998：7＝1994：19–20）、まず労働とは「人間の肉体の生物学的過程に対応する活動力」、要するに生物としての人間が生命を維持するために必要な活動のことである。第二に挙げられているのが「人間存在の非自然性に対応する活動力」としての仕事である。これは自然環境とは異なる人工物、たとえば芸術作品等を生み出す人間の行為を指している。そして彼女が第三に提起しているのが活動であり、それは「物あるいは事柄の介入なしに直接人と人との間で行なわれる唯一の活動力」を意味している。「人間の条件《ヒューマン・コンディション》というのは、人間本性《ヒューマン・ネイチャー》と同じものではない」（Arendt 1998：9–10＝1994：22）といっている通り、アレントの考えではただ人間に生まれ落ちたという事実だけでは真の意味での人間の条件にはならない。極端ないい方をすれば、食べるための行為のみに注力しているのであれば動物と変わらない。たとえば、どれほど高度な知識や技能によって生計を立てていたとしても、日常を生業のみに費やしているのであれば、その人は人間ではない。また、懸命な努力の末に何らかの業績を残したとしても、生計を立てることだけを目的とした行為の結果であるなら、それを人間の行為と呼ぶことはできない。要するに、労働は生物としての人間には不可欠な行為であり、もちろんアレントもそれ自体を否定しているわけではないが、彼女の考える真の人間には単なる生物の域を越え出る要素がどうしても求められるのである。アレントは人間の特質として、「生」と「死」、「出生（natality）」と「可死性（mortality）」を挙げている（Arendt 1998：8＝1994：21）。芸術活動に代表される仕事は一定の永続性を備えているため、可死性に束縛された有限で儚《はかな》い人間がこの世界に自らの刻印を遺して、限定的とはいえ真の人間へと跳躍することを可能にする。「不死の偉業にたいする能力、不朽の痕跡を残しうる能力によって、人間はその個体の可死性にもかかわらず、自分たちの不死を獲得し、自分たち自身が「神」の性格をもつものであることを証明する」(Arendt 1998 : 19 = 1994 : 34)。人間が真の人間であるために必要な条件は、生存とは無関係な人為である。それは死ぬべき存在である人間自身がこの世界に遺すことのできる唯一の足跡であり、不死性を獲得することができる唯一の手段なのである。生存を目的とした労働に対し、仕事と活動は生存と無関係な行為であり、純粋な意味での人為といえる。中でも、その条件を完全に満たすことができるのは活動だけである。

活動 action とは、物あるいは事柄の介入なしに直接人と人との間で行なわれる唯一の活動力であり、複数性という人間の条件、すなわち、地球上に生き世界に住むのが一人の人間 man ではなく、多数の人間 men であるという事実に対応している。たしかに人間の条件のすべての側面が多少とも政治に係わってはいる。しかしこの複数性こそ、全政治生活の条件であり、その必要条件であるばかりか、最大の条件である。(Arendt 1998 : 7 = 1994 : 20)

活動の第一の特徴は、何よりも「複数性(plurality)」にある。複数性は差異性と表裏一体であるため、複数性の要求とは異質な他者の存在を前提とする差異性の要求ということでもある。それはさらに、現在・過去・未来において完全に同一の人間は存在しないという、人間の唯一性の主張でもある。次いで、活動の第二の特徴としては言葉の存在が挙げられる。「物あるいは事柄の介入なしに」とは、活動が言葉を媒介とした他者との交渉であることを意味している。アレントはこれらの特徴を備えた活動を政治の条件とすることによって、人間と政治を結び付けた。政治は「出現の空間(space of appearance)」、換言すれば「私が他人の前に現《アピアー》われ、他人が私の前に現れる空間であり、人びとが単に他の生物や無生物のように存在するのではなく、その外形《アピアランス》をはっきり示す空間」（Arendt 1998：198–199＝1994：320）であり、「共に行動し、共に語るという目的のために共生する人びとの間に生まれる」（Arendt 1998：198＝1994：320）と考えられている。ただ、アレントは活動をやみくもに賞賛しているわけではない。代表的なアレント研究者であるマーガレット・カノヴァンも指摘しているように、アレントは予言不可能性や不可逆性の他、人間の事象の中において単独の人間が自身を統御することの困難さといった活動の性格を認識していた（Canovan 1992：131–133＝2004：171–174）。にもかかわらず、アレントが活動を評価したのは、それが複数性を完全に充足させることができる唯一のものだったからである。彼女にとっては何よりも複数性の尊重が重要なのであり、言説や活動、政治が評価されているのも、それらが複数性実現の条件だからである。さらに活動の第三の特徴として挙げなければならないのは、それが出生と結びつけられている点である。ここで出生とは新たに何ものかがこの世界に具体化されるということを意味しているが、アレントの場合それは活動を介したものでなければならない。人間が主体的かつ具体的に行動して何かを生み出すことは活動の要件であり、そして「活動がすぐれて政治的な活動力である以上、可死性ではなく出生こそ、形而上学的思考と区別される政治的思考の範疇」（Arendt 1998：9＝1994：21）ということになる[13]。以上のとおり、アレントの考える活動とは、複数性の実現を目指して、言語を介して行われる、真の意味での人間による行為である。それは可死性の克服という期待が込められた、何かを創り出すという具体性が重視された行為であり、政治と密接に関連しながら展開されるものでなくてはならない。いうなれば、活動とは政治を創り出す行為であり、公共性を具現化する行為なのである。

これに対置されるのが社会である。アレントは、人間の活動領域を公的領域としての政治と私的領域としての社会に分類した。この分類の源は古代ギリシアに遡《さかのぼ》り、公的領域と私的領域のそれぞれのモデルはポリスと家族である。アレントの考えでは、「家族という共同体は必要〔必然〕から生まれたものであり、その中で行われるすべての行動は、必然〔必要〕によって支配」されており、反対に「ポリスの領域は自由の領域」であって、

「家族内における生命の必然〔必要〕を克服することがポリスのための条件」であった（Arendt 1998：30–31 = 1994：51）。行為の三分類に従えば、生存という必要に迫られて営まれている家族生活は労働に基づいている。これに対して、アレントが公的領域と考えるポリスは活動によって成立する複数性の空間である。家族とポリスは本質的に全く異なるものであって、峻別されなければならない。さらに、自由が具体化される空間でもあるポリスという公的空間は、常に家族という私的空間に対して優位になければならない。ところが、近代以後の急速な市場経済の拡大につれて、経済を中心とする社会は次第に公的領域を侵食していった。

社会というものは、いつでも、その成員がたった一つの意見と一つの利害しかもたないような、単一の巨大家族の成員であるかのように振舞うよう要求するからである。…家長は、この共通の利害と単一の意見に従って支配し、家族の成員の間で起こりそうな不統一を阻止した。…すなわち、社会の場合には、家族より人員が多いので、それでなくても共通するただ一つの利害と全員が認めるただ一つの意見が当然もっている力が、さらに強められる。そして共通の利害と正しい意見を代表する唯一の人間が行使する実際的な支配は、家族の場合と違って、最終的には不要となる。（Arendt 1998：39–40 = 1994：62–63）

社会とは、「家族の集団が経済的に組織されて、一つの超人間的家族の模写となっているもの」（Arendt 1998：28–29 = 1994：50）である。社会の基礎単位は生存を目的として形成される家族であるため、経済の拡大とは家族=社会という私的領域の拡大、社会による政治の蚕食、そして生存欲求による自由と複数性の侵食を意味している。家族はもともと、生存という共通の目的を有していることから内部の利害と意見が一致する傾向が強いことに加えて、ひとりの家長によって支配されているため、単一性の支配を受けやすい。家族が集合し拡大したものである社会にもこの性格は引き継がれていることから、社会における人間の多さは多様性につながるどころか、かえって単一性を増幅させることになり、最終的には特定の指導者や支配者が存在しなくても自ずと皆が同じ考えを抱く「画一主義（conformism）」（Arendt 1998 : 41 = 1994 : 65）に陥る。こうして「近代の共同体はすべて、たちまちのうちに、生命を維持するのに必要な唯一の活動力である労働を中心とするようになった」のであり、社会は「ただ生命の維持のためにのみ存在する相互依存の事実が公的な重要性を帯び、ただ生存にのみ結びついた活動力が公的領域に現われるのを許されている形式」を有する空間になってしまったのである（Arendt 1998 : 46 = 1994 : 71）。

アレントは、「公的（public）」という言葉の定義を二つ示している。第一の定義は以下のとおりである。

> 第一にそれは、公に現われるものはすべて、万人によって見られ、聞かれ、可能な限り最も広く公示されるということを意味する。私たちにとっては、現われ《アピアランス》がリアリティを形成する。この現われというのは、他人によっても私たちによっても、見られ、聞かれるなにものかである。見られ、聞かれるものから生まれるリアリティにくらべると、内奥の生活の最も大きな力、たとえば、魂の情熱、精神の思想、感覚の喜びのようなものでさえ、それらが、いわば公的な現われに適合するように一つの形に転形され、非私人化《デプリヴァタイズ》され、非個人化《ディインディヴィデュアライズ》されない限りは、不確かで、影のような類の存在にすぎない。（Arendt 1998 : 50 = 1994 : 75）

これは出現の空間という概念に基づく定義である。他者の前で自己を開示し出現する活動という行為を通して、人間は自らを主体的存在へと転化させることができる。注目すべきは、公共性を説明する要素として挙げられている「リアリティ」である。「現われ《アピアランス》」の行為としての活動が他者によって認識されるからこそ、人間は具体的存在として自らを他者に顕現させることが可能になるのであり、それによって人間は真の人間へと変わることができる。また、自らを顕して自身にリアリティを与えることによって、死を逃れられないはずの人間は可死性を克服する。これらのことを実行するためには、出現を認識する別の人間が必要になる。つまり、人間は主体的な存在であろうとするならば、自らの出現を受容してくれる他者の存在を要請せざるをえないのであり、出現に基づく公共性概念は他者との関係性において成立するものなのである。アレントは理想的に語られることの多い「魂の情熱、精神の思想、感覚の喜び」といった類のものを否定しているが、それはこれらのものが「あまりにも主観的で、あまりにも事物と人びととの世界から離れているので、どんな外形をとることもできない」(Arendt 1998 : 51 = 1994 : 76) からであった。精神的熱狂は、自由と複数性の条件である他者の介在する余地を認めないのである。

第二に、「公的」という用語は、世界そのものを意味している。なぜなら、世界とは、私たちすべての者に共通するものであり、私たちが私的に所有している場所とは異なるからである。…むしろ、ここでいう世界は、人間の工作物や人間の手が作った製作物に結びついており、さらにこの人工的な世界に共生している人びとの間で進行する事象に結びついている。世界の中に共生するというのは、本質的には、ちょうど、テーブルがその周りに坐っている人びとの真中《ビトウィーン》に位置しているように、事物の世界がそれを共有している人びとの真中《ビトウィーン》にあるということを意味する。つまり、世界は、すべての介在者《ビトウィーン》と同じように、人びとを結びつけると同時に分離させている。(Arendt 1998 : 52 = 1994 : 78–79)

アレントは、公共性に関する第二の定義として「真中《ビトウィーン》」を挙げる。彼女にとってあるべき世界とは、単一的なものではなく、人々を結ぶ「間《ビトウィーン》」=「真中《ビトウィーン》」に形成されるものである。この「間《ビトウィーン》」=「真中《ビトウィーン》」をつないでいるものは人為であり、その結びつきが失われた時に世界は崩壊する。しかし、同時に世界というものは人々を結び付けると共に、人々を分離させるものでなければならない。なぜなら、公共性はこの「間《ビトウィーン》」=「真中《ビトウィーン》」

にのみ、成立するからである。アレントが考える人々の連帯は、独立し自律した個人を前提としており、単一の集団への糾合を強いるものではない。このような間主観的な連帯は各人に出現の機会を与えるため、個人を押しつぶすどころか、かえって個人の主体性は高められる。「間《ビトウィーン》」＝「真中《ビトウィーン》」は人々を結び付けると共に各人の間に適切な距離を設けることによって、全ての人に出現の可能性を提供するのである。

アレントの公共性概念は、人間性に関する深い考察から導かれたものであった。カノヴァンは『人間の条件』を、人間のあるべき姿を提示した道徳の書であると評価している（Canovan 1992 : 154 = 2004 : 200-201）。人間の条件を自身の公共性概念の中核に据えたアレントには、人間の人格的方向性を規定するような規範を自身の思想の核心に据える必要があった。彼女は可死性という人間の限界を痛感していた一方で、人間が自らの存在を世界に刻み込むことの可能性とその永続性に対する希望と信頼を失わなかった。言葉を通した出現の行為としての活動が、有限である人間を無限や永遠と結び付けることを可能にする。活動は世界の複数性を担保する条件であると共に人間の主体性を実現する条件でもあり、同時に人間が主体的であることは世界の複数性をさらに強化させる。この好循環こそ、人間が真の人間へと至る唯一の道であり、アレントの考える政治であり、公共というもののあり方であった。ところが、経済を中心とする社会はこのプロセスを著しく阻害している。生存だけを生の目的とするのであるなら、人間は他の生物と何ら変わりはない。人間は刺激と反応を測ることで把握することのできる、予測可能な存在へと貶められる。そのような中で活動のような予期不可能な行為が存在できるはずもなく、単一性によって世界は支配されていく。アレントの考えでは、それは公共性の死滅、人間の有する可能性の消滅を意味する。アレントが自らの考えを世に問うた時、それは既に社会の勝利と政治の敗北が大勢となっていた時代であった。その意味で、アレントの主張は時代錯誤ということができるであろう。にもかかわらず、アレントがそのような無謀な挑戦に打って出たのは、彼女が人間というものに対して強い期待と信頼を抱いていたからではないだろうか。人間の力、政治の力を信じていたアレントは、社会に対して宣戦布告したのである。

3　公共性の新たな条件としての「コンパッション」

(1)　コンパッションの意味

アレントは挑発的であった。アレントは二〇世紀を代表する思想家として高く評価された一方で、大勢となったリベラル・デモクラシーに対して敢然とその問題点を指摘した彼女には当然様々な批判が寄せられた。しかし、公共性に関する議論の高まりを受けて、彼女の思想はあらためて注目を集めている。近年日本でも盛んに採り上げられるようになった共和主義（republicanism）との関連でいえば、アレントは他律的強制や均質的行為ではなく、異質な人々の相互活動を通した「自律的な自己実現＝積極的自由」を重視する観点に立脚して人々の政治参加を理解していることから、「自律的な民の活動によって創出される公共性」を思想基盤とする今日の共和主義を考える上で、彼女の思想には重要な意味があると評価されている（山脇 2006：537-539）。共和主義の復興は、第一に社会主義圏の解体や冷戦の終焉という国際情勢において拡大ＥＵに象徴される新しい共和主義的国際秩序への関心、第二に自由主義（資本主義）社会の腐敗に対する懸念に起因しており、そのためには市民社会の再建とシヴィック・ヴァーチューの再考が必要とされている（田中 2008：13-14）。徳性という至極規範的な概念を用いることによってリベラル・デモクラシーに公共性を取り戻すという共和主義のねらいはアレントと共通しているため、彼女に対する再注目は必要かつ必然といえよう。もちろん、共和主義が求めている公共性概念も、アレントと同様に、市民の主体性とそれを動因とする自発的活動を通して実現されるもの以外にはありえない。

しかしながら、ここに最大の問題がある。アレントやハーバーマス、共和主義等（さらに本稿では触れていないが一連のラディカル・デモクラシーの理論も）、近代のリベラル・デモクラシーに対して批判的検証を加えている議論の多くが主張しているのは、政治をはじめとする公的領域への参加の重要性である。これらの議論が市民の主体性を重視している以上、当然たどり着く結論である。ところが、トクヴィルが指摘しているように、個人主義は人々から公共に対する関心を奪い、身近な事柄だけに執着させるため、政治への積極的参加など望むべくもない。このような状況下で必要なことは、公的領域への関与を意欲させるようなモチベーション、いわば「人々を政治に駆り立てるもの」（千葉 1995：157）を意識させることではないだろうか。公共性衰退の起源を辿ると、最終的には「人々を政治に駆り立てるもの」の衰退に行き着くように思われる。つまり、公共性の復興は「人々を政治に駆り立てるもの」の復活にかかっているのである。それは人々に市民としての主体性を自覚させることであり、これが叶えば自ずと市民の自発的な政治参加も実現され、そして政治における公共性の甦生《そせい》が可能になるであろう。市民性としてのシティズンシップとは市民としての自覚と公共性との融合であり、「人々を政治に駆り立てるもの」がそれを媒介するのである。本稿では、それを可能にする概念として「コンパッション（compassion）」の可能性を考えてみたい。

一般に、コンパッションには「憐れみ」や「同情」といった訳語が充てられることが多いようである。しかし、聖書を繙《ひもと》くと、コンパッションにはそれらの訳語よりもはるかに強烈な意味合いが含まれていることに気付かされる。コンパッションは「スプランクニゾマイ」というギリシア語に対応する言葉であるが、岩波書店版聖書の解説によれば、この語は「普通「同情」「憐れむ」と訳す。但し、原語（splanchnizomai）は「内臓」、すなわち腸や肝臓・腎臓などを指す名詞（splanchnon）に由来する。内臓は人間の感情の座であると見なされていたため、同語は「憐れみ、愛」などの意に転化、それが動詞化した」（佐藤 1995：8）。さらに、「神の痛みの神学」を提唱した世界的神学者である北森嘉蔵は、旧約聖書のエレミヤ書とイザヤ書を元にヘブライ語からコンパッションという言葉の意味を次のように考察している。

> エホバいいたまう、エフライムは我が愛するところの子、悦ぶところの子ならずや、我抜《（ママ）》にむかいて語る

ごとに彼を念わざるを得ず、是をもて我が腸《はらわた》かれの為に痛む、我必ず彼を恤《あわれ》むべし。（エレミヤ書第三一章二〇節）

ねがわくは天より俯しみそなわし、その栄光あるよき居所《すみか》より見たまえ、なんじの熱心となんじの大能《ちから》あるみわざとは今いずこにありや、なんじの切なる仁慈と憐憫とは抑えられて我にあらわれず。（イザヤ書第六三章一五節）[14]

北森によると、エレミヤ書の「我が腸かれの為に痛む」とイザヤ書の「切なる仁慈」はそれぞれ、ヘブライ語では hāmû mēʿaĭ と hāmōn mēʿēĭkā と表記されるのであるが、それらはいずれも mēʿîm という名詞と hāmāh という動詞から構成されている。このうち、前者は「腸（英：bowel）」を表わしており、心の存在する場所という意味を持つ。後者には音声が「鳴り響く（英：to sound）」という第一の意味と、人間や神の心的状態を示す第二の意味がある。つまり、日本語では「我が腸かれの為に痛む」と「切なる仁慈」と訳されているこれら二つの言葉は、共に自らの身体が痛みを感じる程に心が揺さぶられるといった意味を持つ同義語ということになる。しかしながら、愛（仁慈）は理解できるとしても、なぜ完全かつ絶対であるはずの神が被造物に過ぎない人間のために悶え苦しまなければならないのであろうか。なぜなら、そこには神の怒りが込められているからである。引用したエレミヤ書やイザヤ書は旧約聖書を代表する預言書であるが、ユダヤ教やキリスト教の「預言」（「予言」ではない）には律法に反して犯された罪や不正等の告発という性格があり、預言書とはいわば神の怒りの書であった。[15] 自身が定めた律法に背いて堕落した人間に対して、神は激しい怒りを覚えながらも、それ以上に熱烈に人間を愛して止まない。そのため、神の痛みは第一に「絶対に愛すべからざる者を愛したもう神の御心」として、第二に「その愛したもう独子を死なし給う神の御心」として示される（北森 2009：119）。そして「痛みにおける神は、御自身の痛みをもって我々人間の痛みを解決し給う神」として、また「イエス・キリストは、御自身の傷をもって我々人間の傷を癒し給う主」として、人間の前に現われるのである（北森 2009：22-23）。

さて、重い皮膚病を患っている人が、イエスのところに来てひざまずいて願い、「御心ならば、わたしを清くすることがおできになります」と言った。イエスが深く憐れんで、手を差し伸べてその人に触れ、「よろしい。清くなれ」と言われると、たちまち重い皮膚病は去り、その人は清くなった。（マルコによる福音書第一章四〇―四二節）

イエスは、人のために痛む神の意思をこの世において具現化する存在であった。ここで「重い皮膚病」とされている病気はハンセン病である。[16] イエスは「深く憐れんで」ハンセン病患者を癒すのであるが、この「深く憐れんで」とはスプランクニゾマイのことであり、それはコンパッションによってもたらされた感情である。ハンセン病患者こそ最大の被害者であるにもかかわらず、イエスの時代のユダヤ社会では宗教的な清浄状態を汚す罪人として、彼らには人里離れた場所に打ち捨てられるという過酷な境遇が強いられてきた。このような悲嘆のどん底にある人々に対して、イエスは彼らの苦しみを自らの苦しみとして感受し、まさに「腸がちぎれる想いに駆られ」（荒井 2005：131-132）て病者を癒した。けれども、この時代にハンセン病患者と接触することは単なる同情心の問題に止まるものではなかった。宗教・社会・政治が一体化していたこの頃のユダヤ社会において、ハンセン病患者との接触は宗教的禁忌を犯すことであると共に、ユダヤ社会の支配層ひいては社会全体との敵対を意味するものであった。イエスにおけるコンパッションは、他者に対する思いやりというレベルをはるかに超えた、まさに命懸けの「共感共苦」の行動として表出したのである。コンパッションとは、自分の腸が痛むほどに他人の苦悩に思いを寄せることであり、そのような感情に駆り立てられて具体的に行動することである。周囲と敵対して自らを危険に陥れることがあったとしても、また自分が憐れみを寄せた人間に裏切られることがあったとしても、それでもなお他者の苦悩を背負い続けることである。そして最悪の場合、他人のために自らを犠牲にすることも求められているのである。イエスはごく短い活動期間に多くの人々の苦しみを取り除き、そして最終的に磔刑という悲惨な刑罰によって最期を迎える。自らの十字架を通して神の愛と痛みをこの世界に顕現させたイエスの生涯は、コンパッションを全うした一生であったということができるだろう。

(2) アレントによるコンパッション批判

宗教的理念としてのコンパッションは情熱的で美しい。しかし、これをそのまま社会や政治の範疇に導入することは難しく、また危険でもある。そのように考えたのがアレントであった。彼女はフランス革命とアメリカ革命を比較分析した『革命について』の中で、政治理念としてのコンパッションの危険性を指摘している。彼女の分析によれば、アメリカ革命が自由の擁護とそのための制度の樹立を意図した政治的（political）革命であったのに対して、フランス革命は貧困からの解放を目的とした社会的（social）革命であった。もちろんアメリカにも貧しい人々はいたが、フランスにおける貧困の程度は著しく、「社会問題」といえば何よりも貧困問題を指していた。貧困は「人間を肉体の絶対的命令のもとに、すなわち、すべての人が別に考えなくても自分のもっとも直接的な経験から知っている必然性《ネセシティ》の絶対的命令のもとに、おく」（Arendt 1990 : 60 = 1995 : 90）。ここでいう「必然性《ネセシティ》」とは、生物としての人間が持っている生存欲求と解される。アレントは、『人間の条件』では生存を目的とする労働を全ての基準とする空間を「社会」と呼び、『革命について』では貧困問題を「社会問題」と呼んだ。彼女にとって、社会的（social）とは自由と複数性を意味する政治的（political）という言葉の正反対に位置する言葉であり、市民というあるべき人間の姿から乖離した状態という意味での非―人間性と、自由の条件としての複数性を否定する意味での単一性を示すものであった。そのため、アレントの考えでは、社会問題の解決を目論む社会的革命であったフランス革命は本質的に危険な革命であった。これに加えて、主導者たちの中にあった貧しい人々に対するコンパッションが革命の火に油を注いだ。

> ……ルソーの言葉にもあるように「同胞の困苦を見るにしのびない生来の感情」がヨーロッパ社会の一定の層――フランス革命を成し遂げた人びとはまさにこの層に属していた――のなかで普通になっていた。それ以来、コンパッションの情熱はあらゆる革命の最良の人びとの心につきまとい、彼らを突き動かしたのであるが、コンパッションが主役たちの行動の動機としてなんの役割も果たさなかった唯一の革命がアメリカ革命であった。（Arendt 1990 : 71 = 1995 : 107）

> コンパッションは、それ自体の性格からいって、ある階級全体、ある人民、あるいは――もっとも考えられないことであるが――人類全体の苦悩に触発されるものではない。それは一人の人間によって苦悩されたもの以上に先に進むものではなく、依然としてもとのままのもの共苦難《コ・サファリング》にとどまっている。その力は自体の力に依存している。すなわち、情熱は理性とは対照的に、特殊なものだけを理解することができるのであり、一般的なものの概念〔notion of the general〕を持たず、一般化〔generalization〕の能力もない。（Arendt 1990 : 85 = 1995 : 127）

> 一般的な人間的連帯化〔human solidarization〕というこの大きな努力のなかで重要なものは、積極的な善よりも、むしろ無私〔selflessness〕、すなわち他人の苦悩のなかに自分自身を無にする能力であった。そして、もっとも忌むべきものであり、もっとも危険であるとさえ思われたものは、邪悪さよりもむしろ利己主義であった。（Arendt 1990 : 80–81 = 1995 : 121）[17]

アレントの見るところ、コンパッションには三つの側面がある。第一に、それは「同胞の困苦を見るにしのびない生来の感情」のことであり、イエスが示したようなスプランクニゾマイとしてのコンパッションということができるだろう。かつてイエスが虐げられた人々を見て腸のちぎれるような想いに駆られたように、民衆の過酷な境遇を目にしたフランス革命の指導者たちは革命へと邁進していったが、陰惨な革命独裁を引き起こしたのは彼らのあまりの情熱であった。次いでアレントがコンパッションの第二の側面として挙げているのが、一般化の欠如である。それが意味するところは、コンパッションには全ての人間を包摂するのではなく、目の前にいる人間のみを対象として、それ以外の人々は排除する性格があるということである。コンパッションを起動因としていたフランス革命は必然的に一般性や普遍性を持ちえなかったにもかかわらず、その反面で全体性と純粋性を過剰に追求したために、この矛盾が「「一体としての」人民は、「不純な残りの部分」すなわち人民の敵を自らの外部に放り出すことによって、自らを浄化する」(ジョーム 1998：日本語版への序文 vii-viii) という極端な排除の論理を生み出した。そしてコンパッションの第三の側面が、「無私、すなわち他人の苦悩のなかに自分自身を無にする能力」である。無私の精神はイエスの磔刑に象徴されるコンパッションの最大の特徴だが、これこそアレントが最も忌避するものであった。

コンパッションは人間関係に絶えず存在している距離、中間に介在するものを取り除く。この点では愛も同じである。そして、徳が、不正をなすよりは不正を耐え忍ぶほうが良いということをいつも主張しようとしているとすれば、コンパッションは、他人の受難を見るよりは、自分が苦しむことのほうが楽であるとまったく真剣に、時にはナイーヴにさえ見えるほど真剣にのべ、それによって、徳の主張を乗り超えるのである。

コンパッションは距離を、すなわち政治的問題や人間事象の全領域が占めている人間と人間とのあいだの世界的空間を取り除いてしまうので、政治の観点からいえば、コンパッションは無意味であり何の重要性もない。…一般に、人間の苦悩を和らげるために世界の状態の変革にのりだすのはコンパッションではない。しかもコンパッションが　かりに変革にのりだすばあいでも、それは法律や政治のような、説得とか話し合いとか妥協のようにだらだら続く退屈な過程を避け、その声を苦悩そのものにむけるだろう。ひるがえって苦悩は、迅速で直接的な活動、すなわち、暴力手段による活動を求めるはずである。（Arendt 1990：86＝1995：128–129）

コンパッションは、公共性の条件である「人間関係に絶えず存在している距離、中間に介在するもの」「政治的問題や人間事象の全領域が占めている人間と人間とのあいだの世界的空間」を取り除く。その結果、たとえばフランス革命においては、「慎重な選択や意見にたいする配慮に重点を置く「同意《コンセント》」という言葉自体が、意見交換のあらゆる過程と最終的な意見の一致を本質的に排除する「意志《ウィル》」という言葉に置き換えられ」（Arendt 1990：76＝1995：114）るという事態が発生した。ここでいう意志とは一致や同一性と同じ意味であることから、そこに複数性は成り立たない。事実フランス革命では貧困の解決という単一的意志が何事にも優先され、革命独裁を推進する大義名分となった。貧困の解決の目的化と革命の原動力としてのコンパッションの存在という二つの要素が、フランス革命の過激化を招いた。そして、以後世界各国で発生した革命のほとんどはこのフランス革命モデルを踏襲していく。

これに対して、アレントは、コンパッションが革命指導者たちの動機とならなかった唯一の革命、政治的革命として、アメリカ革命に極めて高い評価を下している。その第一の理由としては、アメリカでは、革命に際しても複数性という自由の条件が決して否定されなかったことが挙げられる。アメリカでは人々（people）という言葉に「多数（manyness）」や「その尊厳がまさにその複数性（plurality）に存するような、限りなく変化に富む複数者（multitude）」といった意味合いが含まれていたことに加え、革命指導者の間には人々の意見の潜在的な一致点である世論には反対すべきであるという共通了解があったため、彼らは「共和政における公的領域は対等者のあいだでおこなわれる意見の交換によって構成されるものであり、この公的領域は、たまたますべての対等者が同一の意見をもったために意見交換が無意味になったその瞬間に簡単に消滅するであろうということを知っていた」（Arendt 1990：93＝1995：138–139）。アレントのいう活動とは、言葉を介した出現や生成であり、具体的には複数の人々が言葉のやり取りを通して自らを出現させることを通して、複数性を有する政治の空間を築く行為のことである。アメリカ独立の父たち（Founding Fathers）はそれを十分に認識していた。そして、その彼らによって成し遂げられたアメリカ合衆国という政治空間の創設（founding）という事績が、アレントがアメリカ革命を評価する第二の理由であった。アレントにとっての革命とは、既存体制の打破という一般的なイメージとは大きく異なり、「自由の創設のことであり、自由が姿を現わすことのできる空間を保障する政治体の創設のこと」（Arendt 1990：125＝1995：191–192）であった。よって、複数性の擁護とそのための制度の確立に成功したアメリカ革命は、真の革命と呼ばれるにふさわしい唯一の革命であった。そして、それによって建国されたアメリカ合衆国は、人間の可死性を克服する行為としての活動が制度的に保障された自由の共和国であった。ところが、コンパッションに導かれたフランス革命では、多数が複数性ではなく「単一性（oneness）」と誤って理解されたことから、苦悩と「連帯（solidarity）」の意味が混乱を来して、多数者に対する憐れみとひとりの人間に対するコンパッションが混同されてしまった（Arendt 1990：94＝1995：140）。連帯とは本来、「人間の偉大さ」や「人類の名誉」、「人間の尊厳」といった考えの共有に基づいており、「苦悩によってひき起こされるものであるにせよ、苦悩によって導かれるものではない。それは貧者と同じく強者や富者をも包括する」ものでなければならない（Arendt 1990：88–89＝1995：132）。にもかかわらず、フランスでは排除の論理に基づく連帯という矛盾した目標が掲げられてしまった。また、貧困の解決が革命の最大の目的とされたことから、政治制度の整備もそれを実現する手段として位置づけられ、自由な政体の創設それ自体が理想とされることはなかった。結局、フランス革命は労働と生存と貧困の問題に束縛され続け、自由と複数性と創設（出生）を目標とする、真の人間のための革命に転化することはできなかった。アレントによるフランス革命への厳しい批判は、そのままコンパッションに向けられた批判でもあった。コンパッションは無私を強調するあまり、人間と人間との「間《ビトウイーン》」＝「真中《ビトウイーン》」にあるべき適切な間隔を破壊してしまい、自由と公共性の条件である複数性を許容しない。アレントにとって、複数性は真の「人間の条件」でもある。彼女がコンパッションを批判したのは革命独裁を招くという理由だけではない。コンパッションが市民というあるべき姿に人間が飛躍することを阻害して、生存のためのみに生きる獣並みの存在へと人間を貶《おとし》める恐るべき契機になるという危惧があったからこそ、彼女はこれを非難したのであった。

(3) 今日におけるコンパッションの意義

何事も同様だが、コンパッションにも美点と欠点の両方がある。長所としては、人間の間の境界線が取り除かれることで他者の痛みに敏感になり、利他的行動が促されることが挙げられる。人々の一体感が醸成され、デモクラシーがもたらす弊害である個人主義の克服が可能になる。他方、コンパッションの短所としては、自他の区別がなくなることで個人という意識が希薄になり、単一性や全体性が強調されることによって、社会が排他的・独善的になる恐れが挙げられる。最悪の場合、それは全体の名の下で行使されるためらいのない暴力へとつながる危険がある。コンパッションを規範として考える場合に生じる問題は、これらの美点と欠点が表裏一体のものであるため、欠点を取り去ることで美点まで除去してしまうことにある。このジレンマを克服するためには、いま一度コンパッションという言葉の意味を考える必要がある。その材料として、新約聖書からよく知られた「善きサマリア人の譬《たと》え」を採り上げてみたい。

すると、ある律法の専門家が立ち上がり、イエスを試そうとして言った。「先生、何をしたら、永遠の命を受け継ぐことができるでしょうか。」イエスが、「律法には何と書いてあるか。あなたはそれをどう読んでいるか」と言われると、彼は答えた。「『心を尽くし、精神を尽くし、力を尽くし、思いを尽くして、あなたの神である主を愛しなさい、また、隣人を自分のように愛しなさい』とあります。」イエスは言われた。「正しい答えだ。それを実行しなさい。そうすれば命が得られる。」しかし、彼は自分を正当化しようとして、「では、わたしの隣人とは誰ですか」と言った。イエスはお答えになった。「ある人がエルサレムからエリコへ下って行く途中、追いはぎに襲われた。追いはぎはその人の服をはぎ取り、殴りつけ、半殺しにしたまま立ち去った。ある祭司がたまたま道を下ってきたが、その人を見ると、道の向こう側を通って行った。同じように、レビ人もその場所にやって来たが、その人を見ると、道の向こう側を通って行った。ところが、旅をしていたあるサマリア人は、そばに来ると、その人を見て憐れに思い、近寄って傷に油とぶどう酒を注ぎ、包帯をして、自分のろばに乗せ、宿屋に連れて行って介抱した。そして、翌日になると、デナリオン銀貨二枚を取り出し、宿屋の主人に渡して言った。『この人を介抱してください。費用がもっとかかったら、帰りがけに払います。』さて、あなたはこの三人の中で、誰が追いはぎに襲われた人の隣人になったと思うか。」律法の専門家は言った。「その人を助けた人です。」そこで、イエスは言われた。「行って、あなたも同じようにしなさい。」（ルカによる福音書第一〇章二五―三七節）

隣人とは誰かと発せられた問いに対して、イエスは行きずりの負傷者を看護し、その費用まで負担するサマリア人こそ真の隣人であると言明し、そのようにあれと聴衆に命じることで応えた。傷ついた人を看護するという行為自体評価に値することではあるが、この個所にはより重要な意味が込められている。それを理解するには、サマリア人という存在が当時のユダヤ社会にとって敵意と蔑《さげす》みの対象であったことを念頭に置く必要がある。サマリアとはイスラエル北部地域を指す。かのソロモン王の死後、イスラエルは南北に分裂するが、このうちサマリアを中心とする北王国は紀元前七二二年に北方のアッシリアに占領される。それ以来、サマリア地方では入植が行われるようになって混血化が進み、それに伴って他地域の信仰が流入するようになったことからサマリアのユダヤ教は多神教的な性格を帯びるようになり、偶像崇拝も行われるようになった（列王記下 17：24-41）。正統派を自認する、エルサレムを中心とする南部のユダヤ人からすれば、サマリア人は神の律法に背いた宗教的罪人として敵対視すべき対象であり、民族としての純血性を失った彼らは侮蔑の対象であった。ところが、こともあろうにイエスはそのようなサマリア人を隣人の例として採用し、人々に対してそのようにあれというのである。この譬え話を耳にした人々の驚きや怒りがどれほどのものであったのか容易にうかがえよう。ユダヤ社会において、隣人といえばまず同胞を意味していた。しかし、イエスの隣人観はそのような通念からかけ離れたものであった。イエスが考える本当の隣人とは、今この時、自らの目の前に現われた、苦しみ・悩み・痛み・悲しみを抱えた人に対して、歴史・社会・政治・文化・宗教等の種々の束縛から全く自由に、その人の境遇を自らのことのように感じ行動することができる人間のことである。要するに、コンパッションに駆られて、味方や敵といった自他の区別を乗り越えて、苦悩の中にいる人のために尽くすことのできる人間こそ、イエスのいう隣人なのである。祭司はもちろん、下級聖職者であるレビ人のいずれも、宗教社会であるユダヤにおいて一定以上の社会的地位を有する人々であり、恐らく常日頃から様々な道徳や規範を上の立場から民衆に説教していたことであろう。しかし、追いはぎに身ぐるみ剥がされ、半殺しの目に遭った旅人を救ったのは同胞であるはずのこれら聖職者ではなく、古くから敵対関係にあるひとりのサマリア人であった。コンパッションを再考するために、もうひとつ聖書から引用したい。

わたしが来たのは地上に平和をもたらすためだ、と思ってはならない。平和ではなく、剣をもたらすために来たのだ。わたしは敵対させるために来たからである。人をその父に、娘を母に、嫁をしゅうとめに。こうして自分の家族の者が敵となる。わたしよりも父や母を愛する者は、わたしにふさわしくない。わたしよりも息子や娘を愛するものも、わたしにふさわしくない。また、自分の十字架を担ってわたしに従わない者は、わたしにふさわしくない。自分の命を得ようとする者は、それを失い、わたしのために命を失う者は、かえってそれを得るのである。（マタイによる福音書第一〇章三四―三九節）

過激な文言の並ぶこの個所は、読む者を大いに戸惑わせる。イエスは律法を完成するためにこの世に降った者と自らを称しているのだが、ここに現われたイエスは律法の根幹であるはずの「十戒」のひとつ「父と母を敬え」を完全に否定するかのような言葉を口にしているのである。だが、これをもってイエスが家族の意義や家族愛を否定していると考えるのは早計であろう。この個所のイエスは、愛の向かう先が家族といったごく身近な人間のみに限定されることに対して警鐘を鳴らしていると理解されるべきである。たとえば、家族に対する愛が行き過ぎるあまり、他人の不幸を望むという歪んだ感情が人間の心に巣くう危険を、誰が否定できるだろうか。北森は、つまるところ家族に対する愛というものは「主我的であり、種的であり、エロース的」（北森 2009：69）であるという。家族に対する愛は自己愛の変形に過ぎないのである。繰り返すが、イエスは家族愛を否定しているわけではない。イエスが主張しているのは、〝より大きなもの〟に対する愛の必要である。最終的に、イエスは自らが十字架に架けられることでそれを証《あか》した。イエスが体現した神の愛は世界に遍く行き渡る愛である。自他の境を意識することなく、自分たちの家族や友人はもちろん、この世の全ての存在に作用する愛である。コンパッションはこのような愛の動機として機能するのである。齋藤純一によれば、今日政治に求められているのは他者の「実存的な受苦（existential suffering）」に応答することであり、他者の苦難に対応しようという政治的感性は「ケア」の感受性と無縁ではなく、アレントやハーバーマスの政治思想の中にも実存的な受苦への応答という性格が含まれている（齋藤純一 2008：29）。そして、「政治的友愛があるとすれば、それはおそらくもっとネガティヴな連帯、過去の苦難を記憶し、現存する苦しみに声を与えようとする連帯だろう。いまどこに苦しみがあり、その苦難を誰が被っているのかを知ろうとすること。この「コンパシオの政治性」は、意見の政治や範例の政治とはまた違った政治の像を結ぶはずである」（齋藤純一 2008：30）という。それを具体化するのが「社会的連帯（social solidarity）」であるが、それには人々が互いに具体的な生を支え合う自発的連帯としての人称的連帯と、見知らぬ人々との間に成立し社会保障制度によって媒介される連帯である非人称的連帯の二種類がある（齋藤純一 2008：164–167）。齋藤は両種の連帯が相補的に機能することを重視しながらも、非人称的連帯により重きを置いている。しかしながら、コンパッションの視点に立った場合、それに突き動かされた人称的連帯がなければ、他者の実存的な受苦に応えることも、さらにそれらの苦しみに具体的に応答する非人称的連帯を実現することもできないのではないだろうか。その点で意識的に規範性を取り除いた言語空間としての公共圏を中心に組み立てられた公共性思想というものは、いささか訴求力に劣る感が否めない。原子化して他者への関心を喪失してしまった人々に、ただコミュニケーション空間やアソシエーションへの参加を呼びかけたところで、その効果は知れている。公共性を復興するのなら、そこにはやはり他者の痛みを自らの痛みとして感じ、自他の区別なく他者に対して憐れみを抱き、そのための具体的行動を促す精神性であるコンパッションという「人々を政治に駆り立てるもの」の必要とその意義を考えなければならない。

ただ、そのためには、コンパッションの危険性を指摘したアレントの批判に回答する必要がある。結論からいえば、彼女の念頭にあるコンパッションは本来のそれとは似て非なるものである。「善きサマリア人の譬え」から判然とするように、もともとコンパッションは開放性や包容性の高い規範概念であり、人間を敵味方に二分するような偏狭なものではない。また、平和ではなく剣をもたらすという一見過激な話からは、コンパッションが狭隘《きょうあい》で偏った愛情ではなく、むしろより広く普遍的にあらゆる存在に寄せられる愛であることがわかる。アレントが危惧した押し付けがましく感情的で暴力的なコンパッションは、本当の意味でのコンパッションでは決してない。

最後に、ここまでコンパッションについて論じてきたが、この概念の核心は全ての人々に主体性を要求している点にある。本稿で紹介したイエスの言葉のどこにも、コンパッションの対象すなわち客体になることを勧める文言はない。イエスは貧しい人々や病める人々、虐げられている人々の中に積極的に入り、彼らと暮らしを共にし、彼らに教えを説いた。イエスの教説に耳を傾ける人々の大半は「弱者」だったのである。そのため、イエスが他者の苦しみに目を向けよと説いた対象は弱者であったことになる。誰よりも、統治者や裕福な人々といった強者が弱者の窮状に対して敏感に反応しなければならないのはいうまでもない。しかしながら、他者の苦しみを思い、行動することは、強者だけでなく弱者にも求められているのである。たとえば、自分が病であっても、経済的に困窮した人の話に耳を傾けて彼を慰めることはできる。むしろその方が、金銭的な援助よりも苦しむ人の助けになるかもしれない。苦悩にある人を慰める手段は様々であり、それができるのは強者だけというわけではない。福沢諭吉は『学問のすゝめ』の中で、最も悪質な人間の性質として「怨望」を挙げている（福沢 2008：135）。怨望は他者と比較して自らの境遇に不平を抱き、他人に多くを求める。自らの不満が解消されるのは自分が得をして、他人が損をした時である。福沢は断言する、「独り働きの素質において全く不徳の一方に偏し、場所にも方向にも拘わらずして不善の不善なる者は怨望の一箇条なり」と。弱者であっても、怨望に囚われることはあってはならないし、その必要もない。弱者・強者を問わず、全ての人々が他者に対して働きかけ、影響力を与え、そして支える力を持っている。であるからこそ、弱者と呼ばれる人々にも応分の責務が課されるのであり、強者と等しく社会の不可欠な一員としての責任が担わされているのである。というよりも、人間が自らの主体性を自覚しそれを積極的に担っていくと心に決めた時点で、強者・弱者などという区分は無意味なものとなる。全ての人間がそれを理解した時、そこに「受益者」＝客体はいない。コンパッションの政治思想とは、全ての人が

「奉仕者」＝主体であることを求める政治思想なのである。

さて、今回シティズンシップと公共性を考察するにあたり、意識していた問題がある。それは「逞《たくま》しきリベラリズム」と「ひ弱なリベラリズム」の問題である。井上達夫が提唱する逞しきリベラリズムとは、「正義の基底性」を要請するリベラリズムのことである（井上 1999：98-100, 143-149）。正義の基底性は次の三つの要素で構成される。第一の要素は正義が政治社会の構成原理であり、政治社会における公私の力の行使を規制すると共に公権力によって強行されうるものであるとする「正義の公共性」、第二の要素は正義の原理が「善き生」の特殊構想に依存することなく正当化可能なものでなければならないという「正義の独立性」、第三の要素は「善き生」の特殊構想が正義の要求と抵触する場合には後者が優先されるという「正義の制約性」である。このような井上のリベラリズムに対して、稲葉振一郎は他律的／ひ弱なリベラリズムの意義を強調する。彼は逞しきリベラリズムを、コミュニタリアンからの批判に対するリベラリズム側の反論であり、「リベラリズムの困難を十分に自覚しつつ、あえてその峻険な峰に挑もうとするヒロイズム」（稲葉 2008：166）であると評する。稲葉の評価では、異質な価値の許容や他者への寛容といった従来のリベラリズムが「生身の人間にそれほど負担をかけない」のに対して、逞しきリベラリズムは「少なからぬ人間にとっては、誠実に実行するにはやや荷が重い生の技法」である（稲葉 2008：190）。結局のところ、稲葉は逞しきリベラリズムがひとつの理想であることを認めながらも、現代社会においてこの種のリベラリズムは人々に背負いきれない負担を強いるものであるとして、これを否定しているように思われる。確かに、逞しきリベラリズムが要求するものは重い。しかし、市民が困難を覚悟した上で自らの主体性を発揮しない限り、たとえ政治体制や統治者がいかに住民の満足に応えるものであったとしても、それをデモクラシー／共和国《リパブリック》と呼ぶことはできない。逞しきリベラリズムが幅を利かせる世の中は窮屈だが、デモクラシーや共和国を名乗る国における住民の受動性の容認や肯定はモラル・ハザードを引き起こすことになるだろう。

かつて、公共性は国家との関わりの中で論じられてきた。しかし、公共性が国家の独占から解放された今日、人々は公共性を担うことができるようになったのではなく、その担い手であることを強いられているのである。私たちには公共の事柄に対して常に応分の責務を負うことが求められており、それを担うには市民の主体性が必要不可欠である。だからこそ、市民としてのあるべき姿に関する不断の考察が求められるのであり、市民としての規範が問題とされるのである。本稿では、そのような意識を支える「人々を政治に駆り立てるもの」としてコンパッションという概念を紹介した。半澤孝麿は、ヨーロッパ政治思想史には〈政治〉と〈非政治〉との緊張関係が絶え間なく継続していたのではないかという問題提起をしている（半澤 2003：127–131）。この〈非政治〉とは、「政治をもって対等者の相互関係とするヨーロッパ文化の伝統において、時々の政治権力の担い手のいかんにかかわらず、政治を相対化する論理」（半澤 2003：187）であり、その例としてキリスト教や友情（philia）を挙げている。つまり、〈非政治〉は、〈政治〉の絶対視を避け、個々人の人格を最大限尊重しながらも人間の連帯を可能にするものとして西洋社会に脈々と息づいてきた。コンパッションは〈非政治〉に含まれる概念であろうが、本稿ではその〈非政治〉的なコンパッションを〈政治〉の再興に資するものとして紹介した。コンパッションは、〈政治〉と〈非政治〉との緊張関係を積極的に引き受けることを市民に求める概念である。真に市民であるためには、その緊迫した関係を自らの人格のうちに内面化した上で、さらに実際の活動という形で具体化しなければならない。また、公共性は他者との間に生成されるものであるため、その公共性を具体化する活動は他者に対する関心と奉仕として現われるものでなくてはならない。それによって人間は主体的な市民へと質的に変化することができるのであり、そのような市民たちの不断の連帯を通して公共性は実現されるのである。市民性としてのシティズンシップとは、そのような困難と犠牲の要求に応答することのできる市民の精神性として理解されるべきではないだろうか。過度な自己犠牲が求められる社会は間違っている。しかし、権力に全てを委ねることなく、他者との関係を築きつつ、各人が市民としての生を主体的に全うしようとするなら、そこには市民相互の献身とそれを支える規範がどうしても必要になる。私たちはその要求に応えることができるであろうか。

注

（1）二宮皓もほぼ同様の分類を行っているが、それぞれに「市民権」と「市民的資質・能力」という語を充てている（二宮 2007：11-18）。

（2）国境を越えた情報や資本、人間の大量移動といった近代国家モデルが想定していなかったような事態に関しては、権利の整備が遅れており、その点で権利としてのシティズンシップの重要性や必要性は現在も一向に減じていないことはいうまでもない。

（3）訳書では「国家的」と訳されているが、「政治的」という表現に変更した。なお、本稿においては、訳書からの引用は基本的にはそのまま記載しているが、場合によって適宜訳語を変更している場合がある。

（4）アリストテレスは必要性に基づく友愛を劣悪な自己愛として退け、真の自己愛としての「強い利他的友愛」の可能性を追求しようとした（土橋 1990：101）。

（5）トマスと同時代人であり、同じく神学者であったボナヴェントゥラは、トマスの思想があまりにもアリストテレスの影響を受けすぎていると批判し、トマス哲学では人間や世界を神の似姿としてではなく、自然として認識する性格が強いことを指摘した（稲垣 1999：209）。

（6）福田歓一の説に依拠するならば、たとえばホッブズにおける自然権の放棄とは判定権の放棄を意味するものであり、自己の保存に関する自由は放棄することができない。そのため、社会契約後に成立した国家においても、自己防衛権と抵抗権は存続することになる（福田 1998：54）。

（7）デモクラシーが進展していたアメリカにおいても、デモクラシーという言葉が肯定的に捉えられるようになったのは、トクヴィルが視察旅行を行った一八三〇年代のいわゆるジェファソニアン・デモクラシーの頃からであった。それ以前は「共和政（Republic）」や「民衆政治（Popular Government）」等がデモクラシーの同義語として用いられていた（斎藤眞 1995：20-22）。

（8）本稿では、『アメリカのデモクラシー』からの引用については原書頁にDAという略記号を、また『フランス二月革命の日々』からの引用にはSという略記号を付記している。

(9) 今日アソシアシオンの定義としては、たとえば一九〇一年に制定されたフランスのアソシアシオン法における「利得の分配以外の目的で結成され、独自の規約を備えて恒常的に活動を行う非営利組合」といった定義が一般的であると思われる(高村 2007:1)。しかし、トクヴィルによるアソシアシオンの定義はそれよりも広範で、アメリカでは娯楽やイベントの運営、節酒、公安、通商、そして道徳や宗教上の目的を実現するためにアソシアシオンが形成されているとして、営利団体を含むあらゆる自発的結社をアソシアシオンと考えた(Tocqueville 1992:DA 212-213 = 2005:第一巻(下)38-39)。

(10) 当時のドイツ人の中にはワイマール体制は押し付けられたものであるという考えが存在しており、それは「ほとんどの国民たちに愛されていなかった」。すなわち、ドイツ国民にとってワイマール体制とは敗戦のために協商側から強要されたものであり、ドイツに根ざしたものではないという見解が民衆だけでなく、知識人の間にも浸透していた(阿内 1989:61)。

(11) 齋藤純一によれば、ハーバーマスの「ブルジョワ市民社会」に対する批判は次の三点に集約できる。第一は、ブルジョワ市民社会は所詮市民層《ブルジョワジー》の公共圏に過ぎず、絶対主義等の支配体制に対抗する一方で地方や都市下層民といったより劣位の公共圏に対しては抑圧的であったことに対する批判である。第二の批判は市民層の公共圏には近代家父長制的イデオロギーの性格が強く、女性を排除する傾向が存在していること、そして第三の批判は市民的公共性の実態が「公共性の他者」を排除した、対内的には等質の一時的空間であることに対する批判である(齋藤 2000:30)。

(12) 本稿では、ハーバーマスの公共性=公共圏思想の特徴として、その無規範性を強調している。確かにハーバーマスは憲法パトリオティズムや討議倫理を提唱しているため、彼に対して単純に規範を軽視していると評価することは不適切かもしれない(ハーバーマスの規範理論については、毛利(2002)、朝倉(2004)を参照)。しかしながら、公共性と規範との関連を強調した過去の公共性概念(たとえば宗教や国家に対する献身や忠誠を公共性の基準とする考え方)と比較した場合、ハーバーマスの思想における規範観念の希薄さは明らかである。また、彼は自身の公共性概念を構成する際に、規範を絶対条件としては考えていないことも確かであろう。その点で、従来の公共性概念と比較した場合、ハーバーマスの公共性思想の意識的な無規範性は特徴的である。ただし、それは「無」規範性であって、決して「反」規範性ではないことは強調しておきたい。

(13) ちなみにアレントは、活動とは何かを開始することやイニシアティヴを握ることや企画することを意味しており、デモクラシーよりもむしろ王政と関係するものであるとしている（Canovan 1992 : 136 ＝ 2004 : 178）。カノヴァンによれば、ここでいう王政とは専制政治ではなくホメロス的な「同輩中の第一人者《プリムス・インテル・パーレス》」の支配のことであり、今日一般にイメージされる王政とは異なるものである（Canovan 1992 : 136 ＝ 2004 : 178）。

（14）本稿における聖書の引用は、基本的に新共同訳聖書による。ただし、この個所については北森の表現を採用したい（北森 2009 : 197）。なお、新共同訳では次のような表現になっている。「エフライムはわたしのかけがえのない息子／喜びを与えてくれる子ではないか。彼を退けるたびに／私は更に、彼を深く心に留める。彼のゆえに、胸は高鳴り／わたしは彼を憐れまずにはいられないと／主は言われる。」「どうか、天から見下ろし／輝かしく聖なる宮から御覧ください。どこにあるのですか／あなたの熱情と力強い御業は。あなたのたぎる思いと憐れみは／抑えられていて、わたしに示されません。」

（15）キリスト教に関する一般的知識や歴史的事実の整理・確認にあたっては、大貫隆・名取四郎・宮本久雄・百瀬文晃編（2002）『岩波キリスト教辞典』岩波書店、を使用した。

（16）かつて日本語聖書では、ハンセン病を「らい病」と表記することが多かった。しかし、一九九六年のらい予防法廃止以降、ハンセン病患者の心情を鑑み、現在新共同訳聖書では「重い皮膚病」という語が用いられている。

（17）引用中の〔 〕は本稿著者による注。

文献一覧

Arendt, Hannah（1998）, *The Human Condition*, Chicago : The University of Chicago Press. 志水訳『人間の条件』ちくま学芸文庫、一九九四年。

――（1990）, *On Revolution*, London : Penguin Books. 志水訳『革命について』ちくま学芸文庫、一九九五年。

Canovan, Margaret（1992）, *Hannah Arendt : A Reinterpretation of Her Political Thought*, Cambridge : Cambridge University Press. 寺島・伊藤訳『アレント政治思想の再解釈』未來社、二〇〇四年。

Delanty, Gerard（2000）, *Citizenship in a Global Age*, Buckingham and Philadelphia : Open University Press. 佐藤訳『グローバル時代のシティズンシップ――新しい社会理論の地平』日本経済評論社、二〇〇四年。

MacIntyre, Alasdair（1984）, *After Virtue : A Study in Moral Theory*, Notre Dame : University of Notre Dame Press. 篠崎訳『美徳なき時代』みすず書房、一九九三年。

Marshall, T. H. and Tom Bottomore（1992）, *Citizenship and Social Class*, London: Pluto. 岩崎訳『シティズンシップと社会的階級――近現代を総括するマニフェスト』法律文化社、一九九三年。

Tocqueville, Alexis（1992）, *Œuvres complètes*, Bibliothèque de la Pléiade, t. 2 [De la démocratie en Amérique I/II], Paris: Gallimard. 松本訳『アメリカのデモクラシー』第一巻（上・下）、第二巻（上・下）、岩波文庫、二〇〇五年、二〇〇八年。

――（1992）, *Œuvres complètes*, Bibliothèque de la Pléiade, t. 3 [*Souvenirs*], Paris: Gallimard. 喜安訳『フランス二月革命の日々――トクヴィル回想録』岩波文庫、一九八八年。

The Advisory Group on Citizenship（1998）, *Education for Citizenship and the Teaching of Democracy in Schools* [*Crick Report*] [http://www.qca.org.uk/libraryAssets/media/6123_crick_report_1998.pdf].

阿内正弘（1989）「トーマス・マンとワイマール共和国」『倫理学』第七号。

朝倉輝一（2004）『討議倫理学の意義と可能性』法政大学出版局。

荒井献（2005）『イエスと出会う』岩波書店。

アリストテレス（1971）、高田訳『ニコマコス倫理学』（上）岩波文庫。

――（2001）、牛田訳『政治学』京都大学学術出版会。

稲垣良典（1999）『トマス・アクィナス』講談社学術文庫。

稲葉振一郎（2008）『「公共性」論』NTT出版。

井上達夫（1999）『他者への自由――公共性の哲学としてのリベラリズム』創文社。

大貫隆・名取四郎・宮本久雄・百瀬文晃編（2002）『岩波キリスト教辞典』岩波書店。

菊池理夫（2005）「共通善の政治学――西洋政治思想の伝統として」『法学研究』第七八巻七号。

北森嘉蔵（2009）『神の痛みの神学』教文館。

小山勉（2006）『トクヴィル――民主主義の三つの学校』ちくま学芸文庫。

齋藤純一（1987）「政治的公共性の再生をめぐって――アーレントとハーバーマス」藤原保信・三島憲一・木前利秋編『ハーバーマスと現代』所収、新評論。

――（2000）『公共性』岩波書店。

――（2008）『政治と複数性――民主的な公共性にむけて』岩波書店。

斎藤眞（1995）『アメリカとは何か』平凡社ライブラリー。

佐々木毅（1973）『主権・抵抗・寛容――ジャン・ボダンの国家哲学』岩波書店。

佐々木亘（2008）『共同体と共通善――トマス・アクィナスの共同体論研究』知泉書館。

佐藤研訳（1995）『新約聖書Ⅰ　マルコによる福音書・マタイによる福音書』岩波書店。

ジョーム、リュシアン（1998）、石埼訳『徳の共和国か、個人の自由か――ジャコバン派と国家　一七九三年―九四年』勁草書房。

『聖書　新共同訳』（1999）日本聖書協会。

高村岳人（2007）『アソシアシオンへの自由――〈共和国〉の論理』勁草書房。

田中秀夫（2008）「復活する共和主義――その様々な可能性」社会思想史学会編『社会思想史研究』No.32 所収。

谷口隆一郎（2006）「共通善と自由――市民社会の公共善と市民の自由の間」『聖学院論叢』第一八巻二号。

千葉眞（1995）『ラディカル・デモクラシーの地平――自由・差異・共通善』新評論。

ティリッヒ、パウル（1995）、大木訳『生きる勇気』平凡社ライブラリー。

土橋茂樹（1990）「アリストテレスのフィリア論――自己愛と友愛」『哲学』第四〇号。

二宮皓編著（2007）『市民性形成論』放送大学教育振興会。

ハーバーマス、ユルゲン（1986）、藤沢ほか訳『コミュニケイション的行為の理論』（中）未來社。

――（1994）、細谷・山田訳『公共性の構造転換――市民社会の一カテゴリーについての探求』（第二版）、未來社。

――（2003）、河上・耳野訳『事実性と妥当性――法と民主的法治国家の討議理論にかんする研究』（下）未來社。

半澤孝麿（2003）『ヨーロッパ思想史における〈政治〉の位相』岩波書店。

樋口陽一（1994）『近代国民国家の憲法構造』東京大学出版会。

平石耕（2009）「現代英国における「能動的シティズンシップ」の理念――D・G・グリーンとB・クリックを中心として」政治思想学会編『政治思想研究』第九号。

福沢諭吉（2008）『学問のすゝめ』岩波文庫。

福田歓一（1985）『政治学史』東京大学出版会。

――（1998）『近代政治原理成立史序説』、福田歓一著作集第二巻、岩波書店。

マリタン、ジャック（1962）、久保・稲垣訳『人間と国家』創文社。

丸山眞男（1983）『日本政治思想史研究』（新装版）東京大学出版会。

毛利透（2002）『民主政の規範理論――憲法パトリオティズムは可能か』勁草書房。

山口定（2004）『市民社会論――歴史的遺産と新展開』有斐閣。

山脇直司（2006）「シヴィック・ヒューマニズムの意味変容と今日的意義――ポスト・リベラルでグローカルな公共哲学のために」田中秀夫・山脇直司編『共和主義の思想空間――シヴィック・ヒューマニズムの可能性』所収、名古屋大学出版会。

第3章　シティズンシップとナショナリティ

佐藤高尚

マイケル・ムーア監督の映画『華氏九一一』の中で、九・一一直後、飛行機の搭乗者リストが示されるシーンがある。当時は多くのアメリカ国民の出国が規制されたが、オサマ・ビン・ラディンに関係するサウジアラビアの人々が、ブッシュ家との深い関わりを推察させるシーンとともに、いとも簡単にアメリカから出国していく様子が描かれるのである。

その搭乗者リストには、「シティズンシップ」(citizenship)の文字があり[1]、その下には国名が記載されている。そこでの「シティズンシップ」の意味内容とは、権利の概念を含む「市民権」の意味でもなければ、市民としての特徴や特性を含意する「市民性」の意味でもない。ここでの「シティズンシップ」の意味とは、紛れもなく「国籍」である。すなわち、ここでは、シティズンシップという語が、「国民国家」(nation-state)の成員であることと、同じ意味で用いられているのである。

確かに、シティズンシップという言葉自体、ある領域性を前提としている。シティズンシップという語を構成するcitizenという言葉自体、city(仏cité)という領域や空間を表す言葉と密接な関連を持っている。以上のようなことを考えてみると、シティズンシップという言葉を用いるとき、その際には、領域や空間に関わるなんらかの境界線を想定していることがわかる。とはいえ、なぜ、シティズンシップと国民国家とが、右のように結びつくのであろうか。政治に関わる人間集団の単位は多種多様であり、その中で領域や空間に関わるものも複数存在しうる。一方では、国民国家、都道府県や州、市町村、さらには町内会レヴェルの地域コミュニティや家族等々もその範囲に含めることも可能であるし、地域政党や、地域特有の利益集団を想定することも可能であろう。他方、国民国家の枠を越えたり、横断したりするような政治単位、EU（欧州連合）、アジア、アフリカ、さらには世界全体を包含した地球それ自体を一つの政治単位としてみなすことも可能である。以上のような例をふまえると、構成員たることは、必ずしも国民国家のメンバーたることとは直結し得ないことがわかる。

このような中で、現在シティズンシップが多様な形で論じられる背景には、この言葉により、今まで政治的論点として俎上に載せられることのなかった諸問題を、積極的に取り上げ、これを承認しようという動きがある。前述のとおり、シティズンシップは領域や空間の意味内容を備えた言葉であり、そうした点からは、構成員を論じる枠組みを国民国家にのみ限定する必要の論証は極めて困難であることが分かる。それのみならず、シティズンシップがある種の領域や空間、そしてそれに関わる何らかの境界線を伴うにしても、その境界を飛び越えて参加したり、離脱したりもしうる越境の容易さや困難さは、政治単位により異なるといえる。越境がたやすい国家もあれば、難しい国家もあることは、容易に想像がつくであろう。看過し得ないのは、グローバリゼーションが進展するなかで、人・モノ・資本・サーヴィス、さらには情報などの移動が容易になり、越境のハードルが相対的に下がっていることである。シティズンシップの問題自体が文字通り越境していく根拠がここにある。このことは、言い換えれば、シティズンシップに伴う領域や空間という軛が弱くなり、シティズンシップが特定の領域、特定の空間に固定されえない様相を示すことを意味する。

以上のようなシティズンシップの問題領域が拡大していく状況をみていくと、シティズンシップは、冒頭で見た国民国家、そして国民国家の構成要素たるネーション（nation）やナショナリティ（nationality）との親和性というよりも、ときにはそれらと対立するような側面をも有していることが分かる。ネーションの論理については、従来の狭隘で強制的な忠誠をもイメージさせる「ナショナリズム」（nationalism）という語に対し、現在では、財の配分やデモクラシーの基礎づける論理・用語として「ナショナリティ」が用いられている。[2] こうしたナショナリティはシティズンシップとどう関連するのであろうか。以下では、まず、シティズンシップとナショナリティとの関連を考察し、その共通点と相違点とを踏まえた上で、複数の次元で考察しうるシティズンシップと、ナショナリティという枠組みとの齟齬から、シティズンシップを論じるにあたってのナショナリティの意義を論じてみたいと思う。

1　シティズンシップとナショナリティとは同じ概念なのか

シティズンシップとナショナリティとは、ともに「国籍」という意味合いを持ちうる用語であり、多くの共通性を有している概念といえる。両者には、社会や共同体のメンバーを、一定程度平等に扱うことを前提としているのである。では、そうしたメンバーシップを獲得しうる条件とは何か、またメンバーシップ獲得後に享受しうるものは何かを考えてみるとき、両概念の機能の差異が明らかになってくる。本章では、両概念の設定する諸条件を検討し、その類似点・相違点を考察して見たいと思う。

(1)　シティズンシップの基本的枠組み——コミュニティを階層化し、分断するシティズンシップ

「○○○・シティズンシップ」という形で、シティズンシップと結びつく形容詞は数多く見受けられる。ナショナル、グローバル、コスモポリタン、文化的、自由主義的、共和主義的、等々。このことはシティズンシップ概念の豊穣さを示すものといえるが、シティズンシップの基本枠組みは、コミュニティのメンバーとしての地位や権利（特権）の平等といえよう。

すなわち、シティズンシップの獲得やそれによるシティズンシップの保持は、①コミュニティの構成員のもつ種々の自由が、十分保障されうる地位を各人が等しく備えること、そして②コミュニティに関わる種々の権利をも等しく保持すること、を意味する。権利と義務とが分かちがたく結びついていると考えるとき、権利の平等は、それに見合う義務の平等をも意味するとも考えられうる。いずれにせよ、構成員の平等な処遇がシティズンシップ概念の基礎をなしている。

しかし、シティズンシップを備えた構成員間で、実質的な平等が完全には達成されたことはないし、構成員外の外部世界への等閑視・排除を前提としてもいる。とすると、シティズンシップは不平等を暴き、平等を促進する機会にもなりうる反面、他方では不平等の再生産装置としても機能しうる概念といえる。なぜなら、メンバーへの包含は、絶えざる排除を創出しているからでもある。では、どうしてシティズンシップは、本来平等を指向しながらも、不平等を生み出してしまうのだろうか？　その原因は、シティズンシップの機能自体に帰着する。

『オックスフォード英語辞典』によれば、citizenshipという語が用いられるようになったのは一六一一年が最初とされる(3)。この時期は、英国では、ラテン語にかわり英語がより一般化していく時代でもあった。この時期のシェークスピアの諸作品や『欽定訳聖書』の登場により、英語自体が広く人口に膾炙する契機でもあった。とするならば、シティズンシップの概念自体極めて近代的なものといえる。

とはいえ、近代以前に、ある一定のメンバーシップの諸条件や資格を思考する考えが存在していたのもまた事実である。古典古代の思想家は、politeiaやcivitasという語により、メンバーが奴隷や外国人ではなく、一定の地位や身分の側面と権利の側面との両方を含意させていた（Plato 2000：257-8）。また、後述する「ラテン市民権」（jus Latii）という制度が存在していたことも、メンバーに関わる問題枠組みの存在を証明するものである。

こうしたシティズンシップの概念を論じるにあたって、二つの問いの立て方が可能であろう。一つは、(A)シティズンシップの内容は何か？　という問題であり、構成員になることで、いかなる地位や権利が保障されるかという問題である（Barbalet 1988：15）。もう一つは、(B)誰がシティズンシップを獲得するのか？という問題である（Barbalet 1988：1）。すなわち、誰が構成員で、誰が非構成員であるかという問題である。シティズンシップの議論の多くが、(A)と(B)とが直結していることを前提として、それがゆえに、逆に(B)の問題を論じる際に生じる諸条件を低減しようとする。しかし、シティズンシップの概念が、絶えずあらたな不平等を生み出すのは、(A)と(B)との両者にまたがる問題、すなわち(C)準構成員の問題が存在しているからに他ならない。シティズンシップの問題は、単に構成員か否かの問題ではなく、「構成員—準構成員—非構成員」の枠組みの問題であり、実際そのように語られてきたのである。たしかに、政治的徳（civic virtue）や市民性（civility）を成員資格とする共和主義的シティズンシップ論、またアイデンティティとシティズンシップを関係づける議論などもある。しかし、それらのアプローチはシティズンシップの階層化機能を十分把握しているとはいい難い。むしろこの特徴を等閑視しているかのようである。以下では、従来のシティズンシップの議論ではあまり着目されていないが、シティズンシップの重要な特徴と思われる「構成員—準構成員—非構成員」の枠組みに注目し、考察していく。

まず、歴史的にシティズンシップがどう考えられてきたのか、またどのような制度であったのか概観してみよう。

アリストテレスは『政治学』第三編で、シティズンシップを享受しうる存在として市民、そして若年者、老人、外国人などを条件付き市民といえる存在として位置付けている。この他にシティズンシップを享受し得ない女性、奴隷という存在がいることをふまえると、シティズンシップは、前述のような三階層を作り出すことになる（Aristotle 1996：123-4）。

他方、ローマに目を移して見るとき、たとえば、キケロは、市民たる資格を必ずしも少数エリートに限定していたわけでないが（cf. Cicero 1991：22-3）、彼自身が三頭政治という共和政——実質的には寡頭政——の擁護者であったことも事実であり、実際のシティズンシップの実質的な享受者が一部に限定されていたことは疑い得ない（Riesenberg 1991：82）。実際に共和政ローマにおいては、ローマ市民権とラテン市民権というように、地位や身分に伴う階層化がなされていた。ラテン諸都市には政治参加をも認められる完全なローマ市民権が付与され、非ラテン系の諸都市には政治参加はみとめられないものの、ローマ人と合法的な通婚や対等な通商権をもつ不完全なローマ市民権が与えられた。そして他の都市は同盟市という形で実質的な無権利状態に置かれたのである（cf. Riesenberg 1991：82）。ここでも「構成員—準構成員—非構成員」の枠組みが継承されている。

右のメンバーシップの議論に対し、近代ヨーロッパにおいて、はじめてシティズンシップの議論を正面から扱ったといいうるのが、アダム・スミスである。彼は『法学講義』の中で、「臣民（subject）の権利」および「シティズンシップの権利」（right of citizenship）の分類をし、後者を外国人の権利と位置付けている。「シティズンシップの権利」は、君主に対する忠誠と引き換えに財産権が保障されるに留まるが、「臣民の権利」は、場合によっては、議会を通じて君主の権力行使に異を唱えることも可能であり、より広範な権利が認められている（Smith 1978：431-433＝2005：115-121）。ここでもメンバーシップをめぐる階層化の問題が継続しているのである。

このような流れをみてくると、右で述べられたような構成員と準構成員との関係を一まとめにして考え、それのみに着目し、シティズンシップ自体のあり方が多様であるという見方も可能であろう。しかしシティズンシップがサブカテゴリーを設けることにより、コミュニティを階層化し、分断化して、均衡的秩序を実現してきたこともまた事実である。シティズンシップは、確かに正規の構成員に平等の地位や権利を付与するものである。しかし実際は、メンバーになるということと、全く同一の地位や権利を獲得することとは別である。正規のメンバーたるには、国籍や姻戚関係が必要とされることが多いが、準構成員は、正規の構成員の権利が一部のみ認められるのであり、地位の保障も限定的である。すなわち、シティズンシップが論じられるとき、最低限ともいえる地位や身分の保障、権利の保障に議論が留まるともいえ、シティズンシップの獲得が、シティズンシップの有無という線引きの問題から、構成員と準構成員との線引きとの問題への移行という側面を持つとき、そこには地位や身分を再構成し再編成することで、そうした地位や身分に基づく社会秩序の構造を強化しているのである。構成員に対し、準構成員というサブカテゴリーを設け、これを下層民からの緩衝材として機能させることで、ガヴァナンスの安定化が図られてきたことは否めない。

さて、これまでは、歴史的なシティズンシップの有り様を見てきた。シティズンシップは地位や身分の問題と密接な関係を持ち、社会秩序の安定化装置として機能しうるが、この問題枠組みは現代社会とどのような関連を持っているのであろうか。たとえば、先進諸国の場合を考えてみよう。多くの先進諸国では、自由と平等が、形式的であれ、あまねく享受されており、特権的で固定的な地位や身分は後景に退いている。しかし、EUシティズンシップなどは、どう考えたらよいのだろう。EUシティズンシップは、EU加盟諸国の国民には保障されるが、実際にシティズンシップを保障するのは各国政府である（土谷 2008：281-284）。そこで、EUシティズンシップは、ナショナル・シティズンシップのサブカテゴリーではないかという疑念が生じることになる。国家の枠組みの中では、ナショナル・シティズンシップはEUシティズンシップに優先するよう序列化されているのである。ナショナル・シティズンシップとEUシティズンシップとの関係は、先述の構成員と準構成員との関係の相似形といえる。EUシティズンシップは、身分ではないにしろ、新たな階層およびそれによる分断を生み出す側面は、否定できない[4]。「構成員─準構成員─非構成員」という枠組みは現在のシティズンシップの議論や制度にも引き継がれており、階層化による不平等と分断とが再生産されているのである。

他方、途上国の場合、性別、宗派、部族間での序列が固定的身分制度として作用していることは、容易に想像できるであろう。シティズンシップの議論が先進諸国を対象としており、必ずしも十分には第三世界をその視野に入れていないという問題がある。現在のシティズンシップ論の牽引役を果たしてきたラディカル・デモクラシー（radical democracy）論が、これまで論じられてこなかった争点や人々を議論の舞台にあげるよう主張するとき、そこには体制化し硬直化した既存のデモクラシーへの批判が前提とされていた。ラディカル・デモクラシーの代表的論者であるシャンタル・ムフは、形式的にはある程度の平等を実現している既存のデモクラシー――すなわち先進諸国のデモクラシー――において十分な多様性が反映されていないことを問題視するが、このことは既存のデモクラシーがラディカル・デモクラシーの前提条件であることを意味している（cf. Mouffe 1993, chap. 1）。そうした前提条件を備えていない途上国においては、シティズンシップは、伝統的身分制度を強化し、かえって平等化を阻害する可能性をも有するのである(5)。

このように見てくると、シティズンシップは、一見すると、メンバーを同じように処遇する論理と思われがちだが、実際にはそのメンバー間にも区別を設け、階層化することで、「構成員―準構成員―非構成員」という枠組みと序列を構築していく。その意味では、不平等に処遇する枠組みを再編成・再生産する論理ともいえる。しかし、こうしたシティズンシップ概念とは異なり、より実質的な平等を実現しうる概念として再び着目されているものがある。それが、ネーションの枠組みであり、ナショナリティに他ならない。

(2) シティズンシップからナショナリティへ

国民的一体性の自覚を前提とする「国民国家」樹立を成功させたフランス革命は、近隣諸国の民族意識を高揚させ、ネーションとしての一体性を希求するナショナリズムの時代を招来することとなった歴史的起源といえる。フランス革命は、保守主義、社会主義といったイデオロギーの源であるとともに、ネーションとしての意識や属性であるナショナリティを自覚化させる契機でもあった。こうしたナショナリティの議論の理論化に先鞭をつけたのが、ドイツのフィヒテであり、フランスのルナンであった。

フィヒテの『ドイツ国民に告ぐ』は、ナポレオンに敗れたプロイセンの危機的状況下でまとめられたものであることは、あまりにも有名であろう。当時のドイツは、ドイツ人の一体性を確保する国家という外形的な枠組みを持ち得なかった。それがゆえに、フィヒテはドイツ人の一体性を保持するのみならず、より強固にするために、フランスをも上回るドイツ文化の純粋性と優位性を主張するのである。ここで彼が主張するドイツ国民とは、言語や文化の同一性を共有した者なのである。この一体性を維持し、また作り上げるための国民教育が主張され、それによるドイツの再興が企図される。

歴史家エリック・ホブズボームは一九世紀中葉までのナショナリズムに統合的・解放的・進歩的役割を認めているが（Hobsbawm 1992 = 2001）、前述のフィヒテの議論は、身分上の差異を止揚してドイツ国民の同質性を創り出そうとしている点で、この評価にかなうものである。ここからナショナリズムの指向性やそれによる役割を一般化してみようと思う。ネーションという考え方が導入されることで、どのような人も同じネーションであり、本質的には同質であるとされる。同質でない場合には、同質になるよう、格差を是正し差別をなくす必要が出てくる。その根拠にネーションがなりうるのである。伝統的秩序や身分と対峙し、それからの解放を正当化する役割を果たしたという意味で、ナショナリティは極めて近代的考えなのである。こうしたナショナリティにはシティズンシップと同様に平等化の指向を見て取れるが、シティズンシップが差異を前提とし、むしろそうした差異を保持しながらも、メンバーとして承認されるのに対し、ナショナリティは、国民教育や国民皆兵制などより広範で強力な手段を用いて、全構成員を同化（assimilation）していくのである。そこに、近代において、シティズンシップ以上にナショナリティの言説が用いられる理由を見てとることができる。シティズンシップはその枠組みの中に絶えず差異を作り出すが、ナショナリティはその枠組みの中で――民族自決のために、そして時には徴税・徴兵のために――絶えず同化を求めるのである。

それでは、このようなナショナリティが求める、一体性や同質性の内容とはどのようなものであろうか。前記のフィヒテは、言語や文化にナショナリティの基礎を見出していた。しかし、ここで留意が必要なのは、このような発想は、エスニシティを論拠とするような本質主義（essentialism）と容易に結びつきうる点である。(6) 同じ民族を同胞たる条件とするとき、その場合、狭隘なナショナリティが生じ、堅牢な境界線が引かれ、差異を否定し、同化を強制する可能性があることは、歴史が示すとおりである。

このような本質主義的ナショナリティは、しばしば伝統や「公共の記憶」(public memory)といった歴史的な連続性のメンバー間の共有を、その論拠とする。しかし、ネーションが有する過去との連続性が強調される反面、ナショナリティが極めて近代的なものであることは、すでに述べたとおりである(cf. Hobsbawm 1983 : 9-14 = 1992 : 21-26)。一見矛盾するような、こうしたナショナリティの特徴をどのように考えればよいのだろうか。それを解く鍵が、ナショナリティを「社会的構成物」として捉える考え方である。すなわちナショナリティを、近代の政治的・経済的・文化的条件が生み出した、それ以前の時代にはみられなかった特殊近代的産物とみなす考え方である。以下では、こうしたアプローチを詳しく見ていこうと思う。

たとえば、こうした主張の代表格であるアーネスト・ゲルナーは、産業化の面からこれを説明する。産業社会においては、農村社会とは異なり、阿吽《あうん》の呼吸が通じない見知らぬ者とコミュニケーションを取りつつ分業を成立させることが重要とされる。ここで要求される読み書き能力や技術能力の水準は、もはや農村社会では供給しえず、近代的公教育制度によって初めて提供が可能となるのである。ゲルナーは、この際に、全構成員を包摂しうる共通の基盤として、統一的文化が国家を背景に作り出されると主張する(Gellner 1983 = 2000)。ナショナリズムは、「本来存在していない場所にネーションを発明する」とさえ述べるのである(Gellner 1965 : 9)。

もちろん、こうした工場・学校・軍隊といった集団的規律化を可能とする施設整備などの制度的条件のみならず、印刷媒体を中心とするメディアの発展、教育や管理のノウハウ蓄積といった技術的条件も見過ごしえない。本質主義的ナショナリティは、その由緒の古さや長い伝統を重視するにもかかわらず、近代技術が不可欠なのである。ベネディクト・アンダーソンはこうした点に着目し、前述の諸条件により、ネーションは各人の心の中に共通のイメージとして心に描かれるとする。ネーションのメンバーは、大多数の同胞を知ることも会うこともないにもかかわらず、近代的制度や技術により、想像上の絆や帰属意識を持つようになる。すなわち、ネーションは、古くから存在した実体ではなく、人々の言説のみで存在しつづける「想像の共同体」（imagined community）なのである（Anderson 2006 : 5-6 = 2007 : 24）。

本来、全構成員を包摂し共通の基盤たりうる「伝統」は、極めて小さなコミュニティでのみ成立可能であろう。であるからこそ、ネーションという枠組みで同質性を保持するためには「伝統の発明」（invention of tradition）が必要とされるのである（Hobsbawm 1983 = 1992）。国民国家を構成し、優越的な地位を占める集団が、自分たちの歴史的記憶や文化要素を誇張し、それをネーション全体の歴史や伝統として展開するのである。「伝統の発明」が公的な場や教育により繰り返されることで、発明された伝統は自然なものとなっていく。ネーションの同質性や連帯の生成・維持という目的のために、たとえ過去との連続性が架空であろうとも、古典文化の保護育成や国旗・国家のシンボル操作等により、国家がナショナリティの具体的内容を与えるのである。

このようにナショナリティが作為的に作られるものであるとする考えは、ルナンの主張とも親和性をもつであろう。彼の「国民とは、日々の人民投票である」という文言は知られているところであるが、彼が重視するのは一つのネーションに帰属したいと思う意志である。つまり、一人一人のメンバーが、その政治原理を支持し、自ら進んでそれに所属したいと希望することが、国民統合にとって決定的に重要なのである。自律した個人による自由で自発的な政治的選択が、ナショナリティを生成させるのである。

こうしたナショナリティは、有無を言わせぬ強制や同化を伴う本質主義的ナショナリティに比べるならば、非常に自由なものに見える。しかし、歴史上、ネーションへの参加は、意志のみでは不可能であり、その出入が自由であったことはない。また、当時のフランスにおいて、公教育による方言撲滅や、植民地戦争に伴う居住者の強制的な国民化、さらには統一的な歴史の共有という政策がとられたこともまた事実である。もっともこうした問題性は、構成主義的ナショナリティがゆえに生じるものではなく、健全なものと排外主義的なものとが単純には区別しがたいナショナリティの特徴――すなわち、同質性もしくは一体性――に由来するものである。

これまでは、構成主義的ナショナリティを中心に考察してきた。ナショナリティが構成物たりうることが明らかにされた結果、本質主義的要素はナショナリティの基盤としては脆弱であるようにもみえる。他方、こうした人為的なナショナリティの議論に対して、重要な疑義が呈されているのもまた事実である。産業化のためネーションが必要とするなら、ある程度産業化が進展したならネーションの影響力が弱まるはずではないのか？　産業化のために自由自在にネーションが作り出せるわけではないのでは？　一方的にネーションを押し付けても、人々は受け入れないのではないか？　○○人という意識など、前近代にも近代的ネーションと類似するものがあるのでは？　等々である。

たとえば、アンソニー・D・スミスは、ホブズボームの議論では現代のエスニシティの位置付けを把握できないと批判する。彼は、近代以前から存続しているエスニックな紐帯と文化的感情とが、近代に形成されるナショナリティに、人間結合のモデルを提供していると考える。すなわち、ナショナリティが人為的に作られるにしろ、複製されるにしろ、元となる要素――彼はこれを「エトニー」(ethnie) と呼ぶ――がなければ、ナショナリティは生じ得ない。無からはナショナリティは生じえないと考える (Smith 1995, cf. 田中 1996 : 16)。

もっとも前述のゲルナーなどの論者も、ゼロからナショナリティを創出できると主張しているのではない。彼らも、ナショナリティの形成に、従来から存続してきた諸要素が原材料として利用されることは、否定していない。問題は、エトニーとナショナリティが、本当に連続性を有しているかどうかである。構成主義的アプローチからは、むしろこの断絶が強調されるのである。というのも、ナショナリティの元となる諸要素は、選択的に利用され、本来のものとは異なるものになってしまうからである。それゆえ、エトニーは、ナショナリティとの連続性の観点からも、またエトニー自体が構成的なものでないのかという観点からも、絶えず疑義が呈されることになる。ナショナリティの起源を近代に求めるか否かという議論は、構成主義と本質主義との止むことのない論争へと至るのである。ナショナリティの求める同質性が、何についての同質性なのかは、必ずしも確たるものではないのである。そのようなナショナリティに、我々が依拠すべき理由とは何であろうか。

(3) シティズンシップとナショナリティとが重なるとき――戦争、そして福祉をめぐって

これまでは、シティズンシップとナショナリティの特徴を、平等な処遇の範囲に焦点を当て考察してきた。両概念とも、その枠内で同胞メンバーを同等に処遇することを念頭においている。シティズンシップは、各メンバーを対等に処遇するとはいえ、「構成員―準構成員―非構成員」という枠組みにより、序列化や階層化を行い、不平等に処遇する枠組みを再編成・再生産する側面をも有していた。これに対してナショナリティは、ネーションの一体性を主眼とし、身分や階級などの内部における差異を解消する強い同質性を求めた。シティズンシップは、必ずしもエスニックな要素をメンバーの条件とはしない――外国人も許容しうる――が、さらなる不平等を生み出す枠組みとして機能しうる。他方、ナショナリティは、不平等を解消するための強い同質性を主張するが、その根拠たるエスニックな要素は、確固たる論拠たりえず、説得性があるものではない。

一見するとこうしたシティズンシップとナショナリティとの議論は、遠くかけ離れているようにも見える。シティズンシップが、外国人をもその内に含むことを考えるならば、シティズンシップの対象が、ナショナリティより広範であることは明らかである。しかしシティズンシップが、その条件として、伝統やエスニックな要素を持ち込み、資質など成員資格の具体的内容が問われるとき、すなわち、シティズンシップとナショナリティの描く領域が同一になるとき、前述のナショナリティの論点をシティズンシップも共有せざるを得なくなる。

たとえば、現在英国では、シティズンシップを論じる際、ブリティッシュネス（Britishness）が並行して論じられている。(7)「英国人らしさ」や「英国人としての意識」とも訳しうるこのブリティッシュネスという言葉は、その具体的内容を考えるとき、その出自がどこに求められるのかという、まさにナショナリティにおいて議論さ

れた問題が論点として登場してくるのである。シティズンシップの議論は、必ずしもその地域特有の属性を備えることを要件とはしてこなかったが、移民問題や市場原理主義導入に伴う地域の脆弱化という要因から、伝統的要素や地域に固有の制度や精神性の共有が要件とされることになり、結果としてナショナリティと密接な関係を持つようになってきている。それは、シティズンシップが、ナショナリティがもつ正負両面を共有することをも意味するのである。

たしかに、現在シティズンシップの議論が盛んに論じられる背景として、もはやナショナリティが人々を統合する十分な機能を果たしえないこと、そしてその結果ナショナリティに代わるものとして、シティズンシップがコミュニティ統合の手段となったとする説明がなされる。しかし、両者は原理的には異なるものの、並立し得ない二律背反的なものと考えることはあやまりであろう。歴史的には、国家を中心とする「領域性」の枠組みで語られてきたシティズンシップの枠組みに、メンバーの同質化とそれによる統合という目的のために、後からナショナリティという強力な論理が加わったと考えられうるだろう。その意味でシティズンシップとナショナリティとは、近代以降ともに歩みを進めてきたといってよいであろう。そして、シティズンシップとナショナリティとの結びつきが、最も顕著な形であらわれるのが、戦争の問題なのである。

元来、兵役はメンバーシップの条件であった。シティズンシップは、古来より戦争との繋がりを有していたのである。ギリシャにおいては戦争に参加しうるか否かがメンバーたる要件であり、シティズンシップを保持する外国人は兵役に駆り出されてもいた。またローマ期には戦闘により成果をあげたものが、市民権を獲得したことが知られている。ナショナリティのひとつの特徴として、戦争における動員の契機となりうることがあげられるが、この役割をシティズンシップもまた担ってきたのである。

また、福祉という問題にも目を向けてみよう。福祉自体が、国民統合の手段であり、戦争と結びついていることはいうまでもない。T・H・マーシャルが、現代のシティズンシップにふさわしい権利として、社会的権利を主張するとき、その内容は、社会保障を中心とするものである（Marshall 1992 : 8 = 1993 : 15–16）[8]。とするならば、シティズンシップは、福祉を媒介項として、戦争と結びついているといえる。

次の年表は、一九世紀末から二〇世紀前半にかけての英国の動向である。

二〇世紀は、英国が、自由放任に基づく資本主義とは距離を置き、福祉国家へと歩みを進める時代であった。

表1　19世紀末〜20世紀前半の英国の動向

1880-81 & 1899-1902	ボーア（ブール）戦争
1897	ウェッブ夫妻「ナショナル・ミニマム」提唱
1905	国民保険法成立
1914-18	第1次世界大戦
1929	世界恐慌
1939-45	第2次世界大戦
1942	ベヴァリッジ報告に「ナショナル・ミニマム」採用
1950	マーシャル『シティズンシップと社会階級』刊行

そこに戦争が大きな役割を果たしている。というのも、たとえば、ボーア戦争の際には、マンチェスターで兵士を募集したところ、三分の二が兵役に不合格という事態が生じたのである（加藤 2006 : 31–34）。市場原理に任せることで達成されたのは、資本主義の発展ではなく、戦争遂行を不可能にさせるほどの英国民の疲弊であった。個別の利潤の追求は、英国民全体に利益をもたらすものではなかったのである。こうして「国民的効率性」（national efficiency）運動が党派を超えて展開され、社会改革がすすむことになる。このような中で登場してくるのがフェビアン協会（一八八四年設立）であり、その中心メンバーでもあるウェッブ夫妻により、提唱されたのが「ナショナル・ミニマム」（national minimum）であった。この考えは、戦時中に作成された『ベヴァリッジ報告』に採用され、現実化することとなる。前述のマーシャルのシティズンシップ論も、戦争と経済不況を原因とする資本主義の修正という文脈で考察される必要があろう。すなわち、英国が福祉国家として整備されていく過程は、福祉による戦争への動員と国民統合の過程であり、その対象がシティズンシップを備えた英国民なのである。

シティズンシップは、絶えずその内部にも差異を作り出していく機能を持つ。しかし、そのメンバーシップの条件がナショナリティになるとき、シティズンシップが持つ多様性につながる要素は、消え去ってしまう。このとき、両概念は、戦争への動員に対して、非常に強力に機能しうるのである。我々が両概念について述べるとき、両概念と戦争の結びつきをいかに考えればよいだろうか。現在シティズンシップ論もナショナリティ論も、戦争を中心に論じてはいないが、しかし両概念と戦争とのつながりがなくなったわけではない。シティズンシップやナショナリティが持つ、戦争との繋がりには、留意が必要であろう。中にはこうした両概念が重なるときこそ、シティズンシップが十分に保障されるという主張もあるかもしれない。だがそうした保障は十分なものではない。その代表例が「女性」である。シティズンシップが十分には保障されなかった——もしくは現在も保障されていない——「女性」という存在は、ネーションの一員たりえなかったというのであろうか。このことは、また違う帰結をも招来する。すなわち、シティズンシップもナショナリティも、デモクラシーとは必ずしも直結し得ないということである。

さて、最後にシティズンシップとナショナリティの共通点・相違点をまとめてみよう。両概念は、なによりも同胞メンバーを平等に処遇する点が共通している。また、この「平等な処遇」を手段や目的として人々を戦争に動員する点も見逃せない。しかし、シティズンシップは、必ずしもネーションたることをメンバーの条件とはしていない。また、その枠内では、ナショナリティの特徴でもある同質化よりは階層化や序列化が試みられる。すなわち、内部に多様な要素を包含し維持しようとするのである。よって、シティズンシップは、その中心にナショナリティを据えない限りで、広範な適用範囲と豊穣な内容をもつ可能性を有している。それに対し、ナショナリティは、エスニックな起源を少なからず保有するとすれば、その内部に新たな参加者を包含することは極めて難しいため、その適用範囲や対象が拡大するということは極めて困難であろう。そのため、ナショナリティの論理による解決は限定的にならざるを得ない。

こうした違いは、両概念が現実の課題に対峙したとき、どのようにあらわれるのだろうか。次章では、両概念の現実問題への適用可能性についてみていく。

2　多文化主義 vs. ナショナリティ

シティズンシップをめぐる議論にしろ、ナショナリティをめぐる議論にしろ、両者とも議論の前提とする社会の領域内に多様な価値を追求するマイノリティ集団――エスニシティ、宗教、ジェンダーなど――を内包しており、そこからマジョリティとマイノリティとの関係性も問題として浮上してこざるを得なくなる。多様な価値を備えた社会について論じるとき、二つの方向性が見出せよう。一つは、多様な価値をいかに確保し正当化しうるかを論ずる多文化主義（multiculturalism）、もう一つがいかに共通基盤を構築しうるかを論ずるナショナリティの議論である。本節では、前者の代表としてウィル・キムリッカ、後者の代表としてデイヴィッド・ミラーを取り上げ、両論を考察してみたい。

(1)　多文化社会のシティズンシップ――集団ごとの差異が反映されたシティズンシップ

キムリッカは、今日ほとんどの国家が内に多様性を内包しているという認識のもと、こうした文化的多様性を生じさせる集団を二つに分ける。一つは「ナショナルなマイノリティ」（national minorities）であり、もう一つは「エスニック集団」（ethnic groups）である。ナショナルなマイノリティとは、元来自治を行うほどのまとまりを持った文化圏が、より大きな国家に組み込まれるような場合であり、先住民族がこれに含まれる（Kymlicka 1995 : 10–11 = 2000 : 14–5）。キムリッカによれば、世界のほとんどの国々は、その内部に多様性を保持しており、よって世界の国の多くは「国民国家」（nation state）ではなく「多民族国家」（multination state）なのである（Kymlicka 1995 : 11 = 2000 : 16）。よって、ここでの「ナショナル」の意味は、国家全体を覆うものではなく、国家の構成要素をなす一文化集団をあらわしている。これに対して、エスニック集団とは、

表2　キムリッカによる集団と集団的権利の分類

集団の類型	集団的権利	
ナショナルなマイノリティ	自治権 ＝しばしば連邦制などの形態による，ナショナルなマイノリティへの権限委譲	特別代表権 ＝マイノリティに対する，国家の中央機関における議席の保障
エスニック集団	エスニック文化権（polyethnic rights） ＝特定のエスニック集団や宗教的集団と結びついた一定の活動への財政援助や法的保護	

移民のように、伝統的居住地に住んでおらず、移住により支配的文化の公的諸制度にすすんで参加する集団である。マイノリティ集団が、いずれの類型に属するかにより、その集団が保持する権利――集団的権利（collective rights）――も異なる（Kymlicka 1995：11-26＝2000：15-37）。これを表にまとめると、表2のようになる（cf. Kymlicka 1995：26-33＝2000：37-48）。

こうした特別な権利の付与が必要なのは、マイノリティがその集団への帰属を必ずしも選択的に行ったわけでもないのに、そうした属性が様々な能力の前提になっているからである。しかも、支配的な文化へ参加するためには、コストの負担を求めるが、そうしたコストをそもそもマジョリティは負わなくとも良いのである。スタートラインにつく以前に、両者には差がついているといえよう（cf. Kymlicka 1991：162）。

また、こうしたマイノリティ集団は、社会の構成員となった経緯が集団ごとに異なるため、保障すべき権利の内容も集団ごとに異なる。マイノリティの権利は、画一的に対応することは出来ないのである。よって、キムリッカは、アイリス・ヤングの「差異のあるシティズンシップ」（differentiated citizenship）をふまえつつ[9]、そうした集団の違いを包容しうる「集団の差異を反映したシティズンシップ」（group-differentiated citizenship）を主張するのである。権利の内容の違いはこうした理由に基づくものである（Kymlicka 1995：26-27＝2000：38-39）。

もっとも、集団の差異を尊重する必要性は理解しうるが、そのための前述の集団の類型は果たして適切なものであろうか。ナショナルなマイノリティの自治や分離独立が、非常に困難であることをキムリッカが認めるとき、ナショナルなマイノリティの手に残された選択肢は、エスニック集団のものと大差がなくなるからである。とはいえ、彼の議論の主眼は、マイノリティ集団とその権利を細かく類型化することではない。あくまでも、単なる個人的権利の保護のみでは、十分には対処し得なかった社会内部の多様性を、多文化主義の観点から補完しようというものである。よって、マイノリティの権利の議論は、国民国家の枠組みへの疑念のみならず、多様性を反映しうる国家の正統性そのものをも問う作業にならざるを得なくなる。キムリッカは、マイノリティの権利を擁護する中で、政治的統合の必要性をも認識しているが、そうした政治的統合の原理を十分には示せずにいる。このことは、キムリッカがあまりにも楽観的であるというより、国家自体が統合の原理を示しえないこと、すなわち、国家が確固たる統合の基盤の上には立脚してはいないことを表しているといえる。ユーゴスラヴィアの民族紛争は、これを示す一例かもしれない。

社会の多様な価値の尊重を、キムリッカは主張するのであるが、そうした多様な価値の共存の難しさを呈したのが、ユーゴ問題であろう。多文化主義の立場を徹底させれば、ユーゴ紛争を正当化することにもなりうるし、他方ナショナリティの立場を強調する立場をとろうとも、「ユーゴスラヴィア」というナショナリティの存続と崩壊——チトーの時代にはまとまりを見せていたユーゴスラヴィアが、なぜ崩壊したのかという問題——を説明することは困難であろう。

キムリッカにおいて、ユーゴの問題は、まず、ナショナルなアイデンティティが、独自性や所与のものとして受け入れられている例として示される。すなわち、共産主義体制下でも、クロアチア人やスロヴァキア人であるという意識を払拭することはできず、他方ユーゴスラヴィア人という意識の醸成にも失敗した。こうしたアイデンティティおよびそれに基づく自治の要求は抑えきれず、「共通のシティズンシップ」を名目にした拒絶や抑圧はかえって紛争を招来するだけである。よって、我々にはこれを包摂するような選択肢しか残されていないのである（Kymlicka 1995 : 183-186 = 2000 : 274-280）。

こうした問いに解答を与えるのが、「多民族国家」という枠組みである。平和的な分離独立はほぼ不可能である以上、ナショナルな差異が肯定されつつ、共通の基盤が整備されている社会が必要になろう。とはいえ、ユーゴは、ナショナルなアイデンティティや権利が制度化されたにもかかわらず、安定した社会的統一の基礎を構築し得なかった例とされている（Kymlicka 1995 : 184–185 = 2000 : 277）。もっとも多民族国家自体、その統一の源泉をうまく説明することは困難なのである。ユーゴのように多民族国家が内戦に至る場合も多いことから、キムリッカの論理をつきつめれば、ユーゴにおける安定的な共通基盤整備の難しさは多民族国家があまねく抱えている問題ということになろう。とするならば、ユーゴの問題は、決して稀有な例とはいえないのである。

他方キムリッカは、ユーゴの例は、国際社会がマイノリティを十分保護しうる枠組みを作りえなかった証左ともみている（Kymlicka 1995 : 57–58 = 2000 : 82–4）。一般に、マイノリティの保護は、しばしば国家の安全の観点から、そして国際平和をも脅かしうるという観点から、これまで実現しなかった。セルビア政府が、クロアチアやボスニアのセルビア系住民の保護者であることを主唱するとき、クロアチアやボスニアにとっては、マイノリティの保護は、彼らの「母国」の干渉に依拠することになるし、また侵略の口実にもなりえよう。マイノリティの保護は、わざわざ国内に危険性を招来するものといえる。よって、マイノリティの保護や承認は国家レヴェルではなかなか実現しえず、容易に解決し得ないのである。キムリッカは、これに対し、国際的な仕組みの必要性を説くが、特に具体的に説明しているわけではない[10]。だが、ＥＵが参加の条件として、もしくは、加盟国の当然の義務として、マイノリティの保護を求め、これが実行されていることをふまえるならば、ナショナリティをめぐる問題に、「ネーションの枠を越える」（supra-national）という意味での地域的なシティズンシップ（regional citizenship）、そしてグローバルなシティズンシップは有効に機能しうるといえる[11]。キムリッカはユーゴの問題を、ユーゴの特殊性に閉じ込めることなく論じている。彼のユーゴ考察から出てくる問題提起は、実はユーゴの問題は我々自身の問題であることを示している。

こうした見解に対しては、種々の批判が展開されているが、ここでは、ミラーの批判を見ていこう。ミラーにとって、キムリッカの主張は、マイノリティを過剰に擁護する主張に見える。キムリッカは、マイノリティがその文化的集団への帰属を自ら願って選択したものではないのにもかかわらず、それを理由に不利益を被る点を重要視する。こうした理由から、不平等を解消する特別な処遇が要求されることになるが、ミラーにはマイノリティを理由に、保障を正当化することには慎重である。たとえば、ミラーは、あるエスニシティを理由に差別を受け、ある職業に就けなくとも、それは補償の対象とすべきではないとする（Miller 1995：148 = 2007：256–257）。ミラーが補償の対象にすべきと考えるのは、マイノリティが慣習などのマジョリティの論理に従うことで、機会が制限される場合である。換言すれば、マイノリティであることを理由にする「結果の平等」をも指向するキムリッカに対し、ミラーは「機会の平等」を主張しているといえる。よってミラーは、マイノリティの尊重は、平等な処遇のみでよいとする（Miller 1995：148 = 2007：257–258）。

ミラーは、キムリッカの主張する特別代表権についても消極的である。なぜなら、そのように選ばれた代表者は、自分の集団の見解のみを主張し、狭隘になる危険性があるからである。集団の要求を実現するためには、合意を獲得する必要があり、そのためには集団の要求を幅広い文脈に位置づけることが肝要となろう。また、代表者は、集団の利害とは関係のない政治的決定にも参加するのであり、幅広い役割が求められるのである（Miller 1995：149–152 = 2007：259–263）。ミラーにとって、特別な権利の付与は、差異を固定化し、デモクラシーその ものをも破壊しうる危険なものに思えるのである。これに対して、ミラーは、共和主義的なシティズンシップの有用性を主張する。それがいかなるものであるのか、次項で見ていきたいと思う。

(2) ミラーのナショナリティ論

二〇世紀ほど、ナショナリズムが注目された時代はなかったであろう。異質なものを排除し、時には自らのネーションの優越性を主張しつつ、人々を戦争に動員していったこの論理は、E・H・カーやハンス・コーンをはじめ、様々な視点から分析や批判がなされたのである。こうした負の遺産を背負い、場合によっては大きな誤解をも生じうる「ナショナリズム」という語は、ミラーにとっては、ナショナルな問題を論じるには、不適切であるように思われたのである。代わりに彼がもちいるのが、「ナショナリティ」という考え方である。

このナショナリティは、①ナショナル・アイデンティティ、②境界線によって仕切られた義務、③政治的な自己決定、という関係から説明される（Miller 1995：12＝2007：21）。ミラーがナショナル・アイデンティティを重視するのは、そうした意識がアイデンティティの一部を構成し、それにより世界の中の自分の位置を知ることができる点である。ナショナル・アイデンティティは、自分自身が何者であるのかを知る手掛かりといえよう。ミラーは、ナショナリティとナショナル・アイデンティティを、たびたび置換可能な言葉として使用しており、よって、ナショナリティの問題は、何よりもアイデンティティの問題として論じられることになる。すなわち、すでに見てきたホブズボームやアンソニー・D・スミスのような、ネーションがどのように生成してきたのかという分析の問題以上に、これとどう向き合うべきかという規範的な問題が彼の分析視角の特徴なのである。また、ナショナル・アイデンティティが認識されるとき、そのネーション特有の倫理的義務を同胞とともに負っているという自覚化がなされるという。このことからネーションは倫理的共同体であるとされる。たとえば、福祉政策が自国民に優先的に施行される例が、これにあてはまる。そして、最後に、ナショナルな共同体を構成する人々が保持する、政治的自己決定の要求は擁護されなければならないということである。これは、共同体の義務の効果的な遂行、ナショナルな文化の保護等の理由から、正当化される（Miller 1995：10–12＝2007：19–21）。

もっとも、これだけでは、ミラーのナショナリティ論は、従来のナショナリズム論が警戒してきた抑圧や強制の論理に、ブレーキをかけるものにはなっていない。そこでまず着目すべきなのは、彼のいうナショナリティとは、歴史的連続性をおびながらも、固定的なものではなく、可変的なものであるということである。その意味で、彼のナショナリティは社会的構成物であり、メンバー間の意見の交換により創造され維持されるものなのである。換言すれば、開かれたナショナリティが可能であるためには、デモクラシー、特に熟議（deliberation）が条件とされる（Miller 1995 : 96–100, 150–151 = 2007 : 167–173, 260–262）。しかも、ナショナリティとデモクラシーとの親和性から、ナショナリティの共有や受容は、同質の権威的な押し付けや盲目的な服従とは無縁である。さらに、彼のナショナリティは、いわばいろいろな要素のハイブリッドともいえる、「包括的なナショナリティ」が指向されている（Miller 1995 : 141–145 = 2007 : 247–253）。それは、単一の要素を強要する一枚岩的なナショナリティではないのである。

このようなナショナリティとシティズンシップとは、どのような関係にあるのだろうか。彼はシティズンシップを、相互性に基づく政治的協働の枠組みをもたらすものと見なしている（Miller 1995 : 71–72 = 2007 : 124–125）。シティズンシップの権利と義務は日常的な参加を要件としていることから、彼のシティズンシップは、「能動的シティズンシップ」のことである。こうしたシティズンシップの背景をなすのが、ナショナリティである。たとえば、同一国内でマジョリティとは異なるナショナリティの持ち主にシティズンシップが拡大される場合、実はそうした共通のシティズンシップは、共通のナショナリティを背景にしているとされる。とするならば、先述の、キムリッカの「集団の差異を反映したシティズンシップ」の機能を、ミラーにおいてはナショナリティが果たしているといえる。ここで、ナショナリティの論理に基づく再分配が国家によってなされることをふまえるとき、ナショナリティと国家の境界線はできるだけ一致すべきということになる。すなわち、キムリッカにおいては否定的に捉えられてきた国民国家が、ミラーにとっては積極的に擁護すべきものとなる。しかも、こうしたナショナリティに立脚してシティズンシップが成立する以上、彼のシティズンシップの議論は、戦間期のシティズンシップの議論に回帰した観さえある。加えて、途上国においては、シティズンシップの基礎をなすナショナリティの境界線は、自ら引いたものではなかったのである。こうしたナショナリティに、アイデンティティや倫理的共同体を結びつけ、自己決定権を当然のものとして認める考えは、植民地支配を正当化するものにも思える。ネーションによる統合が、デモクラシーの発展や再配分においても有用であるという視点は、ヤエル・タミールと共有されており、こうした彼らの議論はリベラル・ナショナリストの議論と称されるが[12]、こうした議論は、ネーションおよびナショナリティの「あるべき姿」を論じたものであり、批判的な検討はなされていないため、ナショナリティ以外の選択肢は十分に検討されないままなのである。

さて、このような枠組みで、ミラーはユーゴ問題をどのように分析したのであろうか。ミラーにとって、ユーゴは一つの国家に複数のナショナリティが存在している状態として把握される（Miller 1995：84-86 = 2007：151-152）。このような状況下では、富裕なナショナリティの財をその他のナショナリティに配分する場合には、そうした配分的正義を正当化することに困難を伴うが、その際ミラーが示す可能性は、国家の機能の最小化か、ナショナルなレヴェルへの権限委譲である。特に後者から、社会正義実現のための最適な単位としてのナショナリティが擁護されるが、奇妙なことに彼は「ユーゴスラヴィア」というナショナリティを論じることはないのである。こうした語られない問題は、彼のユーゴ分析に対し、疑念を生じさせる。

たとえば、ボスニアは領域に基づく部分的自治が困難な例とされる。なぜなら、複数のナショナリティが混在しているからである。こうした場合、国家統一の唯一の解決策は、集団単位での権力配分と自己決定を保障することであるとミラーは主張する（Miller 1995：118 = 2007：196-197）。しかし、そうしたシステムを旧ユーゴ自身が採用していたはずである。また、彼の主張するような制度が、民族ごとの代表による輪番制が取られるなど、ユーゴ解体期に実現していた側面もある。その意味では現状追認的であるともいえる。もっとも、このような制度は、諸民族を連邦制度の中に再編成するシステムとしてとられたものであり、後に諸民族が独立するまでの過渡期のものであった。とするならば、ミラーのようなシステムは、現実には有効に寄与しえなかったことを示しているようにも思われる。

ミラーは、ユーゴという国家が、それにふさわしい形でのナショナリティを創出し得なかったと考えているのかもしれない。彼はユーゴ内の各ナショナリティを、ライフスタイルなどの私的文化の収斂をしつつも、政治的アイデンティティの収斂を伴わない例として挙げている（Miller 1995 : 157–158 = 2007 : 280–281）。すなわち、旧ユーゴ下では、クロアチア人もセルビア人も同じような生活を送っていたが、各々ナショナル・アイデンティティを保持しており、ユーゴ崩壊時にはそうしたアイデンティティが再度現出することになったとする見方である。理由は異なるとはいえ、キムリッカ同様、ユーゴ連邦内の各アイデンティティが保持されつづけたことが主張される。興味深いのは、この議論に続く、文化的断片化の問題である。下部ナショナルや超《スープラ》ナショナルなアイデンティティは、ミラーにとっては、その基礎としてのナショナル・アイデンティティを掘り崩すように見える。しかし、階級分化や宗教の分化を考慮するならば、ナショナル・アイデンティティは、歴史的事実として、こうした分化を克服してきたとする点である。もっともこの議論の中では、ユーゴが取り上げられることはない[13]。ミラーの『ナショナリティについて』が出版された一九九五年は、ユーゴ紛争にとっては、スレブレニツァの虐殺の年でもあり、デイトン合意の年でもあった。その意味で、ユーゴ問題は、ミラーの議論の可能性と限界との両方を示すものであるといえるかもしれない。

以上のようなミラーの議論は、キムリッカの立場からは当然批判されるべきものである。キムリッカは、ミラーの議論をマイノリティの権利に反対する社会主義の伝統的な議論とみなす（Kymlicka 1995 : 72–73 = 2000 : 107–108）。キムリッカは、ミラーが同化の強制を主張しないにせよ、共通の目的や共通のアイデンティティを有する国民国家の実現可能性に疑問を呈する。国家が共通のナショナル・アイデンティティを創出できるということ、そしてこのアイデンティティが、マイノリティのアイデンティティに取って代わったり、優先したりすること——こうしたことが行われれば、自分の文化に強い帰属意識をもつマイノリティの疎外と分裂を強めてしまう。キムリッカは、皮肉をこめて、共通のアイデンティティのために同化の強制の必要性を主張するJ・S・ミルのほうが現実的であるとまで述べる[14]。キムリッカから見れば、ミラーは、自由主義の議論同様、全ての文化集団を等しく無視しているかのように装うことで――キムリッカは、ネーサン・グレーザーの言葉を用い、これを「好意的無視」(benign neglect) と呼ぶ (Kymlicka 1995 : 3-4 = 2000 : 4-5)[15]――、マイノリティの問題から目をそらしているのである (Kymlicka 1995 : 74 = 2000 : 109)。

ミラーが共通のアイデンティティの創出可能性を主張する根拠として、アイデンティティの可塑性があげられるが、これはマイノリティのアイデンティティにもあてはまることである。だからこそ、アイデンティティが社会的構成物であるがゆえに、個別のアイデンティティよりも強力な共通のアイデンティティの育成が可能とされる。しかし、キムリッカにとって、マイノリティのアイデンティティは、容易には創造や修正ができないものに思われる (Kymlicka 1995 : 184-185 = 2000 : 276-278)。だからこそ、先述のとおり、個別のアイデンティティに優先する「ユーゴスラヴィア人」という考えが定着し得なかったのであり、独自のアイデンティティを共通のアイデンティティに従属させることは不可能だったのである。

では、それほどまでに強力な個別のアイデンティティが存在する場合、どのような対処が必要とされるのであろうか。ミラーが、同化が困難な場合に他の可能性として示す一つは、分離独立である。ネーションと国家との境界が一致するほど、デモクラシーや社会正義にとってはより有用であるという彼の考えからすれば、当然ネーションごとに「国民国家」を建設することが最善の解決案になる。この点で、複数のネーションの共存可能性を主張するタミールとは、同じリベラル・ナショナリズムとはいえ、距離が出てくることにもなる。ミラーは、ネーションの自己決定の要求は当然のものと考えるから、分離独立によりネーションと国家との枠組みが一致するよう境界線を引き直すという選択は、積極的に擁護されるべきものとなる。こうした点で、ミラーの議論は、狭隘で保守的な秩序指向のナショナリティの議論とは一線を画してもいる。もっとも、キムリッカは、分離独立が容易な選択肢ではないことを主張する (Kymlicka 1995 : 185-186 = 2000 : 278-280)。分離独立すること自体はもちろん、独立を維持することにも困難は伴うし、分離独立時に領土や資源が要求される場合、すんなりと平和的に分離独立がなされる可能性は低くなる。分離独立には、高い障壁が存在しているのである。また彼は、世界中には国家の数を上回るネーションが存在していることをも指摘する。[16] とするならば、分離独立よりも、複数のネーションをいかにまとめ上げるのかが、現実的な課題なのである。

もっとも、両者とも、「国家」という枠組みを前提としている。その前提を共有しつつ、ミラーは、こうした「国家」の枠内で、ナショナリティによる一体性を持つことを通じて、よりよくデモクラシーが実現しうるとするが、キムリッカにとってみれば、そもそもマイノリティは、そうした決定の場に十分に参加し得ず、参加したとしても自己の要求を十分に反映することができない。だからこそ、シティズンシップに基づく権利が考慮される必要性が出てくるのである。両者の違いは、単にナショナリティかシティズンシップかという違いだけではなく、デモクラシーが有効に機能しうる条件を何に見出すのかという、デモクラシー観の違いなのである。しかも、現代においては、両概念ともデモクラシーと直結せざるを得ないのである。問題はデモクラシーの基礎としての、両概念の有効性である。ミラーはナショナリティを再構成することに道を求め、キムリッカは、ナショナリティとは異なる選択肢——シティズンシップ——に解を求めている。

他方、デモクラシーが扱う政治的争点、そしてデモクラシー自体、国内で完結する場合だけでなく、国境を越えていく場合もありうる。越境する政治的争点やデモクラシーは、ナショナリティやシティズンシップとどのような関係にあるだろうか。次節では、この問題をみていこうと思う。

3　ナショナル・シティズンシップを超えて

前節で見たミラーのナショナリティ論とキムリッカのシティズンシップ論という二つの議論の方向性は、そのアプローチは異なるといえ、「国家」という枠組みを前提としている点では共通している。両議論とも、「国家」という枠組みの中で、いかに統合を実現していくのかが主眼なのである。しかしナショナリティとシティズンシップとの両概念とも、「国家」との親和性を持つとはいえ、この「器」の中に成員をめぐる問題群が完全に包摂されることはないし、またしばしば両概念が「国家」という枠組みと齟齬をきたすこともある。

このような問題が生じる際に、提示しうる対処法の一つが、「国家」という枠組みで適応可能な――同時に「国家」という枠組みに適応可能な――メンバーシップの再構成である。だが、ナショナリティとシティズンシップは、そうした課題に十分対応可能な概念なのであろうか。

(1) ナショナリティの問題点

冷戦の終焉は、多くの人々にとって、平和を期待させるものであった。しかし、冷戦以後、ナショナリティをめぐる問題――民族紛争――は止むことがなく、むしろ激しさを増したようにさえ感じられるのも事実であろう。第二次世界大戦を一つの契機として狭隘なナショナリティに対しては警鐘が鳴らされてきたが、戦後日本においては「国民（意識）」の形成が丸山眞男をはじめとする知識人の課題であったし、アジア・アフリカ諸国の独立問題や地域紛争が不断に生じてきたことを考慮するとき、冷戦下においてもナショナリティをめぐる問題が払拭されたわけではないことが分かる。このことは、ナショナリティが統合の原理として果たして有用なのか、絶えず問われ続けたことを示すものである。とするならば、ナショナリティの論理が本当に有用なのか、検討する必要が出てこよう。

ミラーからすれば、このような議論自体回避されるべきものになる。たとえば、ナショナル・アイデンティティを持つことは普通のことであり、またナショナリティの論理がメンバーに財を配分する際の説得的な論拠となりうるとする。このような観点からすれば、ナショナリティの是非が問題なのではなく、ナショナリティをどのように考えるべきかということ、そして現代にふさわしいナショナリティのあり方を探ることこそ、中心的課題となるのである。ミラーはナショナリティを構成主義的に把握しているのであるから、課題はナショナリティの論理の存廃ではなく、再構成なのである。

彼によれば、グローバリゼーションは人々の共同体感覚を喪失させるという[17]。それがゆえに、ナショナル・アイデンティティの強化が擁護されるべきだという。だが、共同体の意識を問題にするときに、なぜナショナリティが第一の問題として登場しなければならないのであろうか。我々が、複数のアイデンティティを持ちうることはもちろん、複数の共同体に同時に重複する形で帰属し、また帰属意識をもつこともしばしばである。そうしたなかで、なぜナショナリティの論理の優先順位が高いのであろうか。

確かに、ナショナリティの議論は、再分配の論理として説得力をもっていた。しかし、共同体にしろ国家にしろ、政治的単位の全メンバーが同一のナショナリティを保持することは困難であろう。それどころか、女性や貧困層など、同胞ネーションであろうとも、再分配に浴しないメンバーもいる。さらに、移民や難民はもちろん、ロマ人や、季節ごとに肥沃な土地を求め移動する部族など、かならずしも固定的な居住地をもたない人々もいる。ナショナリティの論理は、確かに国民国家において再分配の論理としてもっとも有効に機能しうるかもしれないが[18]、そもそも第三世界においては国民統合自体が一つの課題となっているのである。加えて、ナショナリティの旗の下に一体性をもつことを困難にさせている原因、たとえば、アフリカ各国の直線で描かれた境界線は、誰によってもたされたのであろうか。以上のような問題を考察するとき、ナショナリティの論理が、欧米先進国にのみ適用可能な論理ではないかという疑念さえ生じうる。もっとも、英国の政治学者であるミラーは、ナショナリティの好例として、オーストラリアやアメリカというアングロ・サクソンの国家を挙げているが、近年、前者ではアラブ人排撃運動や、インド人を襲撃したカレー・バッシングという動きが生じ、他方後者では偏見や差別感情に起因する「憎悪犯罪」(hate crime) の増大が懸念されている。こうしたことを考えるとき、欧米においてさえもナショナリティの論理は困難に直面していることがわかる。

加えて、再分配の問題は、ナショナリティの論理が、国際社会における正義の問題に関係するとき、その限界性を示すことになる。ナショナリティと再分配の論理とが結びつくとき、同胞メンバーに対する財の配分や人権の保障こそが優先されることとなる。よって、他国への援助・支援は二の次となり、優先すべきは同胞の保護だということになる[19]。一見すると、この論理は当然のごとく思われるかもしれない。だが、果たして本当にそうだろうか。誰もが自給自足の生活を送り、自己完結性を保持しえるような共同体に人々が住んでいるのなら、そうしたことも可能かもしれない。しかし、グローバリゼーションが進展する中で、ナショナリティの論理では対応不可能なことも事実である。たとえば、サブプライム・ローンを発端とする金融危機・世界同時不況は、世界の問題が連動しており、また迅速にその影響が波及しうることを再認識させた。また、紛争地域のレア・メタルなどの資源売買が、紛争当事者に資金をもたらし、その結果、人々の生命や生活を脅かす紛争を長期化させ、資源を高騰させもする。グローバリゼーションの荒波に抗し、孤高を守ることは、もはや不可能なのである。とするならば、ネーション枠内の同胞を優先するという論理では、右の問題に対応できない。むしろ、ナショナリティに固執しこれを優先することが、かえってナショナリティを共有する同胞メンバーの生命や生活を危機に陥れかねない。求められる施策とは、ネーションという枠組みの内外双方に向けられたものでなくては、意味をなさないであろう[20]。

もっともこうしたナショナリティの問題性にもかかわらず、ナショナリティが人々をひきつけているのも否定できない。それだけナショナリティの論理には有用性があるという主張も可能であろう。他方、ナショナリティの論理が、狭隘な排外的要素を胚胎し、排除の論理として機能してきたことも看過し得ない。そうした危険性を回避し、可変的で多様性を包摂しうるナショナリティの維持・形成のため、ミラーは「熟議デモクラシー」という制度的保障を主張する。すなわち、彼の議論は、良いナショナリティと悪いナショナリティがあるという二分法ではない。ナショナリティは両要素を含み、排除の論理にも包摂の論理にもなりうるのであり、問題はどうナショナリティをコントロールするのかということになるのである。

だが、ナショナリティが為政者に都合よくコントロールされた例も多々ある。民族紛争なるものは、実際は民族の違いに起因するものではなく、むしろ特定の集団やその政治指導者の利益確保のために、民族や部族の差異が意図的もしくは戦略的に創出された結果である。ナショナリティの擁護者からすれば、民族紛争のように、エリートによる大衆操作にナショナリティが利用されることがあるとしても、そもそも人々がナショナリティを支持しなければ、そうした動員も不可能ということになる（Miller 1995 : 158, n. 5 = 2007 : 318）。

結果、民衆に基礎付けられたナショナリティが擁護されることで、ナショナリティのエリートによる操作の問題性は、相対的に低く評価される。ナショナリティの排除の側面が前面に出ることは非難されるべきだが、問題はナショナリティの利用そのものではなく、利用の仕方やコントロールの仕方が問題ということになる。こうしたナショナリティのコントロールをめぐる議論が、単に操作や指導だけではなく、制度設計をも包含したとしても、そこにエリート主義の匂いを感じ取ることは、果たして間違いであろうか。

右のような問題を考えるならば、ナショナリティの再構成のみに活路を見出すのみならず、他の可能性をも考慮に入れる必要が出てこよう。

(2)　ナショナリティから再びシティズンシップへ——重層的で複合的なシティズンシップをめぐって

ナショナリティが人々の紐帯としての機能に疑問符が付与されるなか、それへの代替案として登場してきているのが、シティズンシップである。もっとも、現代のシティズンシップをめぐる議論は、マーシャル以前のものとは変貌を遂げている。

現在、欧米はもちろん日本でも「市民教育」（civic education）の採用など、シティズンシップ政策が導入されているが、こうした政策は多文化主義政策の延長線上にあるといえる。メンバーに平等な権利と地位とを保障するシティズンシップと、多様な文化の尊重と共存を企図する多文化主義とは、一見すると矛盾するように見える。しかし、多文化主義を許容しうる共通基盤としてシティズンシップが主張されるのであり、両者は並存可能であり、むしろ並存すべきものとされる。もっとも現代のシティズンシップの議論や政策は、多文化主義の基礎づけというより、その修正という側面が強いことは留意すべきであろう。

たとえば、冷戦期には自由主義体制の優位性を示すために、人道的見地を根拠として積極的に難民受け入れが行われたが、冷戦以後そうした必要性が、先進国においては失われてしまった。また、移民や難民として受け入れられた人々が、必ずしも実際的に社会的承認を得られず、社会に受け入れられていない状況、自らも社会に溶け込もうとしない状況がある。加えて、九・一一以後、安全保障を理由として、難民・移民の受け入れ規制が各国で強化されてもいる。こうした状況を背景として、シティズンシップは、国内的にはメンバーの同化・包摂の論拠として、国外に対しては入国の防波堤の役割を果たすものとして、理論的にも政策的にも主張されている。そこで、ナショナリティではなく、シティズンシップが主唱されるのは、この概念が多様な属性や価値をもつメンバーをつなぐ論理として機能しうるからである。ナショナリティでは把握しきれない諸要素を包含しうるのが、シティズンシップなのである。ただ、こうした動向は、国家に適合する形での統合の原理の再構成といえる。

ところで、こうしたシティズンシップ政策は、具体的にはシティズンシップ・テストや市民教育という形で統合が図られている。だが、市民性や市民精神が備わっているかどうかは、いったい誰がどのような基準で判断するのであろうか。こうしたナショナリティと同様の問題をシティズンシップは抱えている。またシティズンシップ・テストなら、その点数や合否により、権利保障や入国の是非が判断可能かもしれない。だが、シティズンシップ教育の場合、どう評価され、仮に市民性が不十分であるとすれば、どのような処遇になるのか。また、シティズンシップ教育が導入される以前に、学業を終えているものもおり、そうした人を含めて漏れなくシティズンシップ教育を受けさせたり、シティズンシップ・テストを受けさせたりしたということは行われていない。もし彼らが一定期間の居住や生活の故に、市民性や市民精神が備わっているとするならば、そもそもシティズンシップ・テストやシティズンシップ教育の存在意義が問われることにもなろう。また、若年時のシティズンシップ教育により、メンバーとしての素質やスキルが十分に備わるか否かという問題のみならず、仮にそうしてスキルなどが身に付けられたとしても、それが継続して保持されるとも限らない。このことは、シティズンシップ・テストやシティズンシップ教育の限界性を示すものであるというより、国家という枠組みでより強固な同質性を求めるという形でのシティズンシップ形成の困難性を示している。必要とされているのは、シティズンシップの窓を閉じることではなく、より大きく開放することなのである。「包摂はシティズンシップから始まる」のである（Walzer 2007 : 95）。

たとえば、現在、EUシティズンシップのように、国家単位に限定されないシティズンシップが存在している。他方では、グローバルもしくはコスモポリタンなシティズンシップが、ナショナル・レヴェルや国家単位のシティズンシップのあり方に疑問を呈している。シティズンシップは、元来領域性と密接な関係を有していたが、その領域とはどのようなものなのかは、定かではない（cf. Fraser 2007 : 60）。領域の不確定性は、単に地理的状況が時期により変化するというだけではなく、グローバリゼーションのもとでは、人・モノ・資本・情報などの流動性が高まり、越境のハードルは相対的に低下している。人々は、もはや隣接し限定された地域にのみまとまって生活を営んでいるのではない。とするならば、シティズンシップの概念は、領域性の概念という呪縛から、徐々に解き放たれつつあるといえる。

越境するコミュニティやアクターが存在し、それらが政治的決定にも大きな影響を及ぼす場合、そうした影響は、国家レヴェルのシティズンシップを揺り動かすものであるし、それと同時に、こうしたコミュニティとアクター、そして国家が、ある種のシティズンシップの枠組みを形成しているともいえる。このようなシティズンシップのあり方は、スープラ・ナショナル（supra-national）という意味で地域的であるかもしれないし、場合によっては、グローバルでコスモポリタン的なものかもしれない。[21]

もっとも、グローバルもしくはコスモポリタン・シティズンシップに我々がアイデンティティを持つことは極めて困難であろう。[22] こうしたシティズンシップによる地位や権利を意識することも難しい。この次元では、市民精神としてのシヴィリティやシティズンシップを涵養すること自体も困難に違いない。だが、実感の有無と、地位や権利の具体的実際的な享受とはまた別問題であろう。国際的な法や規範、ならびに国際的諸制度・諸組織の恩恵を我々が受けていることもまた事実である。[23] とするならば、グローバルでコスモポリタンなシティズンシップは、我々を緩やかな形で包摂しているといえる。場合によっては、こうしたシティズンシップは、人権や「市民」論と同一視されうる。しかし、グローバルなレヴェルでのシティズンシップは、しばしば「連帯」がキーワードとしてあがるように、同じメンバーであるという考え方を前提としている。それは、たとえば、社会的弱者を人権保護の観点から庇護すべきものとみなしたり、援助する側とされる側という非対称性を前提として、そうした社会的弱者を支援すべき対象とみなしたりする考え方ではない。また、このシティズンシップは、個々人に「市民」になるための努力を要請するものでもない。なによりも、同じメンバーとしてのつながりが重要視されるのである。こうしたシティズンシップは、国家や地域レヴェルのシティズンシップを排除したり、常に優越したりする存在ではない。各々のシティズンシップは、重なり合うこともあれば、互いを補完しあうこともある。

また、地域レヴェル・国家レヴェルでもさまざまなシティズンシップが存在しうるが、それらが重なり合い、近接し、また地理的空間的には距離があろうとも「家族的類似性」ともいえる共通性により、結びつきを獲得する場合もあろう。このような複数の次元で存在し結びつきうるシティズンシップの総体は、重層的で複合的なシティズンシップといえるかもしれない。そうしたシティズンシップこそが、ナショナリティや国家に限定されず、かつグローバル・ローカル両面に対応しうるメンバーシップのあり方なのである。

注

（1）より正確には、country of citizenship という表記である。

（2）ナショナリティ（nationality）もナショナリズム（nationalism）も、その内実は同じなので、以下では互換可能な語として用いている。

（3）*The Oxford English Dictionary : Being a Corrected Re-issue with an Introduction, Supplement, and Bibliography of a New English Dictionary on Historical Principles*, Oxford : Clarendon Press, 1933, p. 442.

（4）もちろん、EUシティズンシップにより、各国レヴェルで、これまで十分に対処されえなかった政治的社会的争点が取り上げられるようになり、十分な処遇を得てこなかった人が権利保障や承認の対象となるプラスの側面も見過ごしがたい。他方、移民問題の顕在化とともに、EUシティズンシップ獲得のハードルが上がり、結果としてEUシティズンシップがナショナル・シティズンシップの防波堤の役割を果たしていることも事実であろう。

（5）たとえばマイケル・ウォルツァーは、カーストなどの伝統的身分制度さえも、多様性を尊重しうるような端緒になりうることを主張するが、そうした多様性が確保されるためには、差異を横断するようなコミュニケーションや共通基盤、すなわちシティズンシップやナショナリティが前提として存在していなければならないことについては、必ずしも十分な議論を展開していないように思われる（cf. Walzer 1983 : chap. 1）。世界の大半の国が多民族国家で、その内に多様な文化や言語を包含しているとき、いかに共通のものを形成するかということこそ、論じられなければならないであろう。

（6）フィヒテが、自由への希求をドイツ国民の課題とし、こうした考え方を共有しうる人を、言語がたとえ違っていようとも、同胞として承認しうると考えるとき、彼の描く共同体が、エスノ・ナショナリズム（ethno-nationalism）と対極をなすといえるシヴィック・ナショナリズム（civic nationalism）――理念の共有により一体性が確保されているネーション――として位置付けることも十分可能であろう。こうした考えから、フィヒテを評価し、彼の議論を用いてナチズムを批判したのが南原繁であった（cf. 南原 1973）。

（7）こうしたブリティッシュネスの議論については、平石（2009）を参照。

（8）マーシャルのシティズンシップ論の現代的意義については、Turner（1992）および Turner（1994 : 6-12）を参照のこと。

（9）晩年のヤングは、「差異のあるシティズンシップ」に代わり、「差異のある連帯」（differentiated solidarity）を主張するようになる（Young 2000 : 8-9, 196-235, cf. Kenny 2004, chap. 7）。

(10) キムリッカは、近著では、ナショナルなマイノリティの「領域的自律」(territorial autonomy)を、OSCEやEUが擁護し、支持した側面を肯定的に捉えている(Kymlicka 2007 : 208-209)。もっとも、旧ユーゴ諸国の分離独立に対し、国連やアメリカが早期の独立承認はかえって混乱を招く要因となる可能性から、EUの承認付与に批判的であった点については、述べられていない。

(11) キムリッカは、いわば、ナショナリズム――およびそれにつながりうるコミュニタリアニズム――とコスモポリタニズムとをうまく接合させようと企図しているのである(Kymlicka 2001 : 218-220)。もっとも、こうした理論構成が整合性を得ているかについては、疑問が呈されている(cf. 松元 2007 : 98-1009)。

(12) 両者は、相互に参照している様子も伺え、ミラーはタミールについて多少の言及もしているが、両者の直接的な関係性を見出すことは困難であろう。というのも、ミラーがナショナリティのなかに多様性を包摂しようとするのに対し、タミールは、ネーションの複数性を保持しながらの統合の可能性を探求しているからである(Tamir 1993 = 2006)。

(13) また、ミラーは北アイルランド問題をたびたび回避している点も、見逃せない(Miller 1995 : 114 n. 51, 173 n. 25, 190 = 2007 : 207-8, 320, 337)。

(14) ミラーとキムリッカの違いは、ミル評価の違いからも見て取れる。ミラーはナショナリティという用語をミルから引き出し利用しているが、彼はミルがネーションとしての一体性を強調している点を高く評価している。他方、キムリッカは、現在のほとんどの国家は多民族国家である以上、ミルの枠組みは有用性を持ち得ないとする。「国民国家」という分析視角が現状にそぐわないことをキムリッカは度々指摘するが、そこで絶えず例示されるのがミルなのである(Miller 1995 : 10 = 2007 : 18, Kymlicka 1995 : 166 = 2000 : 248)。

(15) なお、キムリッカは、マイノリティの存在を否定しつづけている国の一つとして日本を挙げている(Kymlicka 2007 : 43)。

(16) キムリッカがここで取り上げるのは、Miller (1989) である。しかし、『ナショナリティについて』では、ミラーは独立の条件を厳しくしている(Miller 1995 : 108-118 = 2007 : 183-197)。このことは、ミラーの主張するナショナルな自己決定が困難なことをも意味している。

(17) ミラー『ナショナリティについて』の「日本語版への序文」を参照(Miller 1995 = 2007 : xii)。

(18) ナショナリティが再分配原理として実際に有効に機能しているかどうかについては、議論の余地があろう。同じネーションのメンバーに、適切な財の配分がなされているかどうかを判断することは難しい。むしろ、不平等や差別の問題が存在することを考えるとき、ナショナリティは、統合や再分配の論理ではなく、メンバーの不平等性を明らかにする論理として有用なのかもしれない。もっとも、こうした用語として、ナショナリティがもっともふさわしいのか、それとも「格差」など他の用語がより適切なのかは、また別の問題である。

(19) リンクレイターは、ミラーを政治的共同体と国際社会との両方の重要性に眼を向けていると評価しているが（Linklater 1998：55）、他方、ミラーのコスモポリタン・シティズンシップ批判（Miller 1999）に対し、Linklater（2007：116-120）で反駁を試みている。

(20) このような観点からすれば、コスモポリタニズムにも一定程度の評価をなしうるであろう。この問題については、後述のコスモポリタン・シティズンシップもしくはグローバル・シティズンシップの議論の際に検討しようと思う。他方、コスモポリタニズムの主張は、ナショナリティをかならずしも排除するものではない（cf. 高橋 2008a）。ここで問題としているのは、ナショナリティを統合の優先的原理として自明化することの問題性である。

(21) 他方、政治的共同体もしくはナショナルな共同体と、コスモポリタニズムを接合しようとする議論として、Kymlicka（2001：234-241）、Linklater（2007：124-5）を参照。また国家レヴェルとコスモポリタン・レヴェルの枠組みが結びつきうる可能性について、セキュリティの観点から論じた文献として、高橋（2008b）が挙げられる。

(22) グローバルな枠組みの構築の困難性と可能性を、倫理の観点から論じたものとして、Dallmayer（2003）を参照。

(23) このような制度や規範の問題は、より厳密にはグローバル・ガヴァナンス（global governance）の問題といえるかもしれない。こうしたグローバル・ガヴァナンスと、シティズンシップの関係性については、Heater（1996：208-216）を参照。また、重層的なコミュニケーションによるコミュニティの再編・再構築を主張するものとして、高橋（2008a）があるが、こうした議論はリンクレイターの、ポスト・ウェストファリア時代にふさわしい政治的共同体の議論と親和性をもつものと言っていいだろう（cf. Linklater 1998）。

文献一覧

Anderson, Benedict（2006）, *Imagined Communities: Reflections on the Origins and Spread of Nationalism*, revised edition, London: Verso. 白石ほか訳『定本　想像の共同体――ナショナリズムの起源と流行』書籍工房早山、二〇〇七年。

Aristotle（1966）, *The Politics and the Constitution of Athens*, edited by Stephen Everson, Cambridge and New York:

Cambridge University Press.
Barbalet, J.M. (1988), *Citizenship : Rights, Struggle, and Class Inequality*, Minneapolis : University of Minnesota Press.
Cicero (1991), *On Duties*, edited by M.T. Griffin and E.M. Atkins, Cambridge : Cambridge University Press.
Dallmayr, Fred (2003), "Cosmopolitanism : Moral and Political," *Political Theory*, Vol. 31, No. 3.
Fraser, Nancy (2007), "Transnationalizing the Public Sphere : on the Legitimacy and Efficacy of Public Opinion in a PostWestphalian World," in Seyla Benhabib, Ian Shapiro, and Danilo Petranović eds., *Identities, Affiliations, and Allegiances*, Cambridge : Cambridge University Press.
Gellner, Ernest (1965), *Thought and Change*, Chicago : The University of Chicago Press.
——— (1983), *Nations and Nationalism*, Oxford : Basil Blackwell. 加藤監訳『民族とナショナリズム』岩波書店、二〇〇〇年。
Heater, Derek (1996), *World Citizenship and Government : Cosmopolitan Ideas in the History of Western Political Thought*, Basingstoke : Macmillan.
Hobsbawm Eric (1983), "Introduction : Inventing of Traditions," in Eric Hobsbawm and Terence Ranger eds., *The Invention of Tradition*, Cambridge : Cambridge University Press. 前川・梶原ほか訳「序論——伝統は創り出される」『創られた伝統』紀伊國屋書店、一九九二年。
——— (1992), *Nations and Nationalism since 1780 : Programme, Myth, Reality*, second edition, Cambridge : Cambridge University Press. 浜林ほか訳『ナショナリズムの歴史と現在』大月書店、二〇〇一年。
Kenny, Michael (2004), *The Politics of Identity : Liberal Political Theory and the Dilemmas of Difference*, Cambridge : Polity Press. 藤原ほか訳『アイデンティティの政治学』日本経済評論社、二〇〇五年。
Kymlicka ,Will (1991), *Liberalism, Community, and Culture*, Oxford : Clarendon Press.
——— (1995), *Multicultural Citizenship : A Liberal Theory of Minority Rights*, New York : Clarendon Press. 角田ほか監訳『多文化時代の市民権——マイノリティの権利と自由主義』晃洋書房、二〇〇〇年。
——— (2001), *Politics in the Vernacular : Nationalism, Multiculturalism and Citizenship*, New York : Oxford University Press.
——— (2007), *Multicultural Odysseys: Navigating the New International Politics of Diversity*, Oxford : Oxford Univer-

sity Press.
Linklater, Andrew (1998), *The Transformation of Political Community : Ethical Foundations of the Post-Westphalian Era*, Columbia : University of South Carolina Press.
——— (2007), *Critical Theory and World Politics : Citizenship, Sovereignty and Humanity*, London : Routledge.
Marshall, T.H. and Tom Bottomore (1992), *Citizenship and Social Class*, London : Pluto Press. 岩崎・中村訳『シティズンシップと社会的階級――近現代を総括するマニフェスト』法律文化社、一九九三年。
Miller, David (1989), *Market, State and Community : The Foundations of Market Socialism*, Oxford : Oxford University Press.
——— (1995), *On Nationality*, Oxford : Clarendon Press. 富沢ほか訳『ナショナリティについて』風行社、二〇〇七年。
——— (1999), "Bounded Citizenship," in Kimberly Hutchings and Roland Dannreuther eds., *Cosmopolitan Citizenship*, Basingstoke : Macmillan Press.
Mouffe, Chantal (1993), *The Return of the Political*, London : Verso. 千葉ほか訳『政治的なるものの再興』日本経済評論社、一九九八年。
Plato (2000), *The Republic*, edited by G.R.F. Ferrari, translated by Tom Griffith, Cambridge : Cambridge University Press.
Riesenberg, Peter (1992), *Citizenship in the Western Tradition : Plato to Rousseau*, Chapel Hill : University of North Carolina Press.
Smith, Anthony D. (1995), *Nations and Nationalism in a Global Era*, Cambridge : Polity Press.
Tamir Yael (1995), *Liberal Nationalism*, Princeton : Princeton University Press. 押村ほか訳『リベラルなナショナリズムとは』夏目書房、二〇〇六年。
Turner, Bryan S. (1992), "Outline of a Theory of Citizenship," in Chantal Mouffe ed., *Dimensions of Radical Democracy : Pluralism, Citizenship, Community*, London: Verso.
——— (1994), "Contemporary Problem Theory of Citizenship," in Bryan S. Turner ed., *Citizenship and Social Theory*, London : Sage Publications.
Walzer, Michael (1983), *Spheres of Justice : A Defense of Pluralism and Equality*, New York : Basic Books. 山口訳『正

義の領分――多元性と平等の擁護』而立書房、一九九九年。
――（2007）, *Thinking Politically : Essays in Political Theory*, selected, edited, and with an introduction by David Miller, New Haven: Yale University Press.
Young, Iris Marion（2000）, *Inclusion and Democracy*, New York : Oxford University Press.

加藤榮一（2006）「福祉国家というあり方」羽場久美子・増田正人編『二一世紀国際社会への招待』所収、有斐閣。

高橋良輔（2008a）「グローバリゼーションとコミュニティの復権――ジグムント・バウマンの社会理論からの照射」田中豊治・浦田義和編『アジア・コミュニティの多様性と展望――グローカルな地域戦略』所収、昭和堂。

――（2008b）「セキュリティの思想史――触発する恐怖と政治空間の再編成」大賀哲・杉田米行編『国際社会の意義と限界――理論・思想・歴史』所収、国際書院。

田中治男（1996）「民族・国家・国民国家――位置付けと見通しのために」『思想』一九九六年五月号（特集：民族と国家）。

土谷岳史（2008）「国際社会とシティズンシップ――EUシティズンシップの政治学」大賀・杉田編、前掲書所収。

南原繁（1973）『フィヒテの政治哲学』、南原繁著作集第二巻、岩波書店。

平石耕（2009）「現代英国における『能動的シティズンシップ』の理念――D・G・グリーンとB・クリックとを中心として」政治思想学会編『政治思想研究』第九号。

松元雅和（2007）『リベラルな多文化主義』慶應義塾大学出版会。

第4章　シティズンシップと福祉国家——経済的シティズンシップという試論

石井健司

一般的な理解によれば、シティズンシップ論の歴史的展開は、共同社会に対して市民の権利を保障することを求める自由主義的シティズンシップ（liberal citizenship）論と、市民に対して共同社会への義務・責任を果たすことを求める市民共和主義的シティズンシップ（civic republic citizenship）論という、二つの潮流に整理することができる（Heater 1999＝2002）。一方、日本を含めた先進資本主義諸国においては、一九九〇年代以降、失業率の上昇、非正規雇用の増大、低賃金労働にともなうワーキング・プアの増加など、国民の生活不安や生活困難が深刻化している。こうした状況のもとで、市民に対して共同社会への義務・責任を果たすことを求めるという市民共和主義的シティズンシップ論の言説は、いったいどのような意味をもつのだろうか。市民に対して共同社会への義務・責任を果たすことを求めるのであれば、それを可能にするような安定した経済生活を、共同社会がその成員に対してシティズンシップ（＝共同社会の成員資格）として保障するべきではないのだろうか。本章の執筆は、こうした素朴な疑問からはじまっている。

本章の目的は、右のような問題意識に基づいて、二一世紀におけるシティズンシップと福祉国家の関係のあり方について考察することである。本論では、次のような順序で検討をおこなう。第一節では、ニュー・ライトによる福祉国家批判をきっかけとして、シティズンシップの理念に再び注目が集まった経緯について概観する。第二節では、共同社会の成員の平等をめざしていたはずのシティズンシップ概念が、現代福祉国家においてはむしろ逆に機能し、「社会的排除」や「貧困の女性化」といった、新たなタイプの不平等を生み出していることを指摘する。第三節では、前節での議論を踏まえたうえで、シティズンシップ論の再構築の方向性について検討し、シティズンシップの新たなカテゴリーとして注目されている「経済的シティズンシップ」をめぐる議論を紹介するとともに、その理念を実現する政策手段について考察する。

1　シティズンシップ論の「再発見」

一九九〇年代以降、欧米の政治理論研究において、シティズンシップをめぐる議論がさかんになっている。ウィル・キムリッカは、その理由として、いわゆる「リベラル‐コミュニタリアン論争」の影響という理論的要因と、「アメリカにおける政治的無関心の広がりや長期にわたる福祉への依存、東欧におけるナショナリズム運動の再燃、西欧における多文化化・多人種化にともなう緊張、イギリスにおけるサッチャー政権下での福祉国家に対する反動、市民主導の環境政策の失敗、グローバル化への不満、国家単位の主権の喪失感」などといった、社会的・政治的要因を挙げている（Kymlicka 2002：284＝2005：414）(1)。また、金田耕一は、シティズンシップをめぐる議論がさかんになった理由として、①一九七〇年代以降、先進資本主義諸国において完全雇用と高福祉政策を可能にしてきた国民経済にかげりがみえはじめ、その結果として、一九八〇年代に政治的主導権を握ったニュー・ライトが、福祉国家をめぐる争点の一つとしてシティズンシップをえらんだこと、②自由主義諸国における政治意識の変化、とりわけ若年層の政治的無関心と投票率の長期低落傾向に象徴される「脱政治化」、あるいは「私事化」への危機感、③東欧を中心とする国家の再編にともなう難民の流出、経済のボーダーレス化による労働者の移動・住民構成の変化などといった社会変動にともなって西欧諸国家において生じた多文化・多民族的状況、という三つの要因を挙げている（金田 2000：126–127）。

こうした指摘からも分かるように、一九九〇年代に入ってシティズンシップをめぐる議論がさかんになった要因は、一つに限定されえない。しかし、その主たる要因として、「福祉反動」と呼ばれる福祉国家に対する中間層の反発、あるいは、ニュー・ライトによる福祉国家に対する批判を挙げることは、妥当な見解だと思われる。本稿では、後者の要因を中心にとりあげるが、ニュー・ライトの政治勢力を支持し、一九八〇年代に欧米諸国でニュー・ライトの政権を誕生させた原動力は、こうした中間層の有権者であると考えられるから、両者は一連の現象だと考えてよいだろう(2)。

一九八〇年代に入ると、いわゆる「福祉国家の危機」をきっかけとして、福祉国家に対する批判が左右両陣営から提起されるようになった。そうした福祉国家批判のなかでも最も強力で、現実政治に影響をおよぼした反対論は、ニュー・ライトによる批判であったと、クリストファー・ピアソンは述べている（Pierson 1991：40 = 1996：82–83）。ピアソンは、ニュー・ライトによる福祉国家批判の論点を、以下の六点にまとめている（Pierson 1991：48 = 1996：96–98）。①福祉国家は「非経済的（uneconomic）」であり、投資や労働へのインセンティブを失わせる。②福祉国家は「非生産的（unproductive）」であり、官僚制の急速な肥大化をうながす。③福祉国家の供給するサービスは「非効率的（inefficient）」である。④福祉国家は貧困と欠乏を解消するのに「有効ではない（ineffective）」。⑤福祉国家は「専制的（despotic）」であり、官僚による市民の統制を拡張する。⑥福祉国家は福祉部門における個人の「自由の否定（a denial of freedom）」である。総じていえば、「福祉国家とは、福祉と自由を最大化する自由市場社会の基本原則に対する不適切で無原則な侵害である。それは、自由、正義、および真の長期的な福祉に反する」というのが、ニュー・ライトの主張であった。

ここで重要なのは、右の論点①④にみられるように、ニュー・ライトが社会的シティズンシップに基づく権利の有用性そのものを批判しているという点である。ニュー・ライトは、福祉給付の受給権のような社会的権利は、権利の名に値せず、むしろ国家の過剰な介入を要請し、それを正当化することで個人の自由を侵害し、国家に対する依存をつくりだすと批判した（伊藤 2007：116-117）。そして、その結果として、福祉国家は「福祉サービスを受ける権利を一方的に主張するばかりでなんら義務をはたそうとしない無責任な市民」を生み出すことになったと主張したのである（金田 2000：126-127）。ニュー・ライトに福祉国家批判の理論的・思想的根拠を与えたミルトン・フリードマンも、「福祉体制がもたらした主要な悪は、それがわれわれの社会の構造におよぼした悪影響だ。それは家族のきずなを弱め、自分で働き、自分で貯蓄し、自分でいろいろと新しい工夫をしようとする人々にさせる誘因を減少させてきた。また、福祉国家体制は、資本の蓄積も減少させてきたし、われわれの自由をいっそう制限するようにもなってきた」と述べて、社会的シティズンシップに依拠する福祉国家が人々から自立の精神を奪ったと批判している（Friedman 1980：127 = 1980：203）。このように、ニュー・ライトによる福祉国家批判は、福祉国家の理論的支柱の一つである社会的シティズンシップの概念にまでおよんでいる。ニュー・ライトは、社会的シティズンシップに基づく福祉国家は、市民の依存心・受動性・永続的な周辺化を助長すると批判した。こうした福祉国家批判は、リバタリアンによるそれとくらべて、はるかに大きな成功をおさめることができた。こうした意味においてシティズンシップへのアピールをはじめて効果的にもちいたのはニュー・ライトであったと、キムリッカは指摘している（Kymlicka 2002：317 = 2005：460-461）。

こうしたニュー・ライトによる福祉国家批判に対抗するために、福祉国家を擁護する側もまた、福祉国家の理論的支柱の一つである社会的シティズンシップの概念に注目することになった。皮肉なことに、社会的シティズンシップの概念は、福祉国家の根幹にかかわるキー・コンセプトとして、福祉国家を批判する側からも擁護する側からも、注目を集めることになったのである。シティズンシップ概念は、福祉国家擁護論者によって、「右翼からの深刻な脅威に対抗して、福祉国家を擁護するための知的基盤の一つを提供するもの」と解釈された（Hindess 1993：23）。ランダル・ハンセンは、近年のイギリスにおけるシティズンシップへの関心は、「一九八〇年代に片隅に追いやられた政治的左翼の知識人やジャーナリスト」の、「サッチャー政権の新自由主義的な改革の熱意に対抗できるような防壁を見つけたいという願望」を反映したものであると指摘している。シティズンシップ概念は、彼らにとって、「新自由主義の脅威を取りのぞいて、イギリス福祉国家を擁護するための手段」にみえたのである（Hansen 1999：27）。一方、ジェト・ブッシュメーカーは、社会的シティズンシップの意義は、福祉国家の成長・拡大の過程と密接に関係していると述べている。ブッシュメーカーによれば、福祉国家の黄金期、すなわち一九四五～七五年にかけては、社会的シティズンシップの意義についてそれほど深刻に議論されることはなかった。なぜなら、社会的シティズンシップの重要性は当然視されており、社会的権利を拡張する理由も明白だったからである。しかし、いわゆる福祉国家の危機が顕在化すると、シティズンシップ概念は、学問的にも政治的にも、多くの議論において重要な役割を果たすことになった。知識人は、福祉国家で起こっている最近の変化を理解し説明するために、シティズンシップ概念をもちいた。また、政治家は、国家と相対する市民の権利と義務の関係を再定式化するために、シティズンシップ概念をもちいた。こうした文脈のなかで、T・H・マーシャルのシティズンシップ論が、いわば「再発見」されることになったのである（Bussemaker 1999a：2–3；Rees 1996：3. cf. 堀江 2002；深澤 2002）。

それゆえ、一九九〇年代以降に提起された新たなシティズンシップ論と、それ以前のシティズンシップ論のあいだには、大きな相違点がある。伊藤周平によれば、一九九〇年代以降のシティズンシップ論の展開においてさかんになったのは、「ニュー・ライトの批判を摂取しつつ、社会的シティズンシップを新たな観点から理論的に再構築し、福祉国家再編の道を模索しようとする議論」であった（伊藤 2007：118）。伊藤は、そうした議論のなかでもとくに有力なものとして、「シティズンシップの自律・参加モデル」、すなわち「シティズンシップ論に伏流していた、個人の自律や参加の権利をベースに、社会的シティズンシップ理念の再構築を試みる議論」を、レイモンド・プラントの議論を例に挙げて紹介している（伊藤 2007：118）。プラントは、福祉国家が満たすべきニーズは「身体的福祉と自律（physical well-being and autonomy）」であり、「諸個人が自らの善を追及する能力」はそうしたニーズの公正な分配によって最も平等化されると主張している（Plant 1985 : 19）。モーリス・ロッシュによれば、こうしたプラントの議論は、社会的権利の適切な基礎を「自律、その前提条件、およびその意義」に置こうとするものである。そして、ロッシュ自身も、社会的シティズンシップは「自律のニーズ（autonomy-needs）」を満たすための要求として解釈しなおすことができると主張している（Roche 1987 : 374）。一方、「社会的シティズンシップは、労働と福祉の関係にかかわるだけでなく、ケアも含むべきである」と主張しているのは、ブッシュメーカーである。彼はさらに、「社会的シティズンシップは、階級関係を考慮に入れるだけでなく、ジェンダー、年齢、エスニシティも考慮に入れるべきである。それは、より広範囲に、市民のあいだの多様性と不均衡、ならびに市民の生涯パターンにおける多様性と不均衡に対処する必要がある。つまり、シティズンシップは、国家と労働市場の領域だけでなく、家族と市民社会の領域にもかかわるべきである」と主張して、こうした観点から社会的シティズンシップを「再定義」する必要があると訴えている（Bussemaker 1999 b : 81）。

以上のような「自律」や「ケア」といった概念をベースにして社会的シティズンシップの再構築を試みる議論に対して、筆者は、その基本的な方向性には賛同する立場をとる。しかし、本稿では、そうした議論に本格的に入ることはせず、議論に入る前の予備的作業として、社会的シティズンシップに内在している問題点を検討してみたい。次節において、具体的に二つの問題点を検討する。

2　社会的シティズンシップの逆機能

マーシャルは、人々が理想的なシティズンシップの実現をめざす衝動は、「より完全な程度の平等（a fuller

measure of equality）」をめざす衝動であると述べている（Marshall 1992 : 18 = 1993 : 37-38）[3]。しかし、「より完全な程度の平等」をめざしていたはずのシティズンシップが、現代社会においてはむしろ逆に機能し、新たなタイプの不平等を生み出してしているようにみえる。なぜだろうか。社会的シティズンシップには、そもそも二つの内在的な問題点がある。一つは、権利と義務についての「互恵性」という論理を内包している点[4]である。もう一つは、「男性稼ぎ手モデル」という特定の家族形態を前提としている点である。こうした論理や前提が遠因となって、従来のシティズンシップ論が自明視してきた歴史的・社会的条件の崩壊とも相まって、現代社会において「社会的排除」あるいは「貧困の女性化」という新たなタイプの不平等が生み出されていると、筆者は考える。本節では、こうした社会的シティズンシップの逆機能について検討してみたい。

(1) 社会的シティズンシップと社会的排除

前述したように、シティズンシップ論の歴史的展開は、市民の権利・権原を強調する自由主義的シティズンシップ論と、市民の義務・責任を強調する市民共和主義的シティズンシップ論という二つの潮流に整理することができる（Heater 1999 = 2002）。こうした二つの潮流は、一般的には対立するものとして理解されている。しかし、こうした一般的な理解に対して、アンドリュー・ドブソンは、自由主義的シティズンシップ論と市民共和主義的シティズンシップ論は、その強調点の相違にもかかわらず、どちらも「市民と国家の関係についての契約的見解に同意している」という点で、基本的に類似していると指摘する。このドブソンのきわめて興味ぶかい指摘によれば、自由主義的なシティズンシップ論と市民共和主義的なシティズンシップ論は、「市民と政治的共同体の互恵性（reciprocity）」という期待を共有している。しかも、そうした互恵性は、現代においては契約概念とイデオロギー的に結びついていると、ドブソンはいうのである（Dobson 2003 : 40-50 = 2006 : 49-62）。

確かに、ドブソンの指摘するように、シティズンシップという概念、とくに社会的シティズンシップという概念は、権利と義務についての市民と国家の「互恵性」という論理を内包している。社会的シティズンシップに基づく福祉国家は、主に社会保障制度をつうじて共同社会のすべての成員に対して最低限度の生活を保障する存在であると、一般的には理解されている。しかし、歴史的にみれば、福祉国家は、福祉給付の受給権を与える見返りとして、何らかの義務や責任の遂行をその成員に対して求めてきた。たとえば、「市民の権利を重視するあまり、その義務や責任を軽視している」と批判されることの多いマーシャルも、実際にはシティズンシップにおける権利と義務のバランスを強調している。マーシャルは、福祉国家において市民に求められる強制的な義務として、「納税」、「保険料拠出」、「教育」、「兵役」を挙げ、また、「よき市民の生活をおくるという一般的な義務」として、「共同社会の福祉を増進するためにできるかぎりのサービスを提供する義務」を挙げている。そして、そうした諸義務のなかでもとくに重要なものとして、「労働の義務」を挙げている（Marshall 1992：45＝1993：100）。マーシャルがいうように、社会的シティズンシップに基づく福祉国家において、福祉受給権に対応する互恵的義務として最も重視されるのは、労働の義務である。アリス・ケスラー－ハリスも、「ほとんどの国々、ほとんどの歴史的時代において、社会的シティズンシップの基本的な権利は、労働という観点からの代償なしには、滅多に認められてこなかった」と指摘している（Kessler-Harris 2003：168）。ただし、それは、より正確にいえば、ただ単に「労働する」義務だけではなく、有償労働に就いて一定の収入を得ることによって、国家に対して税金を納め社会保険料を拠出する義務とワンセットになっている。こうして、社会的シティズンシップに基づく福祉国家は、権利と義務についての市民と国家の互恵性という論理に基づいて、福祉受給権を市民に与える見返りとして、市民に対して（有償労働への）就労の義務を求めてきたのである。

こうした互恵性の論理に基づいて市民に対して就労の義務を果たすことを求める論調は、近年、さらに強化されている。こうした論調のことを、スチュアート・ホワイトは、「福祉契約主義（welfare contractualism）」という言葉で表現している。ホワイトによれば、福祉契約主義とは、「社会的権利は、市民と国家のあいだの契約の一つの側面であり、そのもう一つの側面は、主に労働に関連する一定の責任を負うことである。市民は、社会的権利によって保障された給付の恩恵を受ける条件として、そうした責任を果たさなければならない」という考え方である[5]。ホワイトによれば、こうした考え方は、一九八〇年代から、主に欧米諸国で広がりはじめた。たとえば、イギリスの場合、「権利と責任のバランスをとる」というレトリックは、当時野党であった労働党が設立した「社会正義委員会（the Commission on Social Justice）」の最終報告書（一九九四年）において、その中核をなしていた。こうしたレトリックは、その後の労働党の政策文書において中心的なものとなり、やがて労働党が一九九七年の総選挙に勝利して政権の座につくと、政府の公式的な見解にも反映されるようになった[6]。こうした福祉契約主義者の見解のなかでもとくに有名なのは、「失業給付を受けるための資格を、積極的な求職活動のような労働に関連する活動とより強く結びつけるべきだ」とする主張である。さらに福祉契約主義者は、福祉給付の条件として、子どもの学校への無断欠席の防止、薬物中毒の治療、（とくに若いシングル・マザーに対して）監督者つき住居（supervised housing）への転居などを求めている（White 2003：12–13）。

しかし、このように、権利と義務についての市民と国家の互恵性が強調されるなかで、福祉契約主義者が求めているような「労働に関連する一定の責任」を果たせない者は、いったいどうなるのだろうか。社会的シティズンシップに基づく従来の福祉国家の枠組みのなかでは、何らかの理由で有償労働に就くことができず、納税・社会保険料拠出などの義務を果たせない者は、その枠組みから排除されてしまうことになる。就労の義務を果たせない者とは、具体的には、失業者、無業者、移民労働者、そして家事労働やケア労働の負担のために有償労働に就くことが困難な女性などである。こうした問題は、戦後の福祉国家が前提としていた〈持続的な経済成長→完全雇用の実現〉という歴史的・社会的条件が崩れたことにより、さらに深刻化している。多くの福祉国家において、経済成長は鈍化し、完全雇用の達成は非現実的なものとなった。その結果、雇用は不安定化し、失業率はいちじるしく上昇している。こうした時代状況のもとで、就労の義務の見返りとして福祉の受給権を与えるという互恵性の論理は、何らかの理由で就労の義務を果たせない者から、最低限の生活保障を奪い去ってしまう。不安定な生活を余儀なくされた彼ら／彼女らは、「非市民」あるいは「二級市民」とみなされ、共同社会から次第に排除されていくことになる。これが、現在多くの福祉国家において大きな問題となっている、「社会的排除（social exclusion）」と呼ばれる事態である。(7)

社会的排除とは、人々が社会に参加することを可能ならしめるさまざまな条件（＝雇用、住居、諸制度へのアクセス、文化資本、社会的ネットワークなど）を前提としつつ、そうした条件の欠如が人生の早期から蓄積することによって、人々の社会参加が阻害されていく過程を意味する（阿部 2007：131）。こうした社会的排除の概念は、一九九〇年代以降、ＥＵが加盟国における貧困・社会問題対策について方針を打ち出す際のキー・コンセプトとなっている（中村 2005：319–327; 中村 2007：51–54）。右の定義からも分かるように、社会的排除という概念は、単に所得などの資源の不足を問題にするだけでなく、共同社会の成員として享受されるべきさまざまな権利からの排除を問題とする。それゆえ、こうした観点から、社会的排除をシティズンシップとの関連でとらえようとするアプローチが登場している。たとえば、欧州委員会が一九九〇年に設置した「社会的排除と闘う各国政策の動向調査機関（Observatory on National Policies to Combat Social Exclusion）」は、こうしたシティズンシップ・アプローチを採用し、機関の中心人物の一人であるジョス・バーグマンは、「社会的排除とは、〔シティズンシップの〕市民的・政治的・社会的諸権利の否定——あるいは非現実化——という観点から理解される」と述べている（Berghman 1995：19）。つまり、このアプローチにしたがえば、社会的排除とは、シティズンシップに基づく権利がすべて否定された状態にほかならない。それゆえ、社会的排除は、シティズンシップ論の文脈からみても、きわめて重要な問題であるといえる。筆者は、こうした問題が現代の福祉国家において進行・拡大している背景には、社会的シティズンシップに内在する互恵性の論理があると考える。権利と義務についての市民と国家の互恵性という論理が、就労の義務を果たせない者を社会保障の枠組みから排除し、さらには共同社会からも排除してしまうという構造が、現代の福祉国家に内在しているように思われるのである。

以上のように、社会的シティズンシップに基づく従来の福祉国家の枠組みは、有償労働に就いて納税・社会保険料拠出などの義務を果たすことの見返りとして、福祉給付の受給権をその成員に認めるものでしかなかった。いいかえれば、社会的シティズンシップの理念は、「共同社会のすべての成員」を対象とした普遍性を、そもそももっていなかったのである。こうした社会的シティズンシップに内在する互恵性の論理、あるいはその極端な形態としての福祉契約主義が、現代の福祉国家において社会的排除の進行・拡大を助長していると、筆者は考えるのである。

(2) 社会的シティズンシップと貧困の女性化

社会的シティズンシップに基づく従来の福祉国家は、暗黙のうちにある特定の家族形態を前提としていた。ジェーン・ルイスは、そうした家族形態のことを「男性稼ぎ手モデル（male breadwinner model）」と呼んでいる。ルイスによれば、福祉国家体制にかんする近年の比較研究、とりわけイエスタ・エスピン-アンデルセンによる研究は、国家と経済の関係、とくに労働（＝有償労働）と福祉の関係の重要性を強調してきた。しかし、福祉国家体制の比較研究においては、有償労働と福祉の関係だけでなく、家庭内で主に女性によって担われている「無償労働」を考慮に入れる必要があると、ルイスは主張する。こうした観点から分析すると、福祉国家の発展は当初から、男性には「稼ぐこと（breadwinning）」を、女性には「ケアと家事をすること（caring and home-making）」を命じる家族モデルに依拠してきたことが分かる。こうした家族モデルのことを、ルイスは、男性稼ぎ手モデルと名づけたのである（Lewis 1992 : 160–161）。ルイスによれば、現代の福祉国家は、社会政策がこうした家族モデルにどの程度依拠しているかに基づいて、アイルランドやイギリスのような「強固な男性稼ぎ手〔福祉〕国家」（Lewis 1992 : 162–165）、フランスのような「修正された男性稼ぎ手〔福祉〕国家」（Lewis 1992 :

165–168)、スウェーデンのような「弱い男性稼ぎ手〔福祉〕国家」(Lewis 1992 : 168–170) という三つの類型に整理することができる。こうしてルイスは、現代の福祉国家は、程度の差こそあれ、男性稼ぎ手モデルという特定の家族形態に依拠していると結論づけたのである[8]。ダイアン・セインズベリは、こうした男性稼ぎ手モデルを、いくつかの観点からより詳細に分析している。セインズベリによれば、男性稼ぎ手モデルとは、厳格な性別役割分業という家族イデオロギーに基づいており、福祉給付の受給資格は夫と妻とで区別され、給付や拠出の単位は個人ではなく世帯であり、雇用・賃金政策は男性を優先しておこなわれ、ケア労働は主に女性によって無償で担われるという家族モデルである (Sainsbury 1996 : 42)[9]。一方、ナンシー・フレイザーは、従来の福祉国家は「家族賃金 (the family wage)」という理想をその中心に置いていたと指摘する。そこでは、人々は男性が家長をつとめるヘテロセクシュアルな核家族をつくり、主に労働市場における男性の稼ぎによって生計がたてられ、世帯の男性家長に対しては子どもと専業主婦を養うのに十分な家族賃金が支払われると想定されていた。もちろんこうしたパターンに適合しない家族は数多く存在したが、それでもこのパターンは「規範的な正しい家族像」を提供することになった。従来の福祉国家はこうした家族賃金に基づくジェンダー秩序を暗黙の前提としていたと、フレイザーは指摘したのである (Fraser 1997 : 41 = 2003 : 63)。

こうした「男性稼ぎ手モデル」あるいは「家族賃金」という前提に基づいて、現代の福祉国家は、男性 (夫) に対しては労働市場において有償労働に就くことを要求し、女性 (妻) に対しては家庭において無償の家事労働・ケア労働に従事することをなかば強制してきた。そもそも歴史をさかのぼれば、戦後福祉国家の起点となったイギリスのベヴァリッジ・プランそのものが、男性 (夫) を扶養者とし、女性 (妻) を被扶養者とする家族モデルに基づくものであった。そこでは、既婚の女性は夫の被扶養者として、夫の拠出に基づいて福祉受給権を得るものとされていた。こうした家族モデルは、イギリスだけでなく、当時の多くの国々において、福祉国家の諸制度を構築する前提となった。その結果、現代の福祉国家においても、医療保険や年金制度にみられるように、社会保険の主たる被保険者として想定されているのは、男性（夫）である。男性（夫）は、一家の稼ぎ手として妻子の扶養に責任をもつがゆえに、フルタイムで働く有償労働者として位置づけられ、それゆえ自身の拠出に基づいて福祉給付を受けることができる。一方、女性（妻）は、家庭において無償の家事・ケア労働を担うがゆえに、パートタイムで働く二次的・補完的な労働者として位置づけられ、それゆえ夫の拠出に依存しなければ（夫の被扶養者としての資格でしか）福祉給付を受けることができない。このように、現代の福祉国家においては、男性の社会的権利が自身の社会的シティズンシップに基づく直接的な権利とみなされているのに対して、女性の社会的権利は夫の社会的シティズンシップを媒介とした間接的な権利とみなされている。つまり、社会的シティズンシップの理念は、ジェンダー平等という観点からも、「共同社会のすべての成員」を対象とした普遍性を、やはりもっていなかったのである（伊藤 1996：176-177；深澤 2002：219-226. cf. 伊藤 1995b）。

さらに重要なのは、社会的シティズンシップに基づく従来の福祉国家が依拠してきたこうした家族モデルが、現代社会においてもはや過去のものとなりつつあるという点である。第二次大戦直後の段階でさえも、既婚女性の就労が増加し、また（それにともなって?）離婚率が上昇することによって、ベヴァリッジが依拠していた家族モデルは、「歴史によって裏切られる」ことになった（Loney, Clarke, and Boswell eds. 1996：38 = 1995：33-34）。ましてや、現代の脱産業化社会においては、経験的な意味においても規範的な意味においても、そうした家族モデルを維持することはもはやできないと、フレイザーは述べている。なぜなら、家族賃金の前提であった「労働市場と家族についての想定」が、脱産業化社会においては崩壊してしまったからである。脱産業化時代の労働市場においては、一人の稼ぎ手だけで家族を養うのに十分な賃金を支払われるような仕事はほとんどなく、多くの仕事は臨時あるいはパートタイムであり、標準的な手当もない。女性の雇用は徐々に一般的になりつつあるが、男女間の賃金格差は解消していない。一方、「脱産業化時代の家族」は因習にとらわれず、より多種多様になっている。ヘテロセクシュアルな結婚の減少、晩婚化、離婚の増加・早期化、同性愛者による家族の形成など、新たな家族のあり方が広がっている。このように、脱産業化社会においては雇用の不安定化と家族形態の多様化が進んでおり、その結果、従来の福祉国家が依拠してきた男性稼ぎ手モデルを自明視することは、もはやできなくなったと、フレイザーは指摘する（Fraser 1997：42＝2003：64）。

ところが、こうした前提条件の変化にもかかわらず、社会的シティズンシップに基づく現代の福祉国家は、いまだに男性稼ぎ手モデルに依拠したままであり、その結果として大幅な機能不全に陥っている。フレイザーによれば、現代の福祉国家は「多くの人々の生活と自己理解からかけ離れつつあるジェンダーについての想定」をいまだにその前提としているがゆえに、とくに女性と子どもに対して「適切な社会的保護」を提供できていない。「男性が家長をつとめる家族と比較的安定した雇用」を前提とする古いかたちの福祉国家が、そうした社会的保護を提供することはもはや不可能であると、フレイザーは主張する（Fraser 1997：41-42＝2003：63-65）。確かに、フレイザーが主張するように、福祉国家の機能不全のしわ寄せは、とくに女性と子どもに集中しているようにみえる。前述したように、男性稼ぎ手モデルを前提とした従来の福祉国家においては、妻（女性）は夫（男性）の拠出に基づいて、夫の被扶養者としての資格で社会的権利を享受していた。それゆえ、家族形態が多様化し、離婚や事実婚が増加すれば、女性による社会的権利の享受が不確実なものになることは、いわば必然的な結果であった（cf. 深澤 2002：225）。こうして、男性稼ぎ手モデルを前提とした福祉国家は、未婚の女性、離婚した女性、母子家庭などの生活を、困難な状況に置くことになった。こうした状況を象徴するのが、「貧困の女性化（feminization of poverty）」と呼ばれる現象である。貧困の女性化とは、貧困層もしくは福祉受給層の多くを、女性世帯――主にシングル・マザーとその子ども――が占めるという現象である。こうした現象は、一九七〇年代の終わりにアメリカで発見され、一九八〇年代以降も継続して進行している。ただし貧困の女性化は、アメリカだけで発生・進行しているわけではなく、程度の差こそあれ、多くの先進資本主義諸国で起こっている現象である。フレイザーも、脱産業化社会においては、離婚・未婚といった理由から、夫（男性稼ぎ手）に頼ることなく自分で自分と家族を養おうとする女性が急増しているが、そうした家庭はたいへん貧しい状況にあると指摘している（Fraser 1997：42 = 2003：64-65）。筆者は、こうした貧困の女性化が進行している背景には、男性稼ぎ手モデルを前提とした福祉国家が、そうした家族モデルの崩壊のゆえに、機能不全をおこしているという問題があると考える。性別役割分業に基づく家族モデルを前提とした福祉国家が、その前提条件の変化に対応しきれず、その結果として女性による社会的権利の享受を不確実なものとし、さらには彼女らを貧困に追いやっている。こうした構造が現代の福祉国家に内在しているように思われるのである。

以上のように、社会的シティズンシップに基づく従来の福祉国家は、性別役割分業に基づく家族モデルを暗黙の前提としていた。こうした前提のもとで、女性の社会的権利は、自らの社会的シティズンシップに基づく直接的な権利ではなく、夫の社会的シティズンシップを媒介とする間接的な権利とみなされた。さらに、雇用の不安定化と家族形態の多様化が進む現代社会においては、そうした間接的な権利でさえ十分に保障されなくなってきている。現代の福祉国家において貧困の女性化という新たなタイプの不平等が顕在化しているのは、そうした機能不全の一つの表れであると、筆者は考える。われわれに必要なのは、ジェンダー平等社会にふさわしい、新しいシティズンシップのあり方である。

3　シティズンシップ論の再構築——経済的シティズンシップという試論

(1)　経済的シティズンシップとは何か

前節で検討した諸問題は、社会的シティズンシップに内在する論理や前提に起因するものであるがゆえに、単に社会的シティズンシップの範囲を拡張するだけでは解決できないと筆者は考える。社会的シティズンシップの逆機能を克服し、福祉国家が直面している諸問題に対処するためは、マーシャルが提唱した古典的なシティズンシップ論を、脱産業化という時代状況にあわせて再構築する必要がある。

以上のような問題意識から、近年、市民的・政治的・社会的という従来のシティズンシップのカテゴリーを再検討して、新たに「経済的シティズンシップ（economic citizenship）」というカテゴリーを設け、共同社会のすべての成員に対して経済的に安定した生活を保障するべきだという議論が提起されている。経済的シティズンシップとは、端的にいえば、シティズンシップの経済的要素であり、共同社会の成員に認められた経済的な権利と、それにともなう義務の総体をあらわす概念である。日本でこの概念にいち早く着目し、すでにいくつかの論考を発表した福士正博は、経済的シティズンシップを、「働くことに対する義務と、働くことに対する権利を保障することで、市民が経済的に安全な生活を営むことのできる状態」と定義している（福士 2009：157）[10]。それでは、経済的シティズンシップとは、具体的にどのような権利と義務を内包するのであろうか。本項では、経済的シティズンシップを提唱する代表的な論者として、エイドリアン・リトル、アリス・ケスラー－ハリス、スチュアート・ホワイトという三人の論者を取りあげ、彼／彼女らの議論を整理しながら、経済的シティズンシップの意義と可能性について検討してみたい。

リトル

リトルは、その著書『脱産業主義的社会主義――新しい福祉政治に向けて』や、論文「市民社会と経済的シティズンシップ――公共圏の新解釈に対するベーシック・インカム理論の貢献」において、経済的シティズンシップについて論じている[11]。

リトルは、前掲書において、経済的シティズンシップについて、「それは、有意義な労働への権利（the right to meaningful work）、および直接的な労働要件から独立した所得への権利（the right to an income independent of a direct work requirement）と同一視されるだろう」と述べている（Little 1998：17）。前者の権利は、「有意義な

「労働」が具体的に何を指すのかは明確にされていないが、とりあえずは「世界人権宣言」第二三条一項や、「経済的、社会的および文化的権利に関する国際規約（以下、国際人権規約A規約と略記）」第六条において認められているような、「労働への権利（right to work）」とほぼ同義のものと考えてよいだろう。一方、後者の権利は、就労という要件とは無関係に一定の所得を得ることができる権利と解釈することができる。国際人権規約A規約第一一条は、「十分な生活水準（an adequate standard of living）への権利」を定めている。しかし、その具体的な内容は、「自己およびその家族のための十分な食糧、衣類および住居」であって、「所得（income）」そのものについての権利ではない。リトルは、所得そのものについての権利を提唱しているのである。

こうしてリトルは、「労働への権利」と「（就労要件とは無関係な）所得への権利」を、経済的シティズンシップの具体的な内容として提起した。それでは、なぜリトルは、こうした二つの権利を経済的シティズンシップの具体的な内容として要請したのであろうか。リトルは、その理由を、マーシャルのシティズンシップ論が「脱産業主義（post-industrialism）」という時代状況に適合しなくなったからだと説明する。リトルによれば、マーシャルは、資本主義に内在する必然的な不平等にもかかわらず、国家が市場に介入して最悪の不平等を相殺することによって、市場を基盤とした社会においてもシティズンシップを達成することは可能であると考えていた。このことは、マーシャルの時代においては、国家が資本の統制に失敗したことが原因で実現しなかった。しかし、マーシャルは、「福祉国家と、福祉国家が生みだす新しい社会的権利とが、真のシティズンシップにつながると信じていた」。こうしたマーシャルの考え方は、戦後に出現した「労働本位の福祉国家（the workerist welfare state）」と密接に結びついていた。それゆえ、資本主義が脱産業主義の段階に入り、「高度資本主義を再生する重要な援助者」としての福祉国家の役割が終わると、マーシャルの理論を社会政策の未来に適用することは困難になったと、リトルは指摘している（Little 1998：61）。

こうした状況認識をふまえて、リトルは、現代社会において個人が社会の完全な成員であるためには、「社会的・政治的生活への完全な参加を可能にするような、ある程度の経済的な福祉（economic well-being）」が必要であると主張する。リトルによれば、マーシャルが提唱したシティズンシップの権利概念は、抽象的すぎて、シティズンシップが何をもたらすかということについての具体的な分析には役だたない。市民的権利・政治的権利・社会的権利は、それぞれ重要なシティズンシップの要素であるが、その公式のなかに「経済的福祉を認識する第四の次元」が導入されるべきだと、リトルは主張する（Little 1998：62）。これこそが、リトルの提起する「経済的シティズンシップ」の概念である。

それにしても、なぜリトルは、市民的権利・政治的権利・社会的権利から独立した別個のカテゴリーとして、経済的権利を位置づけようとするのだろうか。リトルによれば、シティズンシップという概念は、平等主義的な関係を保障するような経済資源の適切な配分に依存している。マーシャルにとって、そうした適切な配分を保障する経済領域における基本的な市民的権利は、「労働への権利（right to work）」にほかならなかった（Little 1998：62. cf. Marshall 1992：10＝1993：21）。つまり、マーシャルにとって経済的権利とは働く権利のことであり、それは市民的権利に内包されるものであった。これに対してリトルは、一八世紀以降、第二次大戦直後の数年においてさえも、「労働への市民的権利（civil right to work）」が存在したことなど一度もなかったと指摘する。むしろ現代においては、失業が先進資本主義諸国の恒久的な特徴となっている（Little 1998：62-63）。こうした状況のもとで、社会的シティズンシップは、「すべての個人の完全な社会生活への参加を可能にするような具体的な経済的手段」を提供するものとしては機能しておらず、せいぜい「限られた社会福祉給付」を提供するものとしてしか機能していない（Little 1998：71）。それゆえリトルは、従来の市民的権利や社会的権利によっては経済資源を適切に配分することは困難であると考え、そうした諸権利とは別のカテゴリーとして経済的権利を位置づけようとしたのである（Little 1998：62-63）。リトルは、経済的シティズンシップについて論じた他の論考においても、「経済的シティズンシップは、所得の移転（financial transfer）によって提供される経済的合理性からの消極的な自由という観点からだけでなく、諸個人が社会の広範な部門に積極的に参加することが可能であるような過程に対する積極的な貢献者として考察される必要がある」と述べている（Little 2000 : 1）。

こうしてリトルは、共同社会の成員の完全な政治参加・社会参加を可能にするためには、それを可能にするような具体的な経済的手段を、共同社会の成員に対して保障する必要があると主張した。こうした理由から、リトルは、「労働への権利」と「（就労要件とは無関係な）所得への権利」からなる経済的シティズンシップを、シティズンシップの第四の要素として提起したのである。

ケスラー－ハリス

ケスラー－ハリスは、論文「経済的シティズンシップの追求」のなかで、「私は、この論文において、シティズンシップの新たなカテゴリー――すなわち経済的シティズンシップ――に賛成する議論を展開して、マーシャルの伝統的な三つのカテゴリーを補完したい」と述べている（Kessler-Harris 2003 : 158）。彼女の経済的シティズンシップ論の大きな特徴は、社会的シティズンシップに内在するジェンダー不平等を解消するという観点から、経済的シティズンシップについて論じている点である[12]。

ケスラー－ハリスは、この論文の冒頭で、一九六七年にアメリカで実施されたＡＦＤＣ（Aid to Families with Dependent Children：要扶養児童家族扶助）への就労促進プログラムの導入をめぐって[13]、導入を推進しようとする上院議員が、導入に反対するシングル・マザーたちに対して浴びせかけた罵倒（＝「牝馬」「ろくでなし」「議会の仕事を妨害する時間をみつけることができるのなら、家の前に落ちているビールの空き缶を拾う時間をみつけることができるはずなのに、なぜ彼女らはそのようにいわれないのか」）を例として取りあげ、こうしたシングル・マザーに対する偏見は、市民的・政治的シティズンシップと社会的シティズンシップのあいだの「永続的な緊張関係」を例証するものだと指摘している。ケスラー－ハリスによれば、現代社会においては、市場の影響力が家庭生活のあらゆる場面におよんでおり、それにともなって社会的権利はますます脆弱なものとなっている。こうした状況のもとで政治的発言を実行することは、社会的シティズンシップの要求と対立することになる。なぜなら、社会的シティズンシップにともなう特権は、「政治的な思惑」に左右されるからである。ケスラー-ハリスは、現代社会において社会的シティズンシップに基づいて福祉給付を受けることは、政治参加の可能性を拡大するどころか、むしろそれを抑制することにつながると指摘する（Kessler-Harris 2003：157-158）。

ケスラー-ハリスは、こうした市民的・政治的シティズンシップと社会的シティズンシップとの対立という問題が発生した原因を、「規範的にジェンダー化されたシティズンシップの概念枠組み」に求めている。「規範的にジェンダー化されたシティズンシップの概念枠組み」とは、前節で検討したような、男性稼ぎ手モデルを自明の前提としたシティズンシップ論のことだといえるであろう。ケスラー-ハリスによれば、われわれはこれまでシティズンシップについて論じる際に、こうしたジェンダー化された概念枠組みに無意識のうちに依拠してきた。しかし、こうした概念枠組みは、「ジェンダー問題の公平な取り扱いを達成するための、より想像的な戦略を妨げてしまう」。こうしたこれまでのシティズンシップ論に内在するジェンダー不平等の問題は、われわれに対して、従来のシティズンシップ概念に新たなカテゴリーを追加することを要求する。その新たなカテゴリーの実現は、「ケアを提供する利益」と「市場に導かれた自己利益」とを効果的に融合することが可能であるような、「平等な（公平な）社会」を特長づける。ケスラー-ハリスは、こうしたシティズンシップの新たなカテゴリーこそ、経済的シティズンシップにほかならないと主張するのである（Kessler-Harris 2003：158）。

ケスラー-ハリスは、経済的シティズンシップに含まれる具体的な権利として、以下のような諸権利を挙げている。「自分が選択した職業に就いて働く権利（そこには育児や家事が含まれる）、自分と家族を養うのに十分な賃金を得る権利、差別のない労働市場を求める権利、労働市場へのアクセスを容易にするような教育と訓練を求める権利、労働力人口を持続・維持するのに必要な社会的給付を求める権利、有効な選択のために必要な社会環境を求める権利、そこには適切な住宅供給、安全な街路、利用しやすい公共交通機関、国民皆保険が含まれる」（Kessler-Harris 2003：158-159）。ケスラー - ハリスによれば、こうした諸権利は、男性と女性が「経済的・社会的な自律と独立を達成するために必要な特権と機会」にほかならない。「経済的・社会的な自律と独立」とは、具体的には、「独立した家庭を設ける能力」に加えて、「どのように生計をたてるかについて選択する能力」を指す（Kessler-Harris 2003：172-173, n. 1）。経済的シティズンシップの達成度は、男性と女性がこうした特権と機会をどの程度保有し、またどの程度行使しているかによって測定することができる。こうした諸権利を包含した経済的シティズンシップが実現されれば、男性と女性は「民主的な政体に完全に参加することを可能にするような地位または状態」を手に入れることができると、ケスラー - ハリスは主張するのである（Kessler-Harris 2003：159）。

以上のように、ケスラー - ハリスは、経済的シティズンシップの諸権利は、男性と女性が「経済的・社会的な自律と独立」を達成するのに必要な特権と機会だと述べている。しかし、彼女の議論の焦点が、女性の「自律と独立」にあることは、いうまでもないであろう。ケスラー - ハリスは、性別役割分業に基づく家族モデルを前提とした現代の福祉国家において、女性が生きるための条件として賃金労働を要求することは、「女性の民主的な参加を強めるよりも、むしろ弱めてしまう」と指摘する。ケスラー - ハリスによれば、マーシャルは、「社会的シティズンシップの拡張は、市民に対してより多くの参加の選択肢を与えることになるだろう」と予想した。しかし実際には、マーシャルの予想とは正反対の事態が生じている。社会的シティズンシップの拡張、すなわち、公教育へのアクセスの機会を増やし、「うんざりするほど単調な」労働時間から労働者を解放しようとする努力は、確かに男性に対しては「自尊心と発言権」を与えた。しかし、社会的シティズンシップを「母あるいは妻としての女性」にまで拡張することは、多くの場合、そうした女性たちの政治へのアクセスと市民的権利を妨げる役目を果たしてきたと、ケスラー - ハリスは指摘する（Kessler-Harris 2003：166-167）。なぜなら、女性の福祉受給資格を「母あるいは妻」という立場に結びつけることは、性別役割分業の固定化につながり、結果として彼女らを市民的・政治的シティズンシップから排除することにつながるからである。

ケスラー‐ハリスは、こうした市民的・政治的シティズンシップと社会的シティズンシップとの対立を解消するためには、マーシャルが提唱した市民的シティズンシップのカテゴリーから「経済的自由（economic freedom）」、すなわち「仕事への権利（the right to a job）」を取り出し、また、社会的シティズンシップのカテゴリーから「経済的安定（economic security）」を取り出して、それらを「人間の尊厳の基本的な尺度（basic measures of human dignity）」に基づいて再構成することが必要であると主張する。こうして再構成されたシティズンシップの新たなカテゴリーこそ、経済的シティズンシップにほかならない。経済的シティズンシップは、市民的・政治的・社会的という従来のシティズンシップのカテゴリーを乗り越えて、より包括的なシティズンシップの概念を提供する。こうした包括的なシティズンシップの概念は、「経済的な福祉（economic well-being）や家事（household maintenance）」と「より完全に民主的政体に参加する能力」とを調和させようとする「日々の闘争」に付随する権利と義務を内包している。経済的シティズンシップが確立すれば、「公的生活に参加して、女性として（時には母や家族の一員として）尊敬を得るための女性の努力」と、「企業や政府のサービスと公平な関係を占有するための男性と女性の努力」とが区別されることになると、ケスラー‐ハリスは述べている（Kessler-Harris, 2003：168）。

こうしてケスラー‐ハリスは、主に女性の「経済的・社会的な自律と独立」をうながすという観点から、「仕事への権利」と「経済的安定」からなる経済的シティズンシップの必要性を訴えたのである。

ホワイト

ホワイトは、その著書『シヴィック・ミニマム——経済的シティズンシップの権利と義務について』において、経済的シティズンシップについて論じている。ホワイトは、同書の冒頭に、トマス・ペインの『土地配分の正義』（一七九七年）から引用した次のような一節を掲げている。「現在の文明化の状態は、それが不公平であるのと同様に、きわめて不愉快である。……富裕さと惨めさの対照が絶えず存在して目ざわりであり、それはまるで死体と生者が鎖でつながれているようである」。ホワイトによれば、このペインの文章は、革命後のフランスにおける「経済的シティズンシップの性質についてのはげしい議論」のなかで書かれたものである。ホワイトは、「ペインが述べたことは、依然として現代の資本主義経済の特徴そのものである」と指摘する。そして、こうした悲惨な状態を生み出す経済システムは、「本当に、自由・平等・友愛という諸価値、すなわち近代民主主義のプロジェクトにとって重要だと広く考えられている諸価値に沿ったものなのだろうか」と、読者に疑問を投げかける。「こうした疑問によって、われわれは、経済的シティズンシップの根本的な権利と義務とは何かを検討するよう導かれる」と、ホワイトは主張する（White 2003 : 1–2）。

ホワイトは、こうした問題意識に基づいて、同書の主題は経済的シティズンシップの具体的な権利と義務の性質について検討することだと述べている。彼は、そうした経済的シティズンシップの具体的な権利と義務のことを、「シヴィック・ミニマム（civic minimum）」と呼んでいる。ホワイトは、シヴィック・ミニマムは「特定の制度や政策のなかに体現され、市場経済を好ましくて公正なものとするために（絶対にというわけではないが）必要なものである」と述べている（White 2003 : 2）。つまり、ホワイトにとって経済的シティズンシップとは、市民的（civic）と認められるべき最低限（minimum）の経済的な権利と義務のことであると理解することができる。

ホワイトは、現代社会において経済的シティズンシップにかんする議論が提起されるようになった背景には、「福祉資本主義の危機」と呼ぶべき社会状況の大きな変化があると指摘する。ホワイトによれば、福祉国家は、第二次大戦後の数年間、「堅実に成長する完全雇用経済」と結びつくことによって、ラルフ・ダーレンドルフがいうところの「ライフ・チャンスの革命（revolution in life chances）」を数百万の人々にもたらしていた。しかし、一九九〇年代初頭になると、その革命は失速してしまい、むしろ後退してしまった（White 2003：3-4）。そして、それに代わって、先進資本主義諸国においては、「所得・収入・財産の不平等の大幅な増大」、「貧困率の上昇」、「無業者と失業者の増加」といった事態が生じるようになった。さらに、こうした事態が社会の下層民の生活に影響をおよぼし、いわゆる「アンダー・クラス（underclass）」の発生、あるいは、前節で検討したような社会的排除の進行といった問題を引き起こしていると、ホワイトは指摘するのである（White 2003：4-5）。

ホワイトによれば、こうした福祉資本主義の危機と呼ぶべき事態の展開は、「よき社会（good society）とは、包括的な社会的シティズンシップに基づく社会（a society of inclusive social citizenship）である」とするマーシャルのヴィジョンに疑問を投げかけることになった。なぜなら、マーシャルがいうところの「包括的な社会的シティズンシップに基づく社会」においては、「寛大な社会的権利（generous social rights）が市場における不平等を実質的に緩和するよう機能している」はずだったからである。マーシャルのヴィジョンが正しいとするならば、社会的シティズンシップがある程度制度的に確立した現代社会において、経済的不平等の増大、貧困率の上昇、失業者の増加、アンダー・クラスの発生、社会的排除の進行などといった事態が生じるはずがない。こうして現代社会においては、マーシャルのシティズンシップ論の有効性に疑問符がつくことになったと、ホワイトは指摘するのである（White 2003：6）。

こうした事態を打開するために、「コミュニタリアン」あるいは「新中道左派（the new centre-left）」と呼ばれる論者は、国家はすべての市民に対して「広範囲におよぶ生活必需品」（＝教育、訓練、医療、それなりの額の最低限の所得）へのアクセスを保障する責任を負うが、市民の側もそうした国家の責任に相応する一連の責任を負うべきだと主張する。こうした主張を特徴づける支配的なメタファーが、前節で検討した「福祉契約」にほかならない（White 2003：11-12）。これに対して、「リアル・リバタリアン」あるいは「急進左派（the radical left）」と呼ばれる論者は、そうした福祉契約主義へのシフトのなかに、「福祉国家の根本的な方向転換」を見いだす。それは、「社会的シティズンシップの哲学によって支持された広範な解放」を目的とする福祉から、「社会秩序を維持するための道具としての福祉」への転換である。リアル・リバタリアンは、「福祉契約主義が意味するものは、ヴィクトリア朝の救貧法の精神の単なるリバイバルにすぎない」と述べて、これをきびしく批判するのである（White 2003：15）。

ホワイトは、こうしたコミュニタリアンとリアル・リバタリアン双方の見解に、いくつかの点において共感を示しつつも、福祉資本主義の危機に対処するための独自の理念として、「公平な互恵性（fair reciprocity）」という概念を提示する。それは、ホワイトによれば、「社会的生産物をすすんで共有するそれぞれの市民は、その見返りとして、共同社会に対してそれに見合った適切な生産的貢献をおこなう義務を負う」という考え方である（White 2003：17–18）。こうしたホワイトの「公平な互恵性」の原理と福祉契約主義とのちがいは、共同社会に対する市民の「貢献」という概念をどのようにとらえるか、という点にあると思われる。すなわち、福祉契約主義は、共同社会に対する市民の「貢献」を、就労、しかも有償労働への就労に限定してとらえている。しかし、ホワイトによれば、こうした「貢献」のとらえ方はあまりにも狭すぎて、たとえば、主に無償でおこなわれているケア労働のような他の形態の社会的貢献を無視することにつながる（White 2003：15）。これに対して、ホワイトが提示する公平な互恵性の原理は、共同社会に対する市民の「貢献」の意味をより広く解釈し、ケア労働のような無償労働の価値を認めることによって、互恵性の要求を満たそうとするものだと考えられる。

こうしてホワイトは、福祉資本主義の危機にともなう諸問題に対処し、かつ福祉契約主義に対抗するために、公平な互恵性という理念に基づいて経済的シティズンシップを制度化・政策化することを主張した。経済的シティズンシップの具体的な権利と義務としてのシヴィック・ミニマムとは、公平な互恵性の要求を満たすために必要な制度と政策のことを指す（White 2003：19）。ホワイトは、こうした公平な互恵性こそ、「経済的シティズンシップのオルタナティヴな哲学に根拠を与える正義の概念」にほかならないと主張するのである（White 2003：17）。

(2) 経済的シティズンシップとベーシック・インカム

以上のような経済的シティズンシップ論に対しては、いくつかの疑問や批判を予想することができる。真っ先に思い浮かぶのは、「共同社会のすべての成員に対して安定した経済生活を保障しようとする経済的シティズンシップの理念を、具体的にどのような政策手段で実現するのか」という疑問である。マーシャルは、市民的シティズンシップの権利に対応する制度は「法廷」、政治的シティズンシップの権利に対応する制度は「議院および地方議会」、社会的シティズンシップの権利に対応する制度は「教育制度と社会サービス」であると述べている（Marshall 1992：8＝1993：15–16）。それでは、経済的シティズンシップの権利、すなわち共同社会の成員として認められるべき安定した経済生活を営む権利に対応する制度とは、いったい何なのだろうか[14]。この疑問に対しては、近年注目を集めている「ベーシック・インカム（Basic Income）」と呼ばれる政策構想を、その一つの答えとして提示することができる[15]。

ベーシック・インカム構想の主唱者の一人であるP・ヴァン・パリースは、ベーシック・インカムを「政治的共同体によってその成員すべてに対して個人ベースで資力調査や就労要請なしに支払われる所得」と定義している（Parijs 2004＝2008：88）。また、日本においてこの構想をいち早く紹介した小沢修司は、ベーシック・インカムを「就労の有無、結婚の有無を問わず、すべての個人（男女や大人子どもを問わず）に対して、ベーシック・ニーズを充足するに足る所得を無条件で支給しようという最低限所得保障」と定義している（小沢 2002：100）。最も包括的な定義だと思われるのは、「ベーシック・インカム・アース・ネットワーク（Basic Income Earth Network：以下、ＢＩＥＮと略記）」のウェッブ・ページに掲げられている、次のような定義である。

ベーシック・インカムとは、資力調査（means test）も就労要件（work requirement）もなしに、個人単位で、すべての人に対して、無条件で支払われる所得である。それは、最低所得保障の一つの形態であり、以下の三つの重要な点において、現在ヨーロッパ諸国に存在している所得保障とは異なっている。

・それは、世帯に対してではなく、個人に対して支払われる。

・それは、他の収入源から所得があっても支払われる。

・それは、いかなる仕事の能力も仕事を受け入れる意欲も必要とせずに支払われる[16]。

このように、共同社会のすべての成員に対して個人単位で無条件に支給されるという特徴をもったベーシック・インカムは、「より完全な程度の平等」をめざすシティズンシップの理念、とくに共同社会のすべての成員に対して安定した経済生活を保障しようとする経済的シティズンシップの理念と、きわめて親和性の高い政策構想だといえる[17]。ベーシック・インカムをめぐる論争を手際よく整理したトニー・フィッツパトリックは、ベーシック・インカムは「シティズンシップに基づく個人の権利」であると述べている（Fitzpatrick 1999 : 3 = 2005 : 3)。フィッツパトリックは、「ベーシック・インカムは、シティズンシップの原理を社会保障システムにはじめて導入するだろう」と指摘して、その理由を次のように説明している。長文になるが、重要な箇所なので引用してみたい。

ベヴァリッジやマーシャルは、戦後の福祉国家における受給資格が、最も基本的なレベルにおいてシティズンシップに基づくものであると主張した。問題は、彼らが実際に語ったのが、男性の市民としての労働者であって、しかもこのような限られた内容のシティズンシップでさえ、現金給付にかんしては不完全なかたちでしか適用されなかったということである。実際、保険と扶助の給付は、それぞれ貢献と必要の原理によって組織された。貢献原理の問題は、さまざまな前提が置かれるため、一定の基準に適合しない人々を差別することになるということである。このため、保険給付には、女性を差別する効果があった。女性の雇用は断続的で、低賃金であることが多かったからである。必要原理もまた、排除をともないがちである。困窮者を判別し、そこに絞って資源を投入するという過程は、容易に統制と監視のシステムへ転化するからである。

したがって、社会的公正について真剣であろうとするならば、今後はシティズンシップの原理が受給資格にとって大きな役割を果たすことになるだろう。シティズンシップの原理は、それ自体としてベーシック・インカムが正当な制度だと証明するものではない（それは本節のめざすところではない）。しかし、すべての批評家が認めるように、シティズンシップについてのいかなる議論も、ベーシック・インカムを無視することはできないのである（Fitzpatrick 1999：46＝2005：54）。

この文章には、本章で検討した論点がほぼ網羅されている。フィッツパトリックが指摘するように、ベーシック・インカムとは、シティズンシップを受給資格とする所得保障制度のことだと理解することができる。こうした観点から、ベーシック・インカムのことを「シティズンズ・インカム（Citizen's Income）」と呼ぶ論者もいる。フィッツパトリックによれば、イギリスでは、ベーシック・インカムに代わって、シティズンズ・インカムという名称のほうが一般的になりつつあるそうである（Fitzpatrick 1999：14＝2005：16）。ブッシュメーカーも、「基礎的な最低限の所得（basic minimum income）」保障のことを「シティズンシップ・インカム」と呼んでいる（Bussemaker 1999b：78）。ビル・ジョーダンは、「ベーシック・インカムの原理は、確かにシティズンシップの新たな用語法を定義するだろう」と述べている（Jordan 1987：164-165）。ジョーダンがいうように、ベーシック・インカムという政策構想の登場によって、シティズンシップという概念が新たな可能性を開きつつあるように思われる。

以上のように、共同社会のすべての成員に対して個人単位でかつ無条件で最低限の所得を保障しようとするベーシック・インカム構想は、経済的シティズンシップの理念を具体的に実現する政策手段として、きわめて有効であるということができる。前項で取りあげたリトルとホワイトも、それぞれ濃淡はあるものの、ベーシック・インカム構想について肯定的に言及している（Little 1998 : 107–132 ; White 2003 : 153–175）。ただし、共同社会のすべての成員に対して最低限の所得を保障しようとする政策構想には、ベーシック・インカム以外にも、「社会配当（Social Dividend）」や「参加所得（Participation Income）」など、いくつかのヴァリエーションが存在する。いずれの政策構想が経済的シティズンシップの理念と最も適合するのか、また、そもそもこうした政策構想は財政的に実現可能なのか[18]、さらに、仮に実現可能であったとしても、共同社会の成員に規範的・道徳的な観点から受け入れられるかどうかなど、検討すべき課題はまだ多い。経済的シティズンシップの理念を具体化するためには、こうした諸課題についてさらに検討を続けることが必要であろう。

以上、本章において筆者は次のようなことを論じた。①社会的シティズンシップという概念は、権利と義務についての市民と国家の互恵性という論理を内在させており、また、性別役割分業に基づく家族モデルを前提としている。このため、社会的シティズンシップに基づく従来の福祉国家は、普遍的な福祉を提供できていない。②こうした社会的シティズンシップの限界から、社会的排除や貧困の女性化といった、新たな問題が生じている。③こうした諸問題に対応するためには、従来のシティズンシップ概念のなかに、新たに経済的シティズンシップというカテゴリーを設け、共同社会のすべての成員に対して安定した経済生活を保障する必要がある。④経済的シティズンシップの理念を実現するための具体的な政策手段として、ベーシック・インカムが考えられる。

筆者は、本章において、経済的シティズンシップという概念を検討することをつうじて、二一世紀におけるシティズンシップと福祉国家の関係のあり方について考察しようとしたのであるが、以上の議論によってその目的が十分に達成されたとはいいがたい。経済的シティズンシップをめぐる議論は、本章の副題どおり、まだ「試論」的な段階にとどまっており、不明確な点も多く、検討すべき課題が数多く残されている。こうした課題の検討については、他日を期したいと考えている。

注

(1) ただし、同時にキムリッカは、「現在のシティズンシップ論の隆盛を額面どおりに受け取るわけにはいかない、……多くの場合、シティズンシップという新しい言葉は、社会制度の正義にかんする従来の理論をカムフラージュするために使用(あるいは誤用)されている」とも述べている(Kymlicka 2002 : 317 = 2005 : 460)。

(2) ニュー・ライトによる福祉国家批判については、伊藤(1995a)を参照されたい。

(3) ただし、マーシャルも、社会的シティズンシップが住宅政策や教育政策をつうじて新たな社会的不平等をつくりだしてしまう可能性については認識していた(Marshall 1992 : 35-39 = 1993 : 76-86)。

(4) シティズンシップにおける権利と義務の互恵性という論点については、田村(2007a, 2007b)、亀山(2009)から有益な示唆を得た。

(5) ホワイトは、こうした考え方を支持する論者として、ローレンス・ミード、アミタイ・エツィオーニ、ウィリアム・ギャルストン、フランク・フィールド、アンソニー・ギデンズ、ピエール・ロザンヴァロンらの名を挙げている。ホワイトは、こうした論者のあいだには若干の意見の相違はあるものの、総じて彼らは「国家は責任ある行動に対する準契約的な見返り(quasi-contractual return)として、福祉国家の給付をおこなうべきだ」という福祉契約主義者の見解に賛成していると述べている(White 2003 : 12-13)。

(6) たとえば、一九九八年三月にイギリス政府が発行したグリーン・ペーパーのなかには、「現代福祉国家の中心には、責任と権利に基づく市民と政府のあいだの新しい契約が存在するであろう」という文章がある(Department of Social Security 1998 : 80 = 2008 : 123)。

(7) 社会的排除とシティズンシップの関係については、亀山(2007)から有益な示唆を得た。

(8) ルイスは、他の論文でも、男性稼ぎ手モデルとは、「男性は稼ぐことが主な仕事であり、女性は子どもと老人のケアをすることが主な仕事であるという仮定」に基づく家族モデルだと述べている。男性稼ぎ手モデルにおいては、女性は男性に経済的に依存しており、そうした経済的依存に基づいて家庭内でのケア労働がおこなわれている。女性と子どもは、あくまでも男性稼ぎ手の扶養家族として社会保険プログラムのなかに入れられている。それゆえ、男性稼ぎ手モデルは、「男性のフルタイムでの就業」と「両親がそろった安定した家庭」に決定的に依存するモデルである（Lewis 2003：177）。

（9） セインズベリは、男性稼ぎ手モデルの対極に位置づけられる家族モデルとして、「個人モデル（individual model）」という理念型を提示している。個人モデルとは、特定の家族形態を選好せず、性別役割分業を前提としないで、夫と妻がともに稼ぎ手とケア労働の担い手という役割を果たすという家族モデルである（Sainsbury 1996：42）。

（10） 福士（2009）を読み、その議論に触発されることがなければ、本稿を執筆することはなかったであろう。この場を借りて謝意を表したい。

（11） 後者の論文は、二〇〇〇年一〇月六～七日にドイツのベルリンで開催されたＢＩＥＮ第八回大会における報告ペーパーである。

（12） ケスラー＝ハリスとホワイトの経済的シティズンシップ論をまとめるにあたっては、原（2008）に多くを負っている。この場を借りて謝意を表したい。

（13） ＡＦＤＣとは、扶養を要する一八歳以下の子どもをもつ貧困家庭を対象とした公的扶助制度である。連邦政府が州に補助金を交付し、各州がそれぞれ独自の基準によって運営する。扶助の内容は、各州の基準に基づく現金給付、就職奨励プログラム、就職斡旋サービス、保育を含んでいる。その受給者の多くは、未婚で子どもを産んだ貧しいシングル・マザーである。こうした公的扶助制度に、一九六七年に就労促進プログラム（Work Incentive Program）が導入された。この導入により、ＡＦＤＣの成人受給者はプログラムへの登録を義務づけられ、職業訓練や求職・就職活動を要求され、登録をしない者はＡＦＤＣの受給資格を失うことになった（杉本 2003：21, 70, 123-124）。

（14） 経済的シティズンシップをめぐるもう一つの重要な論点として、「共同社会のすべての成員に対して労働への権利を保障しようとする経済的シティズンシップの理念を、具体的にどのような政策手段で実現するのか」という問題がある。筆者の力不足から、本稿においてはこの問題について検討することができなかった。この問題についての検討は、別の機会に譲らせていただきたい。

（15） ベーシック・インカム構想については、以下の文献を参照されたい。Fitzpatrick（1999＝2005）、Parijs（1995＝2009；2004＝2008）、小沢（2002）、武川（2008）、山森（2009）。

(16) http://www.basicincome.org/bien/aboutbasicincome.html

(17) ベーシック・インカムとシティズンシップの関係については、田村（2008）から有益な示唆を得た。

(18) ベーシック・インカム構想の財政的な実現可能性については、吉原（2009）、齊藤（2009）を参照されたい。吉原は、「ベーシック・インカム制度は、少なくとも本稿で考察したような閉鎖経済モデルにおいては、十分に実行可能な経済制度であると言えよう」と述べている（吉原 2009：116）。また、ヴァン・パリースの『ベーシック・インカムの哲学』の訳者の一人である齊藤は、「現在のBI〔ベーシック・インカム〕論壇は……「政策としてのBIの精緻化」に向かっている。それは、BIをBI論壇外部に向けて擁護する議論を終わらせ、BI論壇内部での相違に目を向け、制度設計の詳細を突き詰めるという方向性である」と述べている（齊藤 2009：157）。

文献一覧

Berghman, Jos（1995）, "Social Exclusion in Europe : Policy Context and Analytical Framework," in Graham Room eds., *Beyond the Threshold : The Measurement and Analysis of Social Exclusion*, Bristol : Polity Press.

Bussemaker, Jet（1999a）, "Introduction : The Challenges of Citizenship in Late Twentieth-Century Societies," in Jet Bussemaker ed., *Citizenship and Welfare State Reform in Europe*, London : Routledge.

Bussemaker, Jet（1999b）, "Citizenship and Changes in Life-Courses in Post-Industrial Welfare States," in Bussemaker ed., *op. cit.*

Department of Social Security,（1998）, *New Ambitions for Our Country : A New Contract for Welfare*,（Cm 3805）, London : Stationery Office. 柏野健三訳『新福祉契約――英国の野心』帝塚山大学出版会、二〇〇八年。

Dobson, Andrew（2003）, *Citizenship and the Environment*, Oxford : Oxford University Press. 福士・桑田訳『シチズンシップと環境』日本経済評論社、二〇〇六年。

Fitzpatrick, Tony（1999）, *Freedom and Security : An Introduction to the Basic Income Debate*, New York : Palgrave Macmillan. 武川・菊地訳『自由と保障――ベーシック・インカム論争』勁草書房、二〇〇五年。

Fraser, Nancy（1997）, *Justice Interruptus : Critical Reflections on the "Postsocialist" Condition*, New York : Routledge. 仲正監訳『中断された正義――「ポスト社会主義的」条件をめぐる批判的省察』御茶の水書房、二〇〇三年。

Friedman, Milton & Rose（1980）, *Free to Choose : A Personal Statement*, New York : Harcourt Brace Jovanovich. 西山

訳『選択の自由——自立社会への挑戦』日本経済新聞社、一九八〇年。
Hansen, Randall A. (1999), "Against Social Solidarity and Citizenship: Justifying Social Provision in Britain and France," in Bussemaker ed., *op. cit.*
Heater, Derek (1999), *What is Citizenship?* Cambridge: Polity Press. 田中・関根訳『市民権とは何か』岩波書店、二〇〇八年。
Hindess, Barry (1993), "Citizenship in the Modern West," in Bryan S. Turner ed., *Citizenship and Social Theory*, London: Sage Publications.
Jordan, Bill (1992), "Basic Income and the Common Good," in Philippe Van Parijs ed., *Arguing for Basic Income : Ethical Foundations for a Radical Reform*, London: Verso.
Kessler-Harris, Alice (2003), "In Pursuit of Economic Citizenship," *Social Politics : International Studies in Gender*, Vol. 10, No. 2.
Kymlicka, Will (2002), *Contemporary Political Philosophy : An Introduction*, 2nd ed., Oxford : Oxford University Press. 千葉ほか訳『新版　現代政治理論』日本経済評論社、二〇〇五年。
Lewis, Jane (1992), "Gender and the Development of Welfare Regimes," *Journal of European Social Policy*, Vol. 2, No. 3.
——— (2003), "Economic Citizenship : A Comment," *Social Politics : International Studies in Gender, State & Society*, Vol. 10, No. 2.
Little, Adrian (1998), *Post-Industrial Socialism : Towards a New Politics of Welfare*, London: Routledge.
——— (2000), "Civil Societies and Economic Citizenship : The Contribution of Basic Income Theory to New Interpretations of the Public Sphere," The Basic Income Earth Network, 8th Congress, 6-7 October 2000, (http://www.basicincome.org/bien/papers.html #2000).
Loney, Martin, John Clarke, and David Boswell eds. (1983/1996), *Social Policy and Social Welfare*, Buckingham : Open University Press. 大山ほか訳『イギリス社会政策論の新潮流——福祉国家の危機を超えて』法律文化社、一九九五年。
Marshall, T. H. (1950/1992), *Citizenship and Social Class : and Other Essays*, reprinted in T. H. Marshall and Tom Bottomore, *Citizenship and Social Class*, London : Pluto Press. 岩崎・中村訳『シティズンシップと社会的階級——近現

代を総括するマニフェスト』法律文化社、一九九三年。
Parijs, Philippe Van（1995）, *Real Freedom for All : What*（*if Anything*）*Can Justify Capitalism?* Oxford : Clarendon Press. 後藤・齊藤訳『ベーシック・インカムの哲学――すべての人にリアルな自由を』勁草書房、二〇〇九年。
――（2004）, "Basic Income : A Simple and Powerful Idea for the Twenty-first Century," *Politics & Society*, Vol. 32, No. 1. 齊藤・後藤訳「ベーシックインカム――21世紀を彩る簡潔で力強い観念」『社会政策研究』第八号、二〇〇八年。
Pierson, Christopher（1991）, *Beyond the Welfare State?: The New Political Economy of Welfare*, University Park, Pa.: Pennsylvania State University Press. 田中・神谷訳『曲がり角にきた福祉国家――福祉の新政治経済学』未来社、一九九六年。
Plant, Raymond（1985）, "The Very Idea of a Welfare State," in Philip Bean, John Ferris, and David Whynes eds., *In Defense of Welfare*, London : Tavistock Publications.
Rees, Anthony M.（1996）, "T.H. Marshall and the Progress of Citizenship," in Martin Bulmer and Anthony M. Rees eds., *Citizenship Today : the Contemporary Relevance of T. H. Marshall*, London : UCL Press.
Roche, Maurice（1987）, "Citizenship, Social Theory, and Social Change," *Theory and Society*, Vol. 16, No. 3.
Sainsbury, Diane（1996）, *Gender, Equality, and Welfare States*, Cambridge : Cambridge University Press.
White, Stuart（2003）, *The Civic Minimum : On the Rights and Obligations of Economic Citizenship*, New York : Oxford University Press.

阿部彩（2007）「現代日本の社会的排除の現状」福原宏幸編著『社会的排除／包摂と社会政策』所収、法律文化社。

伊藤周平（1995a）「福祉国家とニューライト――国家、市場、家族」『大原社会問題研究所雑誌』第四三五号。

――（1995b）「福祉国家とフェミニズム――女性、家族、福祉」『大原社会問題研究所雑誌』第四四〇号。

――（1996）『福祉国家と市民権――法社会学的アプローチ』法政大学出版局。

――（2007）『権利・市場・社会保障――生存権の危機から再構築へ』青木書店。

小沢修司（2002）『福祉社会と社会保障改革――ベーシック・インカム構想の新地平』高菅出版。

金田耕一（2000）『現代福祉国家と自由――ポスト・リベラリズムの展望』新評論。

亀山俊朗（2007）「シティズンシップと社会的排除」福原編著、前掲『社会的排除／包摂と社会政策』所収。

――（2009）「シティズンシップをめぐる政治」『大阪大学大学院人間科学研究科紀要』第三五号。

齊藤拓（2009）「ベーシックインカム（ＢＩ）論者はなぜＢＩにコミットするのか？ ――手段的なＢＩ論と原理的なＢＩ論について」『Core Ethics』第五号。

杉本貴代栄（2003）『アメリカ社会福祉の女性史』勁草書房。

武川正吾（2008）「二一世紀社会政策の構想のために――ベーシック・インカムという思考実験」武川正吾編著『シティズンシップとベーシック・インカムの可能性』所収、法律文化社。

田村哲樹（2007a）「シティズンシップと福祉改革」『名古屋大學法政論集』第二一七号。

――（2007b）「シティズンシップ論の現在――互恵性概念を中心に」杉田敦編『岩波講座・憲法3　ネーションと市民』所収、岩波書店。

――（2008）「シティズンシップとベーシック・インカム」武川編著、前掲『シティズンシップとベーシック・インカムの可能性』所収。

中村健吾（2005）『欧州統合と近代国家の変容――ＥＵの多次元的ネットワーク・ガバナンス』昭和堂。

――（2007）「社会理論からみた「排除」――フランスにおける議論を中心に」福原編著、前掲『社会的排除／包摂と社会政策』所収。

原伸子（2008）「福祉国家と家族政策の「主流」化――「ワーク・ライフ・バランス」の論理とジェンダー平等」『大原社会問題研究所雑誌』第五九四号。

深澤和子（2002）「福祉国家とジェンダー・ポリティックス――ジェンダー関係の戦略的転換への途」宮本太郎編『福祉国家再編の政治』所収、ミネルヴァ書房。

福士正博（2009）『完全従事社会の可能性――仕事と福祉の新構想』日本経済評論社。

堀江孝司（2002）「シティズンシップと福祉国家――危機の諸相と刷新の方向性をめぐって」宮本編、前掲『福祉国家再編の政治』所収。

山森亮（2009）『ベーシック・インカム入門――無条件給付の基本所得を考える』光文社新書。

吉原直毅（2009）「ベーシック・インカムの実行可能性（連載 福祉社会の経済学 第一〇回）」『経済セミナー』第六四六号。

第5章　ニュー・レーバーのシティズンシップ・モデル

安　章　浩

1　ブラウン政権下のシティズンシップの方向性

二〇〇七年六月にブレア辞任後[1]、労働党政権を継承したブラウン首相は、基本的に、ブレアの「第三の道」的改革路線を継承し、「ニュー・レーバー的」な価値の実現、つまり、公正と効率を両立させることに努めてきた。周知の通り、ブラウン政権が誕生してまもなく、アメリカ発のサブプライムローン問題に端を発する金融危機の問題が、世界中に飛び火し、イギリスもその影響を免れなかった。例えば、二〇〇八年二月、経営危機に陥ったイギリスの中堅銀行のノーザン・ロックを同政権が国有化し、公的資金を投入することで、金融危機に対処したことは記憶に新しい。

このように、政権誕生早々に世界的金融危機に巻き込まれ苦しい政策運営を強いられてきたが、ブラウン政権の政治的方向性は、ブレアの「第三の道」的レールの上にあり、比較的に理解されやすいといえる。すなわち、脱社会主義化とグローバル化の時代に、社会民主主義（第一の道）と新自由主義（第二の道）をポジティブに継承し、両者をミックスした上で、ブレアによって打ち出された「第三の道」的な方向性は、ニュー・レーバーの政策運営の要である。(2) それは、国家運営について言えば、ブレア政権では、サッチャリズム的な「小さな政府」の追求を「機能する政府」の構築と再解釈し、「政府の現代化」を推進してきた。(3) ブレアは、「政府がどれだけ為すかではなく、政府が何を行うのか、そしていかに上手く行うのかが現代社会における政府の重要な役割である」(Blair 1998: 15) と述べ、価値の平等、機会の平等、個人の責任、コミュニティに最重要価値を置いた政策理念を展開した。

こうしたニュー・レーバーの政治運営が展開される中、国家と市民との関係の再編成が試みられるようになった。ブレアは、「市民が自分たちに影響する政策決定に参加できるような新しい方法を発見することによって、民主的な推進力が強化される必要がある……成熟した社会においては、もし、代表者が市民の意見を十分に尊重し、市民の生活に影響する重要な決定に関して、市民との話し合いが促進されるならば、代表者はより良き決定を下せるだろう……より民主的自治の促進に対する要求は、教育レベルの高い市民によって促され……我々は、権限を移譲して、より開かれた応答的な政府を構築することによって、こうした要求に応えていかねばならない」(Blair 1998: 15-17) と述べ、市民による民主的な決定を尊重する参加民主主義の立場を明確にし、自らが属するコミュニティに積極的に関わっていけるような市民としての資質を養成するために、シティズンシップ教育 (Citizenship Education) を充実させた。(4) 例えば、イギリスでは、二〇〇二年九月より、キー・ステージ3、4 (一一歳〜一六歳) の中等教育に、ナショナル・カリキュラムとして「シティズンシップ」教科が導入され、生徒に同教科の履修が義務づけられた。こうした市民資質向上教育のメインの学習領域の中核は、(1)参加民主主義の性質や実践に関する必要な知識、スキル、価値を身につけさせること、(2)能動的な市民 (Active Citizen) へと各人が自己発展するための必要な権利や義務、責任感の意識を向上させること、(3)こうした過程を通じて、地方コミュニティにおける参加の価値を個人、学校、社会のなかに確立すること、である (Qualifications and Curriculum Authority 1998 : 40)。

ブレアは、このようなシティズンシップ教育の充実を通じて、コミュニティの再生をサポートする市民の育成を図り、「能動的市民」による参加民主主義の実現に思いをはせると同時に、そうした成熟した「政治的市民」の形成と並行する形で、次に就労を通じて、市民が自立していけるように「積極的な福祉」を進める「経済的シティズンシップ」の充実といった方向性に向けた政策にも取り組んだ。さらに、彼は公共サービス提供機関に、市民を「顧客」として応対させることによって公共サービスの質の向上を目指させることにしたが、そういった公共サービス改善プロセスの中で、市民が公共サービスに対してさらなる質的改善への期待を抱けるように、またそうした「顧客」的対応を求める市民の期待に沿う方向へと公共サービス提供機関に政策執行を実行させていけるようにプレッシャーをかけていくこと等を主たる内容とする、いわゆる「顧客シティズンシップ」といった方向性の充実にも配慮した政策を展開している。こうした「顧客シティズンシップ」の新しい展開は、後ほど述べる現代的シティズンシップの新しい展開として解釈されると考えられる。というのは、マーシャルによるシティズンシップ論の市民的権利、政治的権利、社会的権利の分類を踏襲して、市民的権利に関して見るならば、選択の自由の拡大等の新自由主義的な権利拡大に対応する形で、右の「顧客シティズンシップ」的方向性によって市民的権利がさらに充実されてきたものと推察されるからである。また、マーシャルのいう社会的権利は、ニュー・レーバー政権によって「第三の道」的に再解釈・再構成され、前記の「経済的シティズンシップ」の充実や、「積極的な福祉」政策の方向性の中で意味解釈・意味拡大を経て、意味変化してきているものと考えられるからである。このように、ニュー・レーバーのシティズンシップに対する方向性は、従来のシティズンシップ概念を「第三の道」的に再構成したものを包含しているものと解釈されるのである。

こうしたニュー・レーバーによる現代的シティズンシップ的方向性への再構成は新しい「市民性」概念を模索させるものであるとされる。ホーカン・ヨハンソン達によれば、現代的シティズンシップの特徴は、①社会的リベラル・シティズンシップ、②リバータリアン・シティズンシップ、③共和主義的シティズンシップの三つに分類されると考える（Johansson and Hvinden 2007 : 40–49）。ここでいう社会的リベラル・シティズンシップは、社会保障の権利の充実等を内容とするシティズンシップであり、リバータリアン・シティズンシップは、市場での市民の選択権の充実等を重視する内容を持ったものであり、また、共和主義的シティズンシップは、コミュニティ等への参加の充実等を内容としたものでもある。これらをニュー・レーバーのシティズンシップ・モデルに当てはめて見ると、①は、ニュー・レーバーによって再解釈された福祉政策の典型である「就労を通じての福祉」政策の追求といった「経済的シティズンシップ」の構築に、②は、「顧客シティズンシップ」の構築に、③は、「シティズンシップ教育」の充実による「能動的市民」の育成の模索に、それぞれ部分的なものも含めて対応するものと考えられる。このように、ニュー・レーバーのシティズンシップ・モデルは前記の三つの現代シティズンシップの混合的充実を方向性として持つものであると考えられるが、「就労を通じた市民の自立」や「コミュニティの重視」、そして「市場における選択権の充実」といったニュー・レーバーが重視する政策理念をそれぞれ満たすためには、それぞれの現代的シティズンシップの充実が肝要であり、それらの充実を目指す政策展開が必要である、とニュー・レーバーがみなしているものと解釈される。国家が積極的に国民生活に介入していく時代から、国家は「舵取り役」にとどまり、市民がコミュニティの中で自らの自治を実践していくような市民やNPO等が主体となったガバナンスの時代へと移行する中で、[5] こうした時代の趨勢に対して、ニュー・レーバーはシティズンシップ概念の再構成によって対応しようとしているものと考えられる。

こうしたニュー・レーバーによるシティズンシップの再構成の中で、「政府の現代化」を目指す行政改革の目的の一つとして、公共サービスの質の向上がある。そして、この公共サービスの質の向上の一環として、市民を「顧客」と捉え、公共サービスを改善していこうとする方向性、つまり、「顧客シティズンシップ」の充実といった方向性が見られるが、それは、ブレア政権が、メージャー政権の「市民憲章」政策[6]から基本理念や基本内容を継承して実施した「チャーターマーク（Charter Mark）」政策、そして、この政策をさらに再構成して実施しているブラウン政権の「顧客への優良な公共サービスの提供（Customer Service Excellence）」政策（以下、「ＣＳＥ」政策と略す）に表出されているものと考えられる。このニュー・レーバーによる「顧客シティズンシップ」の充実の方向性は、現在日本の行政改革を方向付ける重要なテーマとなっている「顧客本位」の行政構築の方向性を探る政策展開にも大いに参照事例になりうると考えられる。[7] そこで、本章では、ブラウン政権の行政改革の方向性を明確にしつつ、市民に対する公共サービスの質の向上等を内容とするいわゆる「顧客シティズンシップ」を充実させるために、ブラウン政権が実施している「ＣＳＥ」政策の内容等について検討し、ニュー・レーバーの「顧客シティズンシップ」の有するその政治的意義、そして、ニュー・レーバーのシティズンシップ・モデルの特徴等を明らかにすることで、現代的シティズンシップの特性等を明らかにしていきたいと考えている。

2　ブラウン政権の行政改革の方向性

ブラウン政権は、自らの行政改革の方向性を明確にするために、二〇〇八年に『優良な行政サービスの提供とその公正性の確保――最上級の公共サービスの達成』（以下、『優良な行政サービスの提供とその公正性の確保』と称する）、を公表した。[8]『優良な行政サービスの提供とその公正性の確保』は、以下のような章構成になっている（Cabinet Office 2008 : 3）。

序章　最大限の野望
1章　最上級の公共サービスの特性
2章　市民へのエンパワーメント
3章　新しいプロフェッショナリズム

結論

『優良な行政サービスの提供とその公正性の確保』の序文で、ブラウン首相は、「最上級の公共サービスの提供は、あらゆる市民社会の中核に属する。……我々の改革の第一の目標は、公共サービスにおいて、その優良性と公正性を結合することであらねばならない。全ての市民は、どこに住んでいようが、また、彼らがいかなる背景を持とうが、第一級の公共サービスを期待する権利を持つ」（Cabinet Office 2008：5）と述べ、それを具体化するためには、市民に公共サービスに対する選択肢を増大させ、全ての公共サービスの利用者に公共サービスの質についての明確で比較可能な情報を提供し、公共サービスにおける顧客満足度の充実や、官民がパートナーシップを構築して公共サービスについてともに考えていく姿勢等が必要であると考える。さらに、公共サービスを充実していくためには、公共サービスにおける新しいプロフェッショナリズムの形成が必要であると考える。こうした、市民へのエンパワーメントや新しいプロフェッショナリズムの形成が意味を持つためには、政府は強力なリーダーシップや明確な方向性、そして、公共サービスに対する持続的な投資が必要であると考える。

ブラウン政権によると、このような公共サービスが最上級なものであるためには、以下のことが必要であると考える（Cabinet Office 2008：12）。

・最上級のアウトカムを提供すること。
・個々のニーズに応答するような公共サービスのユーザーの特性に対応したアプローチを採用すると同時に、公共サービスのユーザーに対して、公正に、迅速に、かつ効率的に基本サービスを提供し、公共サービスの提供過程に瑕疵があれば迅速に対応すること。

図1　ブラウン政権の Excellence and Fairness モデル

出典：Cabinet Office 2008 : 14.

・公共サービス提供過程において公正でかつ公平であること。
・支出に見合ったより良き価値を提供すること。

そして、右の事項に配慮した公共サービスの特性は以下のことが包含されるという（Cabinet Office 2008 : 13–14）。

・市民が受け取る公共サービスに彼らが影響を与えることができるようにエンパワーメントされていること。
・公共サービスを提供するにあたって、プロフェッショナル達が変革の触媒として行動すること。
・政府は戦略的なリーダーシップを提供すること。

ブラウン政権は、前記のように、行政改革の中心テーマの一つに、最上級の公共サービスの提供を掲げ、そのためには、①市民へのエンパワーメントの充実、②新しいプロフェッショナリズムの形成、③政府による戦略的リーダーシップの三つが必要であり（図1参照）、これらを重点的に推進していくことで優良な公共サービスの提供と公正性の確保を両立させることを目的としていると考えられる。

「顧客シティズンシップ」との関係で重要なのは、①の市民へのエンパワーメントの充実、といった方向性であり、それと密接に関連を持つものと考えられるのがブラウン政権の「ＣＳＥ」政策である、従って、次に、「ＣＳＥ」政策の内容について検討してみたい。

3　ブラウン政権の「ＣＳＥ」政策

二〇〇八年一〇月より、ブラウン政権は、チャーターマーク政策を再構成し直した「ＣＳＥ」政策を実施した。同政策の目的は、公共サービスの顧客やコミュニティのニーズや選好についての十分な理解に基づいて公共サービスを提供する組織が形成されるように奨励し、そしてそうした組織に権限を与え、またそうした組織を構築した場合に報酬を与えることである。

この「ＣＳＥ」政策が実施された背景には、チャーターマーク制度の見直しに関する諮問を受けて政府によってまとめられた二〇〇六年の『公共サービス改革における顧客の声』、いわゆるハーダン報告（Herdan's Report）が公表され、その勧告案を、二〇〇六年一二月に政府が尊重し、『公共サービス改革における顧客の声―政府の見解』を公表したことがあげられる。ハーダン報告では、チャーターマーク政策を顧客満足をより向上させる要因に基づかせるように変更して、新しい公共サービスの顧客に対する提供の基準が構築されるべきであるとの見解が示された。

ハーダン報告では、次の計一六の勧告が示され、ブラウン政権はそれぞれの勧告に対して概ね受け入れるという見解を示した。以下、ハーダン報告に示された勧告に対する政府の見解の概略を述べることにする（Cabinet Office 2006b：3-8）。

勧告1

チャーターマーク政策は、顧客満足度の測定を通じたアウトカムの実証と、各組織が継続的な公共サービスの改善を達成することが可能となるような、公共サービスの内容を診断するユニークで包括的なツールとが結合されたものとして再構成されるべきである。

勧告1に対する政府の見解

我々は、新しい公共サービスの基準が、顧客サービスという争点に明確に焦点をあてたものであるべきだという見解には同意する。新しい基準は、顧客満足度の測定を含めて、顧客の要望が何かについての理解を深化させる厳しい要求が設定されるであろう。

勧告2

新しいチャーターマーク政策は、スタッフが課題を達成した場合、そのことを認め、かつそれにふさわしい賞賛の利益を提供し続けるべきである。

勧告2に対する政府の見解

我々は、課題の達成と、その成功を賞賛することを認めることが基準のエートスの本質的な部分であり、このことが新しい制度の下に強力に促進されることに同意する。

勧告3

新しいチャーターマーク政策は、イギリスの公共サービス提供の文脈において、その妥当性が確証されている顧客の満足度を向上させる主要な五つの促進要因に全面的に適合するものでなくてはならない。チャーターマーク政策の内容のうち、これらの顧客の満足度を向上させる主要な促進要因と関係のないものは、廃止すべきである。

勧告3に対する政府の見解

我々は、顧客のニーズや選好は公共サービスのデザインやその提供にとって出発点であるという原理に従って、顧客満足度を向上させる主要な促進要因が新しい基準の基礎部分を形成すべきであるとする見解には同意する。

勧告4

新しい制度には顧客満足度を向上させるための主要な促進要因を中心に構築された顧客満足度をより厳格に測定するフレームワークが組み込まれるべきである。

勧告4に対する政府の見解

我々は、新しい基準が顧客本位のためのアウトカムであったかどうかに関する厳格なテストにより焦点をあてるべきだとする見解には同意する。

勧告5

質の改善がなされたかどうかを診断するデザインし直されたツールと、顧客満足度を測定する新しいフレームワークとの結合は、既存のチャーターマーク政策にとって代わる新しい制度を形成するものであるべきだ。

この制度には改革の規模や新鮮な方向性を示す新しい名称が与えられるべきである。

勧告5に対する政府の見解

我々は、顧客満足度の測定に対するより厳しいアプローチと、新しい基準内に含まれているより広範な顧客に焦点をあてた争点は、公共サービスに対するチャレンジと真の改善を促進するための機会を提示するものと信じる。この文脈の中で、基準の名称を新たに付けることを通じて、以上掲げたような実質的な変化を示す合図となることが望ましいということに同意する。

勧告6

活性化されたチャーターマーク政策は、公共サービス改革のより一般的な展望、そして市民の期待の高まりや変化に応える公共サービスの改革において重要な役割を果たすように位置づけられるべきである。

勧告6に対する政府の見解

我々は新しい基準が我々の政府の改革に対する総体的アプローチにおいて重要な部分を形成するであろうということは同意する。

勧告7

新しいチャーターマーク政策は、結果が他者によって信頼されるように、認証された組織による厳格な外部的評価を継続的に受け入れなくてはならない。しかし、そのプロセスは自己評価を行っている組織により信頼が置かれるように簡素化されるべきである。

勧告7に対する政府の見解

我々は、外部による評価のプロセスがこの制度の信頼性を高め、申請者の業務利益が最大になるように厳格化すべきであるという点については同意する。

勧告8

顧客満足度を向上させる五つの主要な促進要因に基づく新しいチャーターマークの制度のための基本的で一般的な判定基準、特別なガイダンスを確立すること、そして、事例研究が、特殊な部門のニーズにマッチしたものになるように展開させるべきである。

勧告8に対する政府の見解

我々は、新しい基準が全ての公共サービスに適用されることが重要であると考えるが、時と場合によっては、その適用に際して、部門やサービスのタイプによっては新しい基準の解釈の変更もあり得ると考えている。

勧告9

新しい基準を指導する規制担当官と、新しい基準が遵守されているかどうかをモニターして、監査・評価する監査担当官は協力して、例えば、保健や教育を担当する官庁や自治体の場合、新しいチャーターマーク制度が信頼を獲得し、それらが高められるような方向で業務を実施するべきである。

勧告9に対する政府の見解

我々は新しい基準が設定され導入されることは望ましいことであり、各規制や監査を担当する当局者による有意的な協力等が確立されるべきであると考える見解には同意する。

勧告10

新しいチャーターマーク政策の制度は、公的機関、民間機関、非営利機関を問わず、公共サービスを提供するあらゆる組織に導入されるべきである。公共サービスの外注を受けた民間企業にも、新しい制度の導入が奨励されるべきである。

勧告10に対する政府の見解

新しい基準は、公共サービスの提供の中核に顧客を置く公共サービス提供機関をサポートし、そして、基本的に顧客本位の公共サービス改革を推進するツールである。我々はそれゆえ新しい基準が、主として、公的機関、民間機関、非営利機関を問わずに適用されるべきであることに同意する。

勧告11

新しいチャーターマーク政策は、継続的な公共サービスの改善を鼓舞し、それに拍車をかけるものとして作用するようにデザインされるべきである。

勧告11に対する政府の見解

我々は新しい基準のデザインにおける重要な構成要素が、継続的な公共サービスの改善をサポートすることに効果があるよう据えられるべきであるとする見解に同意する。

勧告12

新しいチャーターマーク政策が公共サービスの進行中の改革において果たす重要な役割を考慮して、全面的な外注はあり得ないものと考える。公共サービスの基準の改善に最大限の効果を生み出すためにも、新しいチャーターマーク政策を実施・担当する中央機関は、内閣府ないしは首相直轄執行室に置かれるべきである。

勧告12に対する政府の見解

基本的にそういった新しいチャーターマーク政策をリードしていく中央機関を設置することには同意する。

勧告13

新しい公共サービス提供の多くは、民間部門によって担当されるべきである。民間部門等による公共サービスの外注の範囲等を定義する作業が残されている。

勧告13に対する政府の見解

勧告12に対する政府の見解の箇所でも述べたように、我々は新しいチャーターマーク政策における公共サービス提供の日常的な運営が内閣府以外によって提供されることがベストであるとする見解や、また、官民のパートナーシップの機会が、顧客に有益なように追求されるべきだとする見解にも賛成である。

勧告14

新しいチャーターマーク制度の運営費用のほとんどは、継続して新しいチャーターマークの認証を受け入れる機関によって担われるべきである。

勧告14に対する政府の見解

同勧告に同意する。

勧告15

新しいチャーターマーク政策の認証を受けた組織が、政府による高い評価を受けてきたこれまでの慣例は尊重されるべきである。

勧告15に対する政府の見解

我々は新しい基準が公共サービスの提供における改善をもたらす上で重要なツールであることを大臣達が認めていることに同意する。

勧告16

新しいチャーターマーク政策の制度を構築する作業が完了した後は、同政策の再検討の結果や新しい制度の実施を公表するイベントの開催を行うべきであり、それを通じて、より広範な公共サービスの改革や公共サービスの改善の展望に同政策がいかに適合しているのかについて周知させるべきである。

勧告16に対する政府の見解

我々は新しい基準を知らしめる効果的なイベントの開催が重要であるという点について同意する。

以上が、ハーダン報告の一六の勧告に対する政府の見解である。ブラウン政権は、こうしたハーダン報告の勧告に基本的に沿う形で、既存のチャーターマーク政策を、「CSE」政策として再構成した。そして、この「CSE」政策に基づく新しい公共サービス提供における五つの基準が作成された。それは、公共サービスを提供する機関に適用されたが、その五つの基準とは次の通りである。(9)

(1) 顧客の立場をより良く理解し、その要望に関する認識を深めること（Customer Insight）

(2) サービス提供組織の文化（The Culture of the Organization）

(3) 情報公開と情報入手へのアクセス（Information and Access）

(4) 公共サービスの提供（Delivery）

(5) 公共サービスの迅速性と質の向上（Timeliness and Quality of Service）

以上のそれぞれについて、公共サービスを担当する機関は以下のように自問・自答しながら、公共サービスの基準を満たすように努力しなければならないとされる。すなわちこの五つの基準はその内容がさらに詳細に次のように示されている。[10]

(1)　顧客の立場をより良く理解し、その要望に関する認識を深めること

—あなたの組織は、顧客の立場とその要望等に対する深い認識を持っているのか？

—あなたの組織は、顧客と協議の機会を設定し、顧客の意見等を摂取しているのか？

—あなたの組織は、提供された公共サービスに対する顧客満足度のレベルを測定しているのか？

(2)　サービス提供組織の文化

—あなたの組織は、顧客本位の組織文化を持っているのか？

—あなたの組織は、政策展開や公共サービスの提供の中心が顧客であるという見解にコミットしているのか？

—あなたの組織は、顧客サービスを担当するスタッフを厚遇しているのか？

(3)　情報公開と情報入手へのアクセス

—あなたの組織は、顧客に対して、正確で完全な情報を提供しているのか？

—あなたの組織は、顧客全てに、あなたの組織によって提供される公共サービスが利用可能になっているのか？

(4)　公共サービスの提供

—あなたの組織は、顧客のために利益をもたらすようなパートナーシップを他の組織と締結しているのか？

—あなたの組織は、提供された公共サービスが当初予定通りであるか、または、それを超えたかどうかに関して、正確に測定可能な基準を備えているのか？

—あなたの組織は、大部分の顧客に対して約束した通りの公共サービスを提供しているのか？

—あなたの組織は、問題に効果的に対処しているのか？

(5) 公共サービスの迅速性と質の向上

—あなたの組織は、顧客の問い合わせ等に対して迅速に対応する基準を設定し、かつ、その基準に沿って実施しているのか？

—あなたの組織は、顧客からの問い合わせがあった時点で、顧客のニーズを特定し、顧客と同意した上で、対応の時間等を設定しているのか？

—あなたの組織は、顧客からの最初の問い合わせに迅速に対応したのか？

以上、ハーダン報告の勧告内容とそれらに対する政府の見解、そして、それに依拠して再編成された新しいチャーターマーク政策の「ＣＳＥ」基準の内容等について見てきた。

ブラウン政権によって新たに開始された「ＣＳＥ」政策は、「顧客本位」の行政を構築するために、公共サービスに対する顧客満足度を向上させるための五つの基準を中核として施行されたが、この政策は、ニュー・レーバーの「顧客シティズンシップ」を充実させるための代表例であると考えられる。前節でも検討したように、ブラウン政権の行政改革の最重要テーマの一つは、最上級の公共サービスの提供であり、それを実現するための一つに、「市民へのエンパワーメント」が掲げられ、そうした方向性の中から、「ＣＳＥ」政策の五つの基準が提示され、「顧客本位」の行政構築を目指しているものと考えられる。

4　ニュー・レーバーのシティズンシップ・モデルの特性

以上、ブラウン政権の行政改革の方向性と新しいチャーターマーク制度の根幹となった「ＣＳＥ」政策導入の背景やその内容について検討してきた。
本節では、こうしたブラウン政権の「CSE」政策がニュー・レーバーのシティズンシップ・モデルとどのような関係にあるのかを検討し、イギリスにおける現代的シティズンシップの特性について考察したいと思う。

ブラウン政権は、前記の通り、顧客本位の行政の構築のさらなる充実のために、ブレア政権のチャーターマーク政策を再構成し、公共サービスに顧客の立場をより反映させることを企図した「CSE」政策を実行した。この方向性は、いわゆる「顧客シティズンシップ」の充実と親和性を持つものと考えられる[11]。ニュー・レーバー政権は、本章の第一節でも示したように、ホーカン・ヨハンソン達の指摘するような現代的シティズンシップの三類型のほとんど全てを自らの政策に関連して再構成し、充実させようと試みた。すなわち、社会的リベラル・シティズンシップ、リバータリアン・シティズンシップ、共和主義的シティズンシップのそれぞれを独自の政策展開と関連させながら充実させていこうとする方向性を追求してきたのである。

ニュー・レーバー政権は、グローバリゼーションの時代には、自己選択や自己責任、個人の自立がますます重視されるが、一方でそれらがもたらす負の側面を緩和・除去するためには、コミュニティを充実させることもまた必要であると考えている[12]。そうしたニュー・レーバーの時代認識から、次の三つのシティズンシップの方向性が追求されるようになったと考えられる。すなわち、第一に、共和主義的シティズンシップの再構成による充実の方向性。ニュー・レーバー政権は、コミュニティへの参画と協力を積極的に行っていく市民が求められ、また共和主義に親和的な市民を育成するためには「シティズンシップ教育」が必要であると考えているからである。第二に、社会的リベラル・シティズンシップの再構成による充実の方向性。同政権は、そうした市民は自分で解決できる問題はなるべく自分で解決に努め、しかし、自分で解決不可能な問題はコミュニティや国家にその解決を求めていくべきであり、そのためには、市民を自立させる方向に福祉を活用していこうとする積極的福祉が必要であると考えているからである。第三に、顧客シティズンシップの再構成による充実の方向性。選択の自由の確保が時代精神の一つとなる中、国家や自治体または民間等によって実施されるべき公共サービスの提供は、効率性のみならず、公正さや質が重要になってくるのであって、そうした市民の高まるニーズに対応していけるように、顧客本位の行政のさらなる構築を形成していくことが重要であると同政権は考えているからである。[13] このように、ニュー・レーバー政権は、現代的シティズンシップの三類型のそれぞれの充実を政策面でミックスさせながら追及しているところに、ブレア、ブラウンと続くニュー・レーバー政権のシティズンシップ・モデルの特性があるものと解釈される。

市民を公共サービスの顧客として対応していこうとするメージャー政権以来のイギリスの行政改革の流れは[14]、市民をあたかも「顧客」のように待遇することによって公共サービスの質を向上させていこうとする、いわば「公共サービス提供者側にとっての指針」を充実させることで、公共サービスの改善を実行していく方向性を強化していった。ここで重要なことは、「顧客シティズンシップ」の充実は、公共サービス提供者側の質の向上に向けた取り組みの改善を通じて実現されていくことが重要な方向性であるので、その充実の方向性は公共サービスの被提供者である市民から見た「公共サービスへの期待の地平」を形成することで、公共サービス提供者側にその「期待の地平」を裏切らないように自らの提供過程の質を改善していくプレッシャーとして作用させていくものと考えられる。[15] こうした「顧客シティズンシップ」の充実による公共サービス提供者へのプレッシャーがいかに効果的に公共サービスの質の改善に連結していくのかがブラウン政権の「ＣＳＥ」政策の課題といえよう。

このように、ブラウン政権は、三つの典型的な現代的シティズンシップの充実をミックスさせて追求しつつ、特に、公共サービスの質の向上のためには、あえて「顧客シティズンシップ」的な充実の方向性を強調することで、同政権独自の公共サービス提供における質の向上へとリンクさせる政策展開を実施している。ブラウン政権による「ＣＳＥ」政策の追求は、「顧客シティズンシップ」の充実とともに、「顧客本位の行政構築」へのプレッシャーとして公共サービスの質の改善を目指させ、それが公共サービスの顧客満足度の向上につながり、最終的には同政権の政府・行政の正統性の効果的な調達へとリンケージしていくものと解釈される。こうした「顧客シティズンシップ」の追求を含む、三つの現代的シティズンシップの混合形態と解釈されるニュー・レーバー政権のシティズンシップ・モデルは、ますますグローバル化し、流動化していく現代社会の国家運営を考える上において、一つの重要な参照モデルになっていくものと考えられよう。(16)

注

(1) ブレア政権について総体的に評価する研究については、Cassey ed.（2009）を参照。

(2) 「第三の道」については、ブレア政権のアイディアと実践が一定の「パス形成」の機能を果たし、政治勢力を超えて影響力を及ぼしていく可能性があることを指摘する文献として、近藤（2008）を参照。

(3) ブレア政権の「政府の現代化」については、安（2005）所収の「ブレア政権による行政改革の具体的方向性」を参照。

(4) イギリスのシティズンシップ教育について体系的に紹介した文献として、杉本ほか（2008）がある。

(5) ブレア政権とガバナンスの関係については、安（2005）を参照。

(6) メージャー政権の市民憲章政策については、安（1997）を参照。

(7) ブラウン政権は、ブレア政権の顧客本位・顧客志向の行政改革を継承・発展させたものと考えられる。ブレア政権の顧客本位・顧客志向の行政改革の具体的な内容については、安（2005）所収の「ブレア政権の行政改革における「顧客志向」の行政構築の意義」を参照。

(8) ブラウン政権で公表された『優良な行政サービスの提供とその公正性の確保』は、同政権の行政改革の方向性を示すものとして提示された。その中で、ブラウン首相は、「優良な公共サービスの提供こそ、市民社会のハートである」と述べている（Cabinet Office 2008 : 5）。

(9) これらの記述は、http//www.cse.cabinetoffice,gov.uk/getFAQ.do から引用した。

(10) これらの記述は、http//www.cse.cabinetoffice,gov.uk/getFAQ.do から引用した。

(11) 本章では、ブラウン政権の「ＣＳＥ」政策と顧客シティズンシップの充実の方向性との間には相関性があると考えており、ここでいう「顧客」の意味合いは、公共サービスの提供機関に対して、公共サービスの受け手たる市民本位の行政を行うべしという規範的な内容を含ませているものと解釈されるので、顧客シティズンシップを、単なる「顧客」=「市民」という狭い捉え方に補われないで、よりポジティブな内容が付与されているものとして解釈する。

(12) ニュー・レーバーは、コミュニティなど下からの政策決定を充実させることで、民主主義をより発展させようとする方向性を重視する(Blair 1998 : 15)。

(13) こうした顧客本位・顧客志向の行政の方向性はまた、統治システムの正統性や信頼性の向上にも貢献していくものと考えられる。両者の関係については、安(2005)所収の「ブレア政権の行政改革を考察するためのプレリュード」を参照。

(14) メージャー政権の顧客本位、顧客志向の行政改革はニュー・レーバーにも継承されたが、ブレア政権は、こうした顧客本位、「顧客志向」の行政改革とともに「成果志向」の行政改革をも目指した点は同政権の行政改革の特徴ともなっている。ブレア政権の成果志向の行政改革については、安(2005)所収の「ブレア政権における『成果志向の行政』の構築と『デリバリー・プロセス』の改善」を参照。

(15) 顧客シティズンシップの充実を、公共サービス提供者側にその「期待の地平」を裏切らないように公共サービスの提供過程の質を改善していくプレッシャーとして機能する方向性へといかに連結させていくかが、公共サービスの提供過程における顧客シティズンシップの「機能的意義」を決定づけていくものと考えられる。あくまでも、顧客シティズンシップの充実の方向性はそれをプラグマティックに機能させていく可能性を探求することに意義があるものと本章では考える。

(16) ニュー・レーバーのシティズンシップの方向性は、前記の三つのモデルをミックスしたものとして本章は解釈しているが、このシティズンシップの方向性が今後のイギリスの政権や他の諸国に「パス形成」として影響を及ぼしていく可能性は強いものと本章では捉えている。これについては、今後の研究成果に期待したい。

文献一覧

Bevir, Mark and R.A.W. Rhodes (2003), *Interpreting British Governance*, London : Routledge.

Blair, Tony (1998), *The Third Way : New Politics for the New Century*, London : Fabian Society.

Cabinet Office (2006a), *The Customer Voice in Transforming Public Services, Independent Report from the Review of the Charter Mark Scheme and Measurement of Customer Satisfaction with Public Services.*

——— (2006b), *The Customer Voice in Transforming Public Services : The Government Response.*

——— (2008), *Excellence and Fairness : Achieving World Class Public Services.*

Casey, Trrence ed.（2009）, *The Blair Legacy : Politics, Policy, Governance and Foreign Affairs*, Basingstoke : Palgrave Macmillan.

Giddens, Anthony（1998）, *The Third Way : The Renewal of Social Democracy*, Cambridge : Polity Press. 佐和隆光訳『第三の道——効率と公正の新たな同盟』日本経済新聞社、一九九九年。

Heater, Derek（2004）, *A Brief History of Citizenship*, New York : New York University Press.

Johansson, Håkan and Hvinden, Bjørn（2007）, "What Do We Mean by Active Citizenship?" in Bjørn Hvinden and Håkan Johansson eds., *Citizenship in Nordic Welfare States : Dynamics of Choice, Duties and Participation in a Changing Europe*, London : Routledge.

Leggett, Will（2007）, "British Social Democracy beyond New Labour : Entrenching a Progressive Consensus," *The British Journal of Politics & International Relations*, Vol. 9, No. 3.

Qualifications and Curriculum Authority（1998）, *Education for Citizenship and the Teaching of Democracy in Schools : Final Report of the Advisory Group on Citizenship 22 September 1998*, London : QCA.

近藤康史（2008）『個人の連帯——「第三の道」以後の社会民主主義』勁草書房。

杉本厚夫ほか（2008）『教育の3Cの時代——イギリスに学ぶ教養・キャリア・シティズンシップ教育』世界思想社。

安章浩（1997）「『市民憲章』とイギリス行政改革の動向——『ホワイトホール文化』から『マネージメント文化』へ」『早稲田政治公法研究』第五四号。

——（2005）『イギリス行政の変容と新しいガバナンス——ニュー・パブリック・マネージメントの現状と展望』㈳行政情報システム研究所。

——（2006）「イギリスにおける新しいガバナンスのランドスケープ——ブレアリズム的ガバナンスと『民主主義の新しい実験の試み』」寄本勝美ほか編『行政の未来』成文堂。

——（2007）「公共政策の行政経営的展開——イギリス・ブレアリズムの分析を通じて」大木啓介編『公共政策の分析視角』東信堂。

主な参照ホームページ

http//www.cabinetoffice,gov.uk/
http//www.cabinetoffice,gov.uk/chartermark.aspx
http//www.cse.cabinetoffice,gov.uk/
http//www.cse.cabinetoffice,gov.uk/homeCSE.do
http//www.cse.cabinetoffice,gov.uk/standardRequirementCSE.do
http//www.cse.cabinetoffice,gov.uk/getFAQ.do
http//www.dcsf,gov.uk/index.htm

第6章　インターネット時代のシティズンシップ
——メディア・リテラシーとシティズン・リテラシー

毛利康秀

「市民の自己決定」という根源的デモクラシーにおいて、市民自らが正確な情報に基づいて意思決定する能力は非常に重要な問題である。ここで、市民が情報を得る手段として、いわゆるクチコミによるコミュニケーションがあり、新聞・出版、テレビ・ラジオなどのマスメディア、電信・電話などのパーソナルメディアが挙げられる。(1) そして、二〇世紀末から二一世紀にかけて、「IT革命」(2) の名のもとに、マスメディアとパーソナルメディアの両機能を併せ持ったインターネットの世界的な普及と利用の一般化が進みつつある。

インターネットの世界的な普及は、シティズンシップに関する論考においても新たな課題の出現を示唆している。インターネットという新しい環境は、人々をとりまく生活世界を大きく変容させ、市民のあり方にまで大きな変化をもたらし得るものである。世界のグローバル化が叫ばれ、シティズンシップに関する諸議論においても、グローバル・シティズンシップ、あるいはコスモポリタン・シティズンシップに関する議論が起こっているが、世界のグローバル化とインターネットの普及によって、インターネットを通した情報収集やコミュニケーションが一般化しつつある現状は、大いに留意されるべきであろう。

そこで、本章では以下のような流れで検討を進める。まず、インターネットとは何か、メディアとコミュニケーション技術の進化の歴史を概観しつつ、その特性を確認する。次に、インターネットに代表される電子メディアの発達が、市民の社会参加にどのような影響を与え、市民が意思決定を行うにあたって、どのような点に留意しなければならないか、メディア・リテラシーの観点から考察を行う。続いて、市民としての思考力と判断力を向上させる「シティズン・リテラシー」とは何かについて考察を深めていく。最後に、国家や地域社会に所属する「シティズン」ではなく、ネットワーク空間上の「住民」をあらわす「ネティズン」という用語にも着目し、その概念ならびに現実社会との関係についての若干の検討も行う。

1　インターネット時代の到来に関する諸議論

インターネットとは、共通の通信手順（TCP／IP）を用いて相互に接続されたコンピュータ間で情報の交換を可能としたシステムである。インターネットの原型は一九六〇年代から構築されていたが、社会的に拡大していく過程において大きな区切りになったのは、インターネットの商用利用が解禁された一九九〇年からアメリカで「高性能コンピューティング法」（HPC法）が成立した一九九一年にかけての頃である。この法律は、これまで研究機関の利用に限られていたインターネットを広く一般にも開放し、その運用のために民間企業の参入を促したことで、インターネットの普及を促進させることになった。翌一九九二年にはWWW（World Wide Web）の技術が開発され、より容易にネットワーク上の情報を参照出来る環境が整った。そして一九九五年、ウィンドウズ95の発売によってコンピュータの大衆化とインターネットへの接続が爆発的に進むことになり、二一世紀に入っても拡大を続けているのは周知の通りである(3)。

インターネットには多様な利用法があり、必要な情報を収集する情報ツールのほか、娯楽や買い物に活用するなどのエンターテインメント・ツールとしての利用法、そして、他者とのコミュニケーションを楽しむコミュニケーション・ツールとしての側面も持っている。ベンジャミン・バーバーは、インターネットの新しいメディア的な特性に着目し、インターネットはその概念において、また伝統的な放送メディアと比較しても、市民を次々と横につなぐコミュニケーションの道具として、また本当にインタラクティブな方法として、驚くほど有望な手段である、とした（Barber 1998 = 2007 : 118）。インターネットの使用者は、単に受動的に情報を受け取るだけではなく、情報を（伝統的な放送メディアから）取り戻し、作り直すことにも加わることが出来るというのである。バーバーによれば、市民社会のゆくえに注目するならば、インターネットの普及による広範囲にわたる公共的なアクセス方法と広い市民的使用を保証する効果的な手だてを持たなければならないという。[4] また、インターネットのネットワークは、従来の共同体におけるコミュニケーションにおいては無視できない要素であった様々な属性（性別・年齢・社会的地位など）に束縛されないコミュニケーションを可能とする。マーク・ポスターはこれを「参加の平等性」と呼び、ネットワークが持つ「匿名性」がもたらす効果であるとして、技術的には直接制民主主義の理想でさえ実現出来得るものであると述べている（Poster 1990 = 1991 : 233）。

インターネットが形作るネットワークは、「仮想現実（バーチャル・リアリティ）」であると言われる。ただし「バーチャル」とは「事実上の」という意味を表しており、「非現実」という意味ではない。インターネット上に構築されたコミュニティは、物理的な空間を有する訳ではないが、確かに、現実的に存在しているからである。それでも「仮想現実」と言われるのは、それは現実の社会における利害関係から自由な世界だからであろう。[5] よって、このネットワークが作り出す社会的な特性としては、これまでに顔を合わせることのなかった「見知らぬ他者」との現実社会の利害に束縛されない双方向のコミュニケーションを実現させることが挙げられる。それは、伝統的な地域共同体のなかに見られる「血縁」「地縁」などとは異なった「情報縁」と呼ぶべき、新しい仮想空間が成立しているとするものである。[6]

インターネットの発達は、我々の社会にどのような影響を及ぼすのであろうか。インターネットが普及した社会を検討するにあたり、ここではエヴァレット・ロジャーズの論考をもとに、メディアとコミュニケーション技術の歴史を概観してみることにする。

ロジャーズは、人類の歴史の中におけるコミュニケーション技術の発達を、筆記コミュニケーション、印刷コミュニケーション、テレコミュニケーション（電気通信）、およびインタラクティブ（相互作用的）・コミュニケーションの四段階に分類している（Rogers 1992 = 2001 : 29）。

人類におけるコミュニケーション技術の歴史は、筆記に頼る時代が長く続いた。文字の発明によって、情報の伝達は口承に頼ることから解放されたが、情報を複製するためには人の手によって一文字ずつ筆写しなければならなかった。例えば、聖書の書写作業は専門の修道士によって修道院の書写室で行われていたが、複写のスピードは一年かけて数冊がやっとというように、非常に遅かった。この作業を解放したのは、一四五六年、グーテンベルグによる金属活字の発明と印刷技術の実用化であった[7]。その後、ルターによるドイツ語版の聖書が数十万部の単位で印刷されてヨーロッパ中に広まっていくにつれてプロテスタンティズムへの道を開いていった。ルターは、印刷技術という新しいメディアによって、宗教改革と宗教戦争への口火を切ったと言える。印刷物の大量生産と大量消費は、後のマス・コミュニケーションの隆盛につながっていく。マス・コミュニケーションが確かなものになるのは、多くの人々が読み書きする能力（リテラシー）を獲得する必要があり、それが実現していく一九世紀以降になって、ようやく新聞を発行できる下地が整った。

一八四四年、モールスによる電信の発明より、テレコミュニケーション（電気通信）の時代に入った。これに分類される電信・電話・ラジオ・テレビは、メッセージを電子信号に変えて伝達させることによりテレコミュニケーションを実現していることから、電子メディアと総称される。電子メディアの最大の特徴は、遠距離間の瞬時の通信（コミュニケーション）を可能にしたことである。印刷メディアとして記録された情報が移動する時は、必ず紙というメディアの物理的な移動を伴ったが、電子メディアの発明は、物理的移動と情報的移動を別のものにした。それは「人びとが情報を求めて移動する代わりに、情報を人々の方へ移動させる」ことを可能としたのである（Rogers 1992 = 2001：31）。電信の発達は、新聞に掲載される情報量を増やすことによりその発達をも促進させ、現在も続く大衆的なマス・コミュニケーションの時代を実現した。

さらに、電話の発明と各家庭への普及は、個人同士のパーソナル・コミュニケーションも一般化させることとなった。アルジュン・アパデュライは、このような電子メディアの特性に着目し、「電子メディアがマスメディア化の領域を変容するといえるのは、電子メディアが想像の自己や想像の世界を構築する新たな資源や規律を与えるからである。……しかし、ニュースをデジタル化された音声や映像へと圧縮することがもたらす効果、……公的な言説への直接への浸透、幻惑的な魅力やコスモポリタリズム、目新しいものと結びついていく特性——これらを通して、電子メディアは、（その対象がニュースであれ、政治、家族生活、スペクタクルな娯楽であれ）、総じて、コンテクストをなす他のリテラシーを審問し、転覆し、変容するのである」と述べ、電子メディアの持つ力の大きさについて指摘している（Appadurai 1999 = 2004：19–20）。

最後のインタラクティブ・コミュニケーションは、一九四六年、電子メディア、すなわちコンピュータの発明とともに始まった。ロジャーズは「通信技術はわれわれの知覚を拡張し、かつわれわれの意識を拡大するのだが、この通信技術の基本をなすのがコンピュータである。コンピュータの演算機能が、新しい通信技術をインタラクティブなものにしている」とも述べ、コンピュータのインタラクティブ性（相互作用性）に着目している（Rogers 1992 = 2001：249）。一九六九年に原型が誕生したインターネットは、もちろん最後のインタラクティブ・コミュニケーションの時代に含まれる。インタラクティブなコミュニケーションは、対面的な個人間のコミュニケーションとマス・コミュニケーションの特徴を併せ持つ。

なお、ロジャーズは媒体の累積的性質にも着目しており「新しく登場した各媒体は、先行の媒体の機能を変えるかもしれないが、先行媒体が消失することはない」と述べ、たとえコンピュータ通信が高度に発達しても、紙によるコミュニケーションは、目的によっては依然として有用であるため、未来においても消え去ることはないであろう、としている（Rogers 1992＝2001：28）。ジョシュア・メイロウィッツも「メディア・マトリクス」という概念を提唱しつつ同様の指摘をしている。「新聞やラジオの報道は通信社に頼っているし、多くの出版社は活字を組むのにコンピュータを使うし、さらにはほとんどのテレビ番組は印刷された台本にのっとっている」現状を挙げ、すなわち「共在するすべてのメディアの連結のネットワーク―とでも呼びうるものの内部で相互作用している。異なるタイプのメディアはしばしば高度に相互依存的である」と指摘している（Meyrowitz 1985＝2003：370）。実際、対面的な相互行為や読むこと・書くことに大きな価値を置く人々でさえ、しばしば電子メディアに頼る。よって、コミュニケーション技術の新旧の形式は、相互に影響を与えつつ共存することが可能であると言える。(8)

さて、これらのコミュニケーション技術の進化は、人々の行動や地域社会やコミュニティにどのような影響を及ぼすのだろうか。

印刷技術の発明は、情報の大量の複製と頒布を可能とした。とはいうものの、当時のヨーロッパでは人々の識字率は低かったので、印刷技術の影響は緩慢なものであった。ロジャーズは、印刷技術が本当の意味で大衆媒体となったのは、グーテンベルグの発明から約三八〇年後、アメリカで初めての日刊新聞が発行された一八三三年以降のことであるとしている（Rogers 1992＝2001：31）。(9)一九世紀後半に至ると人々の間で新聞が広く読まれるようになった。この新聞媒体を通じて世論が形成されることを指摘したのはガブリエル・タルドであった。タルドは「公衆」の概念を提示し、タルドによると、「公衆」とは「人々が物理的に近接しなければ存在できない群衆に対し、空間的に分散して存在することが可能であり、メディアを利用したコミュニケーションによって間接的接触によりつながりを保ち集団を形成する」とした（Tarde 1922＝1989：56）。公衆とは新聞メディアの発達によって成立する集団であり、世論に決定的な影響力を及ぼしていると説いたのであるが、メディアが人々の意識を媒介することで物理的な近接性を必要としないことを指摘したことが特徴的であった。(10)

この傾向は、テレコミュニケーション（電気通信）メディアの登場によって、さらに促進された。これに伴い、電子メディアによって、社会的接触が物理的場所の次元から引き離される議論も多くなされるようになった。シドニー・アロンソンは、「心理的近隣（psychological neighborhood）」という用語を用いて、電話を用いた親密なコミュニケーション現象について着目した。「電話の普及によって、人々の社会関係に関するネットワークは住居による物理的範囲には制限されなくなった。人々は人間的魅力や共有された関心に基づいて、住んでいる地域を越えた親密な社会ネットワークを発達させることができる」と述べ、電話を通じて相互作用する地域を越えたネットワークの存在を指摘した（Aronson 1971 : 156）。ゲーリー・ガンパートは、電話やテレビ・ラジオのメディア的な特性に着目し、「メディア・コミュニティ（media community）」という概念を提唱した。ガンパートは「二人以上の人間が、同じ場所で面と向かって、お互いに様々な事柄を話し合うこと、これこそがコミュニティ成立の基礎である。しかしながら、様々なメディアが空間的な制約を取り除いて、対人コミュニケーションの範囲を拡大・拡散した今日、人間同士の話し合いに『同じ場所にいる』という条件が不要になった」と述べ、電話・テレビ・ラジオなどのテレコミュニケーション・メディアによって結ばれているコミュニティを「メディア・コミュニティ」と呼んだ（Gumpert 1987 = 1990 : 247）。「メディア・コミュニティ」は、メディアを通して情報を共有、あるいは共通の利害関係や価値観に基づいて選択的に構成されるコミュニティであり、一定の物理的空間の共有を必要としないという点で、従来のコミュニティとは異なっている。メイロウィッツは「メディアの進化は、人や出来事の経験における物理的存在の重要性を低下させ、電子メディアは社会的相互行為にとっての時間と空間の意味を変えてしまった」と論じた（Meyrowitz 1985 = 2003 : 6）。つまり、電子メディアを通じてコミュニケーションを行う時、人々が物理的にどこにいるかは問題ではなく、もはや我々が社会的にどこにいて誰であるか、ということを決定しなくなっており、電子メディアが物理的な場所と社会的な場所をほぼ完全に分離するという。

これらの論考は、電子メディアを通じたコミュニケーションは、もはや物理的空間に束縛されないという点で共通している。従来考えられてきた、一定の地域に居住している人々＝物理的空間に束縛された人々によるコミュニティとは異なる次元のコミュニティが、電子メディアの登場によって実現することになったのである。この流れはインタラクティブ・コミュニケーションの時代になっても引き継がれ、インターネットの世界的な普及と利用が進んだ一九九〇年代以降、さらに発展することになった。

このようにして、インターネットは世界的に急速な勢いで普及していき、既存のコミュニティに大きな影響を及ぼしたり、ネットワーク上に新しいコミュニティが出現したりしたが、その普及期においては、積極的・肯定的に評価する立場と、消極的・否定的に評価する立場に分かれた。池田緑は、特に電子コミュニティの社会的な機能に着目し、積極的な評価として以下の四点を挙げている。すなわち、(1)インターネット上にバーチャルなコミュニティが形成されつつあり、人類は新たなコミュニケーションの形態と意志形成手段を獲得したという電子ネットワークの可能性を肯定的に評価する論[11]、(2)インターネットにより新しい情報の活用形態が出現し、人間の能動的な行動能力が高まったとする論[12]、(3)インターネットによって人類は新たなコミュニケーション手段と情報を獲得し、これによって高いモラルを獲得した人が増え、バラ色の情報化革命が起こるとする論[13]、(4)ボランティア活動の立場からインターネットを積極的に評価する論[14]、である（池田 1999：250）。反対に、ネガティブな評価としては、以下の六点が挙げられている。すなわち、(1)インターネットが果たす役割は、かつて宣教師が布教を通して世界を植民地化していったのと同様であるとする新植民地論[15]、(2)インターネットは実質的にアメリカによって支配されており、影響を受ける諸国の政策面においてアメリカ追従の姿勢を呼び起こしているとするアメリカン・ヘゲモニーに対する危惧論[16]、(3)インターネットのコミュニティは参加と離脱が容易な空間であるために行為責任が不明確化し、結果として部分的な関わりを基盤とした共同体にならざるを得ない性質を持つとする希薄なリアリティー論[17]、(4)ネットワーク上で利益を上げようとする勢力が、人々にインターネット空間へ参加する意義を強化させることを目的としてネットワーク空間の「神聖性」を創り出したり、人々が受動的になって「盲目の思考」に陥り、ネットワーク上の言論的暴力に鈍感になってしまう「神聖性」の捏造と暴力性への盲目、(5)インターネットは誰でも情報を発信することが出来るが、現実問題として少数意見は圧倒的多数の情報の海の中で埋もれてしまうであろうとする「情報発信能力」のワナ、(6)インターネットにおけるコミュニケーションは強力なカリスマと自分が対話しているようなイメージが作られやすく、つまりコミュニケーションの中に「聖性」を創り出すのが容易であるがゆえにファシズムに陥ってしまう危険性を内包しているとする電脳ファシズムの危険性、である（池田 1999：251）。

もちろん、これらの評価は、どちらか片方だけが強調されるものではなく、どちらの論も成り立ちうるという両面性を持っている。池田によると、このような評価が分かれる背景にはイデオロギーの相違や「近代」をめぐる認識の相違がある。すなわち、近代国家のシステムは、アンダーソンの『想像の共同体』で述べられたように「想像されたもの」であるが、インターネットは「仮想性」を一層先鋭的な形で推し進めるものであるがゆえに、これまで構築されてきた「近代システム」に疑問が呈されるようになり、その様々な疑問が肯定的・否定的な両方の反応を引き出している状況にあるのではないか、としている（池田 1999：254）。

以上は、主にインターネットの普及期における論考をまとめたものであるが、その後さらなる普及が進んでくると、その様相に変化が生じ始めた。その変化を確認できるものとして、ロバート・クラウトらによる実証的な研究がある。一九九五年、クラウトは、無料でインターネットにつながるコンピュータを被験者に与え、インターネットの利用量を調査し、家族や地域との人間関係や社会的ネットワークの大きさ等について計測した。その結果は意外なもので、インターネットをよく利用する人ほど家族とのコミュニケーションが減少し、地域のネットワークは縮小したという（Kraut et al. 1998：1025）。この理由について、クラウトは、インターネットの利用は大量の時間を消費することを挙げ、その分だけ家族とのコミュニケーションが減少し、地域社会に参加する時間も減少するのだろうと推測した。さらに、現実世界の「強い関係」が、インターネット上の「弱い絆」に置き換えられてしまう結果、人々はより孤独になってしまうのだろうとした[22]。

しかし、三年後に実施した追跡調査の結果によると、このような現象は消失してしまったという（Kraut et al. 2002 : 67）。インターネットの利用量と家族や地域のコミュニケーションとの関連が見いだせなくなり、インターネットを利用すればするほど、現実社会におけるネットワーク規模も拡大する傾向に変わっていた。この違いについて、クラウトは、この調査期間の前後におけるインターネットにある情報量の飛躍的な増大、ならびに普及率の上昇に伴う利用者層の増加に理由を求めている。アメリカにおいて、この三年の間にインターネットの利用者層は四倍に増加し、地域社会で交流している人々ともインターネット上で交流するようになったため、そこでの絆は、もはや「弱い」ものではなくなってしまったのである。

このように、クラウトはメディア自体の充実がコミュニケーション行動への影響の仕方を変えつつあるとしている。インターネットは、確かに「仮想社会」であり、見知らぬ相手との匿名のコミュニケーションが可能であるが、一定水準以上の普及をみれば、それは「現実社会」を反映したコミュニケーションも可能とするのである。

2　メディア・リテラシーとシティズンシップ

前節では、メディアとコミュニケーション技術の進化の歴史を概観しつつ、その特性を確認したが、市民がメディアを使いこなす能力、すなわちメディア・リテラシーを持つことは、シティズンシップのあり方について検討を深めていく上で重要な問題の一つであると考えられる。なぜなら、今日の社会において流通するほとんどの情報は、メディアを媒介して伝えられるからであり、市民自らが正確な情報に基づいて意思決定する能力、すなわちメディア・リテラシーの涵養なしには実現し得ないからである。その意味で、シティズンシップとメディア・リテラシーは密接な関係を持っていると考えられる。特に、新聞・ラジオ・テレビなどといった従来から普及していたメディアに加え、インターネットや携帯電話に代表される新しいメディアが急激に普及した二一世紀において、メディア・リテラシーを獲得する重要性は、今後一層増し続けていくだろう。

メディア・リテラシーは、イギリスやカナダにおいて、メディアに関する教育活動の中から生まれてきた概念であるとされる。その関心は一九六〇年代頃まで遡るが、テレビ放送の世界的な普及が進み、それらのメディアへの接触時間が増加しつつあった時期と一致する。一九八〇年代以降には、教育カリキュラムの中で正式にメディア・リテラシーが取り入れられるようになり、様々な取り組みが実践されている。[23] しかし、菅谷明子によると、これらの取り組みが継続的に行われているにもかかわらず確固とした定義がなく、依然として試行錯誤が続けられている段階にある（菅谷 2000：49）。よって、市民教育としてのメディア・リテラシーもまた、まだ発展途上にあると言える。そこで、ここではメディア・リテラシーについて検討されている幾つかの定義を整理し、市民を創るメディア・リテラシーとは何かを考え、メディア・リテラシーとシティズンシップとの関わりについての検討を試みる。

世界に先駆けてメディア・リテラシー教育を実践しているカナダ・オンタリオ州の学校教育の学習活動は、以下の八項目に要約されている（Ministry of Education 1989 = 1992：8-11）。

①メディアはすべて構成されたものである。
②メディアは現実を構成する。
③読者（オーディアンス）がメディアから意味を読み取る。
④メディアは商業的意味をもつ。
⑤メディアはものの考え方（イデオロギー）と価値観を伝えている。
⑥メディアは社会的・政治的意味をもつ。

⑦メディアの様式と内容は密接に関連している。

⑧メディアはそれぞれ独自の芸術様式をもっている。

この項目の解説を要約すると、おおよそ以下のように説明することが出来る。

①について、メディア・リテラシーで最も重要な概念は、「メディアが外面的現実の単なる反映ではなく、作られたものを提示している」ということである。すなわち、メディアの内容は「すべて他者の意図によって作られている」ことを理解することが重要であるとしている。すなわち、「現実」と「作られたもの」とを区別しなければならない。

②について、人はそれぞれの頭の中で「世界とは何か、それはどう機能しているか」といった事柄に関するイメージを思い描くが、そのイメージは「構成されたもの」に過ぎない。しかも、それは自分の観察と経験から得た感覚に基づいて構成されているが、自分の観察と経験と思っているものの大半が、実はメディアから得たものである。すなわち、好むと好まざるとにかかわらず、メディアが「現実」を「構成すること」になってしまう現実を認識しなければならない。

③について、メディアの読者（オーディアンス）は、メディアからの情報に接すると、多種多様な要素を通して、そこに意味を見出そうとする。人は、それぞれ個人的なニーズや不安、その日に経験した喜びや心労、異人種や異性にたいする態度、家庭的背景や文化的背景などがあるが、それらの背景をもとに、それぞれのやり方で人は情報から意味を解釈するのである。

④について、マスメディアの経済的基盤を意識化し、それが内容、技術、配給にどのような影響を及ぼしているかを知らなければならない。つまるところ、メディア制作は商業活動であり、利益を上げなければならないからである。また、メディアの所有と支配、それに関連する問題についても明らかにされなければならないとする。

⑤について、メディアはものの考え方（イデオロギー）と価値観を伝えているということである。メディアが

流す情報について、その文脈（テクスト）が含み持っているものの考え方や価値観の意識化を行う必要がある。なぜならば、メディアが提示する作品はある意味ですべて「宣伝」であるからである。メディアが生産するもの自体を宣伝しているだけでなく、価値観、あるいは生き方を宣伝している。しかも、それらは一般に、既存の社会システムを肯定しているものであるという。人々に求められるのは、これらのメッセージや価値システムを解読するテクニックである。

⑥について、マスメディアは価値観や態度の形成に直接的に関与していなくても、それらを正当化し、強化する役割を果たしているということである。メディアは、政治の世界や社会的変化と密接につながっているからである。つまり、メディアは社会的・政治的意味を持つといえる。

⑦について、メディアは同じ出来事を伝えても、それぞれ異なる印象を生み出し、そのメッセージも違ったものになり得る。なぜなら、テレビと新聞とからでは内容の受け取り方が異なってくるように、メディアはそれぞれ独自の方法を持ち、それぞれのやり方で現実を分類するからである。すなわち、メディアの様式と内容は密接に関連しており、私たちはこの関係を理解しなければならない。

⑧について、メディアはそれぞれ独自の芸術様式を持っているということである。子どもは、メディア・テクストを解読し、理解するためのメディア・リテラシー技能だけでなく、各メディアの芸術様式を楽しむための技能を育成する機会も持たなければならない。メディアの芸術的技巧を理解すれば、メディア・テクストの鑑賞で楽しみを経験することが出来、子どもはそれらの技能と総体的な認識を自分が出会うどんなメディア作品にたいしても応用出来るようになるからである。このプロセスによって、子どもは自分たちの文化とのあいだに一定のクリティカルな距離を保つことが出来るようになり、自分たちの世界を支配するシンボル体系を解読し、記号化し、そして評価する能力を身につけたクリティカルな主体性を確立するのである（Ministry of Education 1989＝1992：8–11）。

まとめると、メディア・リテラシー教育の目標は、メディアに関してその力と弱点を理解し、歪みと優先事項、役割と効果、芸術的技法と策略等を含む理解を身に付けた子どもを育成することにあり、クリティカルな主体性の確立を目指していると言える（Ministry of Education 1989 = 1992 : 7）。

これらの項目に影響を及ぼしたメディア・リテラシーの理論的枠組みとして、レン・マスターマンによる論考が挙げられる。マスターマンによれば、メディアというのは現実をそのまま反映するものではなく、シンボルや記号を用いて再構成されるものであるから、すべてはこの認識から始めなければならないという。マスターマンは、なぜメディア・リテラシーが重要であるかについて、①「大量のメディア消費と現代社会におけるメディアの偏在性」、②「メディアのイデオロギー的重要性と意識産業として及ぼす影響」、③「情報管理と情報生産の拡大とメディアによるその普及」、④「民主主義的プロセスの中心へのメディアの進入」、⑤「あらゆる分野における視覚的コミュニケーションと視覚情報の重要性の拡大」、⑥「未来の要請に応えうる視覚的コミュニケーションと視覚情報の重要性の拡大」、⑦「情報の私有化への国内的・国際的圧力の増大」の七点を挙げ、それぞれの傾向に対する批判的意識の拡大と自立性を促進させる必要性を指摘している（Masterman 1985 = 2001 : 32）。マスターマンによると、メディアは積極的に読まれる必要のあるシンボルのシステムであり、現実を問題なくそのまま反映しているものではない。すなわち、メディアは、事実を単に伝達したり反映したりするというよりもむしろ「現実」を構成したり表象したりするプロセスに積極的に関わっているからである、としている。ともあれ、「私にとってメディアとはいかなる存在であるのか」という根元的な問いについて、いったん一から見直すことが求められているのである。

さて、日本においてメディア・リテラシーは、どのように理解されているのだろうか。鈴木みどりによると、「メディア・リテラシーとは、市民がメディアを社会的文脈でクリティカルに分析・評価し、メディアにアクセスし、多様な形態でコミュニケーションを創り出す力を指す。また、そのような力の獲得を目指す取り組み」のことである（鈴木編 1997：8）。鈴木は、海外における研究成果を踏まえて、早くからメディア・リテラシーの取り組みを行っており、これは現在の日本において最も知られていると考えられる定義である[24]。ここでいうメディアとは、ラジオ・テレビ・新聞などのいわゆるマスメディアを指し、それらのマスメディアが送り出す情報を批判的に評価・分析することを通してメディアに対する主体性の確立を目指している。

菅谷明子は、メディアからの情報の受容だけではなく発信することについても着目し、次のように定義している。「メディア・リテラシーとはメディアの特性や社会的な意味を理解し、メディアが送り出す情報を『構成されたもの』として建設的に『批判』するとともに自らの考えなどについて、メディアを使って表現し、社会に向けて効果的なコミュニケーションをはかることでメディア社会と積極的に付き合うための総合的な能力」のことである（菅谷 2000：8）。菅谷によると、「メディアは現実を構成したものである」ことを出発点として、そのメリットとデメリットを冷静に把握してメディアが形作る「現実」を批判的に読み取っていく。なぜなら、世の中にはメディアが伝えない事柄も多くあるし、メディアが報じる内容とは異なるものの見方も存在するからである。そして、メディアを駆使して自らの考えを表現し、発信していくことが出来る能力も、メディア・リテラシーに求められる重要な要素である、としている。

斎藤俊則は、メディアの向こう側にいる他者との関係にも着目し、次のように定義している。「メディア・リテラシーとは、『私にとってメディアとはいかなる存在か』という根元的な問いを通して各個人の中に確立されるメディア観であり、また、そのようなメディア観に基づいてそれぞれにふさわしいメディアとの距離や接し方を主体的に選択する能力であり、さらに、必要に応じてメディアの向こう側にいる他者との関係を築いていく力」のことである（斎藤 2002：3）。「クリティカル」という言葉は、「批判的・否定的な態度」や「重大な、危機的な」という意味で使われることが多いが、斎藤は「特定の基準から評価・判断をくだす態度で臨むこと」という意味に重きを置いて用いている。なぜなら、「クリティカル」という言葉には、ややもすれば「揚げ足をとる」というネガティブなイメージがつきまとうが、メディア・リテラシーの文脈で論じるにあたっては「明確に意識された基準から物事に対して評価を下す姿勢」を表すものであり、明確な根拠もなく、ただ感情的な理由で「揚げ足をとる」こととは正反対のところに位置しているとしているからである（斎藤 2002：8）。すなわち、メディア・リテラシーにおいてまず重要になるのは、物事には常に多様な立場があること、物事の見え方やそれが持つ意味は立場によって大きく異なる可能性があること、その上で自分が拠って立つ立場を知らなければならず、その立場を決める前に、可能な限り多様な立場から物事をとらえる努力が必要であることに対する理解なのである。その理解があってはじめて、他者が拠って立つ立場を尊重することが出来、ひいては他者との健全な関係を築いていくことが出来る、としている。[25]

日本におけるメディア・リテラシー教育が本格的に始まったのは、二〇〇三年度から高等学校に必修科目として新しく「情報」が導入されてからのことである。[26] コンピュータと子どもの教育の問題について問題提起をしている佐伯胖は、教科としての「情報」が目指すべき内容について、「ただ単にインターネット活用のスキルを身につけるだけではないはずだし、コンピュータやインターネットの工学的知識を身につけるだけでもないはずだ」と指摘した上で「単なる知識や技能の獲得を分節化して『勉強』するのではなく、意義（文化としての価値）のあること、人々に喜ばれる、現実に『便利』なこと、そういうことを生み出す（しかも共同的に生み出す）学習を、学校に定着させることである」と述べている（CIEC編 2001：4）。

ただ、実際の教育現場では、生徒にコンピュータの操作を習得させるのに精一杯であり、「なぜコンピュータを教えるのか」といった問いかけがあまり充分になされていない。例えば、佐伯は、コンピュータを教育でどのように活用するべきかという問題について、「本来、『教えること』と『学ぶこと』の緊張関係、あるいは、『記号を処理する抽象的思考』と『具体的経験での実感にもとづく直感的思考』との緊張関係など、さまざまな矛盾や対立をどのようにのり越えていくかという、かなり思想的・哲学的な問題を抜きにしては論じられないはずのものである」が、実際には「これからの高度情報化社会で生きてゆくには、『情報処理能力や情報活用能力を身につける』ことは必要不可欠なことだ、という『時代の要請』を金科玉条にかかげて、コンピュータの操作方法や活用方法を学校で教えるべきだという論理が中心的である」とし、コンピュータの操作を子どもに教えるということはそもそもどういうことなのか、といった根源的な問いかけが行われることがほとんどない現状を批判的に指摘している（佐伯 1999：16-17）。「今日もっとも必要なのは、『情報技術に振りまわされない』情報教育であり、『マルチメディアに振りまわされない』マルチメディア教育なのである。言いかえると、ハイテク・ブームのなかで、『頭を冷やす』マルチメディア教育である」（佐伯 1999：90-91）と指摘しているように、情報技術に振り回されない教育が必要であろう。

これらの論点を踏まえて、メディア・リテラシーとシティズンシップとの関わりについて検討を加えてみる。メディアの存在が社会的に大きな比重を占めるようになった現在、シティズンシップの形成においてメディア・リテラシーの考え方が取り込まれなければならないことに異論はないであろう。二宮晧は、シティズンシップ（市民性）の形成への一例として、人々は「メディア文化の潜在的消費者」として、メディアが伝える情報や価値観を「より積極的に、疑問を持って受容したり、読んだりする力」を持たなくてはならないと指摘している（二宮 2007：63）。すなわち、メディア時代の市民性としての「批判的市民性（critical citizenship）」に関する議論である。これは、特に学校教育において、教室の中の活動と学校の外との関係性を明らかにし、多様な判断基準を育んでいく上で重要な概念となる。[27] 大野順子も、シティズンシップを育むには学校の中にメディア・リテラシーを育むための「批判的空間」を作ることが重要だと述べている（大野 2005：116）。小玉重夫も同様の指摘をしており、生徒が様々な情報に触れることは、「多様な価値や意味を見分け、判断し、膨大な量の情報を使いこなしていく作業の中で政治的判断力など、社会に対する批判精神を養い、多様な社会問題に対して主体的に取り組もうとする姿勢を育むこと」につながるからである（小玉 2003：160）。このように、メディア・リテラシーとシティズンシップの関わりについては、学校教育の文脈で語られることが多い（詳細は次節にて述べる）。

このほか、西内による、情報メディアをマスメディアとパーソナルメディアに分けて検討を深める論考がある。西内によると、前者のマスメディアについては、①テレビ、②ラジオ、③活字メディアに分類し、特に①の「テレビで放映されるニュースや報道番組に対する批判的な読み取り能力とコマーシャルに対する判断力を育成することが重要である」と指摘している[28]。確かに、政治に関するニュースに接したとき、その報道内容を批判的に読み取る力は市民としての政治的感覚を養うのに役立つし、コマーシャルの内容についての判断力を養うことも消費者としての経済的価値観を養うのに役立つであろうと考えられる。後者のパーソナルメディアについては、④パーソナルコンピュータ、⑤携帯電話（ＰＨＳを含む）に分類し、④については「個人的な意見表明や情報発信、そして自由な結びつきによる組織づくりやその組織での活動を支えていく上で、ワープロや表計算をはじめとするさまざまな便利なソフトが使えるパソコンを使いこなしていくことは今後ますます重要になってくる」とし、⑤については携帯電話が現代の生活に欠かすことができないメディアになった現状を踏まえつつパソコン同様メールが使える特徴にも着目し、「迷惑メール等、望まないコミュニケーションの手段としても安易に使われるため、エチケットや対策等、しっかりととっておく必要がある」として、そのメディア的な特性ならびに適切な活用法の指導について言及している（西内 2004：11–12）。

ここまで紹介してきたように、メディア・リテラシーの獲得は、現代社会においてはとりわけ重要視されるが、その背景として共通しているのは、マスメディアに対する不信が挙げられるだろう。先の鈴木が「人びとの多くは、メディアが構成し提示する現実を多面的かつクリティカルに（批判的に）読み解く力を持たなければ、今日の社会にあって、民主主義に基づく自らの権利を行使しつつ生きていくことさえ困難になっていることを自覚し始めている」と批判的に述べているように、マスメディアが流す情報は本当に信頼に足りるものなのか、真実を伝えず、操作された情報が流されているのではないかという疑念を持つことは重要である（鈴木 2001：ii）。その上で、個々人が主体的にメディアを批判し、情報を発信する技術を獲得していくことが求められているのである。

とはいえ、野村一夫が指摘するように、クリティカル（批判的）であれというのは、マスメディアに対して人々が受動的な存在だったからこそ強調されるのであって、現状への抵抗の試みにとどまっている。その意味においては、メディア・リテラシーはマスメディアに対する「消費者教育」の側面が強いままである（野村 2003：127）。よって、野村は現実構築力をつける実践へと展開していなければメディア・リテラシーは実効性を持たないとし、以下の三点の実践を指摘している。第一に、コンピュータや情報システムを絶対視するのではなく、社会的な構築物として批判的に見ること、第二に、常に他の手段があるのではないかと想像してみること、第三に、やはり言葉が重要であることである。言葉の能力を磨かなければ、批判的に距離を置いてメディアと付きあうことは出来ないのである。

以上をまとめると、ひとことで「メディア」と言っても、そこには多様な意味合いが込められており、社会に対する影響力もますます大きくなっている。特に、インターネットに代表される双方向で情報をやりとり出来るメディアは、より多くの人々と情報や意見を共有するために有効なコミュニケーションの手段になるだろう。メディア・リテラシーを現代のシティズンシップ形成カリキュラムにどのように組み入れていくかが今後の主要な課題の一つになるであろう(29)。

3　シティズンシップ・リテラシーとシティズンシップ教育

前節までで、メディアとメディア・リテラシーについて確認し、シティズンシップとの関わりについて検討を加えてきた。ここで、「メディア」を使いこなす能力として「メディア・リテラシー」という用語をあててきたが、「リテラシー」の本来の意味は「読み書き能力」を指し、他の言葉と組み合わせることで、「使いこなす」能力という意味合いになる。よって、シティズンシップの概念においても、「リテラシー」と組み合わせることで「シティズン・リテラシー」の用語を創り出すことが可能である。

さて、「シティズン・リテラシー」とはどのような概念を指して呼ぶべきものなのだろうか。残念ながら、その定義は未だ確立されているとは言えない。鈴木崇弘らによると、「シティズン・リテラシー」とは「『市民』になるために、各個人が、自分の存在する社会を理解し、自分の役割を理解し、必要とされる情報やスキルや素養等の身につけるべきものの総体」である（鈴木編 2005：9）と定義はしているものの、「シティズン・リテラシー」についての研究はあまり進んでおらず「シティズン・リテラシー」とは何かについての定義が未だ確立していないのは、鈴木らも指摘しているところである。そこで、本節では、「シティズンシップ」とは何かについて考えることを通して「シティズン・リテラシー」についての検討を行ってみたい。また、前節で述べたように、シティズンシップの涵養には学校教育の分野からの先行研究が多い。「シティズン・リテラシー」の考察を進めながら、シティズンシップ教育との関わりについても検討を深めていくこととしたい。

シティズンシップとは何かについて目を向けると、様々な論点から様々な議論がなされている。宮島喬は、「シティズンシップ」という言葉の意味について、大まかに以下の三層の意味を持っているとしている。一つめは「国籍」の意味である。いわゆる国民国家においては、「国籍」を持つことと「市民」であることとはほぼ同義である。二つ目は「地位や資格に結びつく諸権利」の意味である。この文脈では、シティズンシップは「市民権」と訳され、身体の自由、居住の自由、選挙権や被選挙権など意思決定への参加の保障などといった権利を指している。三つめは、主に「市民性」と訳される概念で、法律や制度の次元を超えた、共同体と自己アイデンティティとの関わりのことを指している。一つ目と二つ目が、公的な法律や制度の領域で扱われることが多いが、三つ目は、私的な領域と密接な関わりを持っているとしている（宮島 2004：2）。

経済産業省の「シティズンシップ教育と経済社会での人々の活躍についての研究会」報告書では、シティズンシップとは「多様な価値観や文化で構成される社会において、個人が自己を守り、自己実現を図るとともに、よりよい社会の実現に寄与するという目的のために、社会の意思決定や運営の過程において、個人としての権利と義務を行使し、多様な関係者と積極的に（アクティブに）関わろうとする資質」であると定義している（経済産業省 2006：20）。

「シティズンシップ教育推進ネット」の定義によると、シティズンシップは「(1)公共心、社会的・倫理的責任（コミュニティや社会にある問題を共有する意識）、(2)ローカルアイデンティティ（自分の住む地域を理解し愛着を持つこと）、(3)ボランタリズム（社会の共通善や発展のために、自分は何が出来るかを考え、行動すること」といった要素で構成されると説明している[30]。山本敏也は、これらの定義を踏まえ、シティズンシップと「市民としてよりよい地域や社会のあり方について考えようとする自覚」あるいは「地域や社会に自主的・主体的に関わろうとする意欲や意識」と定義しており、自覚や意欲、意識面からのシティズンシップをより強調している（山本 2007：5）。これらのシティズンシップに関する議論のゆくえに関心を払いつつ、現在生活している人々によるシティズンシップの醸成が求められており、そのためのシティズンシップ教育に対する関心が高まってきているという。

次に、シティズンシップ教育について考える。シティズンシップ教育は、「社会の構成員としての『市民』（citizen）が備えるべき『市民性』（citizenship）を育成するために行われる教育であり、集団への所属意識、権利の享受や責任・義務の履行、公的な事柄への関心や関与などを開発し、社会参画に必要な知識、技能、価値観や傾向を習得させる教育」と定義される（今野・新井・児島ほか 2003：367-368）。シティズンシップ教育は、一九九〇年代以降より世界的に注目されるようになった。イギリスやアメリカやフランスなどでシティズンシップ教育に関する様々なワーキンググループが立ち上げられ、実践的な指導が行われるようになってきている[31]。

先に挙げた経済産業省の報告書によると、シティズンシップ教育が目指すところは「市民ひとりひとりが社会の一員として、地域や社会での課題を見つけ、その解決やサービスの提供に関わることによって、急速に変革する社会の中でも、自分を守ると同時に他者との適切な関係を築き、職に就いて豊かな生活を送り、個性を発揮し、自己実現を行い、さらによりよい社会づくりに参加・貢献することを目標とした教育」を指している（経済産業省 2006：9）。あるいは「多様な価値観や文化で構成される社会において、個人が自己を守り、自己実現を図るとともに、よりよい社会の実現に寄与するという目的のために、社会の意思決定や運営の過程において、個人としての権利と義務を行使し、多様な関係者と積極的に関わるために必要な能力を身につけること」が目指されている訳である（経済産業省 2006：35）。それは、要約すれば「シティズンシップを発揮するために必要な能力を育成すること」であり、その能力とは「シティズン・リテラシー」と言い換えることも出来る。すなわち、シティズンシップ教育とは、「シティズン・リテラシー」を涵養していくことであると理解することが可能である。

経済産業省がまとめるところによると、シティズンシップを発揮するために必要な能力として、「意識」「知識」「スキル」の三つが挙げられている（経済産業省 2006：24）。「意識」とは「自分自身に対する意識、他者との関わりに関する意識、社会への参画に関する意識」であり、「知識」とは「公的・社会的な分野での活動に必要な知識」であり、「スキル」とは「情報や知識を効果的に収集し、正しく理解・判断するためのスキル」のことを指す。

このうち、「スキル」面については、「メディア・リテラシー」の文脈で語られることが多い。現代社会は、新聞やラジオ・テレビといった従来から取り上げられてきたメディアに加えて、インターネットや携帯電話など新しい電子メディアが生活の中に入り込んでおり、「ＩＴ革命」と称されるように、社会ならびに市民に大きな影響を及ぼしている。

シティズンシップ教育を考える上で、必要とされるリテラシーには、どのようなものがあるだろうか。人々は、インターネット時代を生きる市民として、どのような資質や能力を持たなければならないのだろうか。インターネットという新しいメディアの世界的な普及は、世界の人々の思考・行動様式に多大な影響を及ぼす。その観点からの新しいシティズンシップ形成論として、メディア・リテラシーについて考慮する必要があるだろう。なぜならば、世界における様々な出来事はもちろん、地域社会におけるコミュニケーションにおいても、メディアを通じて理解され、行われるからである。メディアを活用した積極的な社会参画を行うことも、市民的資質として求められるであろう。メディア・リテラシーをどのように取り入れるかについては大きな課題の一つとなる。

宮田加久子は、オンライン・コミュニティという場が市民の自発的な意志による公共性を含んだボランティア活動の舞台になりうることを検証することを通して、オンライン・コミュニティが自発支援型の公共性の特徴を持つ社会関係資本を形成・促進・蓄積していく場として機能する可能性の実証を試みている。宮田によると、インターネットが効率化を推進するという機能的発想ではなく、公共性を高めるためのメディアとなりうるかどうかが重要であり、一つのオンライン・コミュニティ内での個人間ネットワークの形成だけでなく、コミュニティ同士がつながること、コミュニティが日常生活空間に拡大していることが鍵になるとしている（宮田 2005 : 198）。

鈴木崇弘らの見解によると、現在の日本の教育制度において、シティズンシップならびにシティズン・リテラシーを習得する機会はないと考えられている。それらは義務教育において教えられるべきであると想定されているが、それ以上に、NPOやNGOの活動や市民活動などに関わることによって修得出来ると考えている。鈴木らは、以下のように述べる。「これからの市民には、単に社会的問題意識を持っているだけではなく、自分および家族、自分の住む地域や社会や市民に対し愛着を持ち、それを持っているがゆえにパブリックに関わり、それをよりよくしたいと考えることが望まれる。そして、社会が市民を育て、市民は社会に関わることで成長し、市民が社会を育てるのである。そして、各個人が、自分の存在する社会を理解し、自分の役割を理解し、必要とされる情報、スキルや素養を身につけ、『市民』になることが必要である。その身につけるべきものの総体を『シティズン・リテラシー』と呼びたい」（鈴木崇弘編 2005：19）。その上で、「どんなシステムやどんな優れた個人でも、完璧ということはあり得ない。その意味からも、NPOやNGOの活動、市民活動、選挙、言論活動などの多様な活動の中で、市民が最終的にチェック・アンド・バランスの役割を果たす必要があるのである」。民主主義は、より良いものを絶えず求める過程である。よって、そのような過程であり続けるためには、社会の中にチェックする存在が必要であり、それは「一部のエリートではなく、卓越性（Excellence）を備えた人材が示すリーダーシップも必要である」（鈴木崇弘編 2005：20–21）としている。

なお、インターネットの発達に伴う世界のグローバル化の視点から考えた論考もある。大西健介は、近年の全世界的なグローバル化は、旧来の国民国家の外見を溶解させるものであるとし、新たに「シティズンシップ・エデュケーション」という概念を持ち出すことにより、これまでの教育に関する論点とは異なる視座の発見を試みている。すなわち、「伝統的『市民』概念の基礎となるのは国民国家であるが、グローバル化は、この国民国家という枠組みを急速に壊しつつある。これまでの『国民』というアイデンティティは溶解し、一方では『世界市民』的なアイデンティティへと、もう一方では、地域における個人、『地域住民』としてのアイデンティティへと溶け出していく動きが起こっている」（大西 2004：7）と指摘し、「情報技術革命（IT革命）によって、個人はインターネットを通じて、直接、国境を飛び越え世界にアクセスすることが可能になるとともに、IT技術と情報技術を駆使することで個人がこれまでにない影響力を持てる時代となってきた。これは、情報技術革命（IT革命）が、国家の統治客体としての伝統的な『市民』と国家の関係を大きく代えようとしている」ことを示唆しているがゆえ、「『国民』が『国家』に一方的に統治される客体としての存在から、国家とともに協治という形で『参加』していく存在である『市民』に代わることで、教育の方でも、『国民教育』から協治の主体となる

『市民』を育成するための『市民性教育（シティズンシップ・エデュケーション）』への変革が求められている」としている（大西 2004 : 8）。

もう一点、インターネットの普及とともに注目が高まった「e-デモクラシー」とシティズンシップとの関わりについても検討を行ってみたい。「e-デモクラシー」という言葉は、「electronic（電子的な）」と「democracy（民主主義）」を組み合わせた造語であり、インターネットなどの情報通信技術（Information and Communication Technology）を用いてデモクラシー、すなわち民主主義の理念を実現し、共和制民主主義や議会制民主主義（間接民主制）、その他様々な民主主義モデルにおける政治プロセスを強化する技術を意味している。また、富山慶典は、e-デモクラシーについて「情報や投票、選挙、討議によって、政治家と市民を結びつけるために、情報通信技術（ICT）を使用すること」と定義している。(32) この言葉が生まれた背景には、情報通信技術の発達によりインターネットの普及が進み、その利用人口が一定の割合に達したことが挙げられ、インターネットを活用することによって、デモクラシーすなわち民主主義の理念を実現させるのに役立てようとする機運が高まっている。

シティズンシップ教育推進ネットは、二〇〇九年八月行われた衆議院選挙に合わせて「ネット模擬選挙」を実施した。これは、携帯電話の端末を用いてインターネット上に設けられた所定のウェブサイトにアクセスして模擬投票行うというもので、年齢制限は特に設けられていない。同ネットによると、有権者ならびに未来の有権者に向けて選挙への関心を持てるような試みを行うことと、e-ポリティクス実現への実験として、インターネットを通じた投票の技術的研究を行うことを目的としている。(33) また、大阪市立大学大学院・創造都市研究科の「e-デモクラシー研究会」では、「e-デモクラシーをテーマとする情報公共圏の建設」のための実証的研究を行っており、社会実験としてのe-デモクラシー・システムを構築、ウェブサイト上で公開している。(34) そのサイトは「小学校を創ろう」というテーマで展開しているが、なぜ小学校を課題として選んだのかということについてでは「我々が社会性や公共性を学ぶ最初の正規の教育機関が小学校であるからである。しかも、もっとも地域に根ざした（根ざすべき）学校が小学校であるからである。また、小学校は読み書きそろばんなどの基礎的リテラシーを学ぶ出発点であるから」としている。

近勝彦は、ブログのメディア的特性に着目し、そのe-デモクラシーへの寄与可能性について検討を加えている。既存のジャーナリズムは、対立する階層の利害を言論の場において表現するものであるので権力や社会的勢力への批判的性格を持っているのに対し、ブログはしがらみを超えて表現の自由を追求することが出来るメディアであるとする。すなわち、情報・知識の非対称性の打破、市民による政府・政治家の監視、政治へのコミットメントといった機能を持ちうるがゆえに、市民主体の政治的コントロールの回復を目指すことが可能であり、「ブログはウェブ上でもっとも民主的なメディア」であり「コンテンツ」であるとしている（近2004）。

4　ネットワーク市民（ネティズン）のゆくえ

二一世紀初頭の現在、「IT革命」という言葉に代表される情報技術革命は一段と進行しつつある。世界的規模でインターネット網が張り巡らされ、それに接続するコンピュータや携帯端末も加速度的に増えて、WWWや電子メールの利用は当たり前のものとなった。それらの情報メディアの急速な普及によって人々の行動様式は激変し、いつでもどこからでもネットワークにアクセスして情報の取得やコミュニケーションを行う「ユビキタス・ネットワーク社会[35]」の到来が現実のものとなりつつある。

「IT革命」にともなう電子メディア、特にインターネットの発達は、単に「情報源」となるメディアが増えたことを意味するのではなく、社会のあり方そのものを大きく変容させる特質を持っている。電子メディアは物理的場所の差異を無意味化し、人間の場所の感覚を決定的に変化させる。インターネット上にはネットワーク上の仮想社会と呼ぶべき共同体（バーチャル・コミュニティ）を出現させ、そのネットワーク上の社会に属しているという意識を持つ人々が生まれている。そのような人々は、ネットワーク上の市民、すなわち「ネティズン」（Netizen＝Network Citizen の略称）と呼ばれるようになり、物理的場所（地域のコミュニティ）の制約を超えたところに生まれる「ネティズンシップ」なる概念もが提唱されるようになっている。

ベネディクト・アンダーソンは、『想像の共同体』の中で、近代国家の形成にあたって果たした出版メディアの役割に着目した。すなわち、アンダーソンは「特定の言語の場には、数十万、いや数百万もの人々がいること、そしてまた、これらの数十万、数百万の人々だけがこの場に所属するのだということをしだいに意識するようになっていった。出版によって結び付けられたこれらの読者同胞は、こうして、国民的なものと想像される共同体の胚を形成したのである[36]」と述べ、ヨーロッパにおける出版メディアの浸透が、個人レベルの日常的なコミュニケーションを行う範囲を超えたところにある範囲を超え、国民意識の形成に寄与したと指摘している（Anderson 1983＝1997：84）。アンダーソンは、「国民とはイメージとして心に描かれた想像の政治共同体である」（Anderson 1983＝1997：24）とも述べており、それは国境によって画された限界をもつものとして想像され、その国境の向こうには他の国民がいるとされている。ただ、ここでいう国家とは、あくまでも一定の物理的空間（領土）の存在を前提としており、領土に基盤を置いた上で「共同体」を想像することが自明視されていたといえる。

ところが、電子メディアの発達、特にインターネットの世界的浸透は、「共同体」の想像範囲が全世界的規模にまで拡張されることとなった。インターネットを用いたコミュニケーション空間は、もはや領土という観念はなく、国境も無意味なものとなり、物理的空間の制約が取り払われている。遠藤は、「電子メディアがグローバルなコミュニケーション空間を開いたことにより、一方で人々は国家を超えたグローバル社会の中の『個人』となり、国家の枠組みを超えた緊密な関係性によって結ばれた小共同体に自らの『居場所』（帰属感）を求めるという傾向が増大する」と述べ、インターネットの普及に伴うグローバリゼーションの進展は個人と国家との紐帯を弱め、人々は自らのアイデンティティの表現として、より強く他者との共生感覚を得られる小規模な共同体へ結集していく可能性を提示した（遠藤 2000：249–250）。

さて、インターネットが実現する機能を社会的側面から見た場合、ネットワーク上で新たなコミュニケーションが発生することによる、ネットワーク上の社会と呼ぶべき新たな共同体（ネットワーク・コミュニティ）が出現し、そのネットワーク上の社会に属しているという意識を持つ人々が生まれている。そのような人々は、ネットワーク上の市民、すなわち「ネティズン」という名称が与えられたりしている。「ネティズン」とは、一体どのような概念を指すのであろうか。ここでは、先行研究を手がかりとして、若干の検討を加えることにする。

「ネティズン」という言葉はアメリカのコロンビア大学から起こったと言われ、一九九三年にマイケル・ハウベンが発表した論文中で初めて用いられたとされる（Hauben 1993）。ハウベンによると、「ザ・ネット（インターネット）」にアクセスしている人々が、久しくそのユーザーのことを「net.citizen」と呼んでいたのに気付き、これをまず通常の英語である「Net Citizen」に呼び変えた上で、それを縮めて「Netizen」にしたのだという[37]。ネティズンは、単なる「ネットワークのユーザー」を意味することもあるが、より積極的な意味合いとして「コンピュータネットワーク内に形成されるコミュニティに対して帰属意識を持ち、そこに主体的に関わっていこうとする人々」のことを指す。コンピュータのネットワークを「もう一つの社会」として好意的にとらえる文脈で用いられ、国境や立場を超えた「ネットワーク上での人のつながり」が強く意識される概念であるとされる。

ハウベンは、様々な目的のために使用されるようになったインターネットの多様性を認めつつ、インターネット上を流れる情報はインターネットを使っている人々自身によってコントロールすることが出来るところに最大の特徴を見いだしている。「人々は、自分が欲しい情報、もしくは他の人々が欲するであろう情報を積極的に提供する。他のマスメディアによって流されている情報発信形態よりも、より積極的な発信への参加をすることが出来る。テレビやラジオ雑誌は、それを所有している人々、もしくは誰に記事を書かせるかを決定する人々の意向に左右されるが、インターネットは、人々に自分達自身でコントロールメディアを提供する」ことが可能であるがゆえ、インターネットは従来人々が持ち得なかった「強大なパワー」を持ちうるとしている（Hauben et al. 1997 = 1997 : 35）。

公文俊平は、このようなハウベンの考えを、以下のように要約している。すなわち、「マイケル・ハウベンの考えでは、それぞれの地域社会には、商用ネットワークだけでなく、彼のいわゆる『コミュニティ・ネットワーク』がなくてはならない。それぞれのコミュニティに住んでいる市民たちは、このコミュニティ・ネットワークを通じて、グローバルなコンピュータのコミュニケーション・ネットワークにつながることができる。その結果、各人は、同じコミュニティの中の他の市民だけでなく、世界中の人びととコミュニケーションをとることが出来るようになる。さらに、人々はコミュニティ・ネットワークを通じて、各地方レベルや全国レベルの政府についての情報を入手できるようになるために、民主主義国では人びとの政治参加がより容易になる」（公文編 1996 : 11）。様々なユーザーの間で様々な議論が交わされる中から健全な思考が生まれ、全体としての知的で社会的な価値と可能性とを高めるのに貢献する姿が、ネティズンのネティズンたる所以というのである。また、公文は、「ネティズン」概念をさらに拡張させ、ネティズンが近代化過程における市民の果たした役割、とくに政治革命としての市民革命の担い手としての役割を果たす人々の出現を予測している[38]（公文編 1996 : 16）。

このように、ネットワーク・コミュニティは地理的制約に左右されないコミュニティであり、ネティズンもまた地理的な制約を受けない存在なのである。

ネットワーク社会は急激に拡大していったが、ネットワーク上のシティズンシップの存在を指摘する動きも出てきている。先の野村一夫は、ネットワーク上のシティズンシップを「ネティズンシップ」という用語で規定し、ネットワーク・コミュニティならではの市民性の構築可能性について論じている。野村によると、インターネット文化の有力な柱として、明らかに市民主義の文化があったとしている。この場合の「市民」という言葉は、少なくとも現実社会に存在する「余計な制度的呪縛や属性」から自由で対等な個人（市民）が様々なきっかけを核として集合し、コミュニケーションを深めていった。そのような人達は、インターネット上での振る舞い方を、現実の組織や集団ではなく、「ネットの中で学んだ」のであった。すなわち、インターネットにおいて「市民」的な振る舞いをする人達は、ネットという環境に育てられたと言えるのである（野村 2003：29）。したがって、その好循環は「ネットにおける自己言及への快感がシティズンシップ（＝ネットワーク上においてはネティズンシップ）の可能性を開いたと解釈することが可能であり、そのような「市民精神」を持つことがインターネット時代の理念的モデルとして実現していた、としている（野村 2003：29）。

とはいうものの、今日のグローバリゼーション、インターネットを通じた社会的相互行為空間が、ローカルなものへの回帰の動きを見せていることにも注目する必要がある。ダニエル・ベルは、一九七〇年代の半ばに、脱工業社会の直面する問題は、グローバルな問題とローカルな問題に二極分化していく傾向があるが、これまでの近代社会が生んだ唯一の公的権力組織である国民国家は、グローバルな問題解決のためには大きすぎ、ローカルな問題解決のためには小さすぎる、と指摘していた。市民は、大ざっぱには国家において十全な市民権を享受し、政治参加の権利あるいは義務を持つ者と定義されるが、ネティズンは、国家に帰属するという概念そのものがなく、政治運動などの参加や不参加も全く自由であり、資格に伴う権利がないものの、意見の集約状況によっては現実の政治判断にも影響を及ぼしうる存在と見なされるようになってきた。新たな民主的な力としてのネティズンと、古典的なシティズンシップ論とを組み合わせた論考が求められる。

5　今後の展開

シティズンシップの形成には、メディア・リテラシーの涵養がとりわけ重要となる。二宮も指摘するように、メディアは多くの人々と情報や意見を共有するために有効なコミュニケーションの手段である（二宮 2007：64）。メディア・リテラシーを現代のシティズンシップ形成カリキュラムにどのように組み入れていくかが今後の主要な課題の一つになるであろう。

インターネットは、民主主義を活性化させるのであろうか。シティズンシップに関する議論に、どのような影響を与えるのであろうか。インターネットの普及は、確かに人々の生活を大きく代えた。しかし、これが民主主義や市民社会の成熟を促すのか、それとも損なってしまうのかは、まだ明らかにはなっていない。なぜなら、インターネットを支える情報通信技術そのものは民主的でも非民主的でもなく、それは単なる手段に過ぎないからである。マーティン・ヒルバートによれば、それは単なる道具であるに過ぎず、民主主義を成熟させるために電子的な手段を使うことが望ましかったり、望ましくなかったりする両方のケースがありうるとしている（Hilbert 2007 : 7）。同じく、バーバーも、インターネットを筆頭とする遠距離通信技術が人々の生活の境界線を越えたが、これが民主主義と市民社会を助けるのか、それとも損なうのかは、まだ明らかではないとしている（Barber 1998 = 2007 : 125）。技術は、それを作る社会を変えるよりも、そうした社会を反映しているからである。

さらに、インターネット時代におけるメディア・リテラシーのあり方についても検討を進めていく必要があるだろう。個人が情報を発信していくにあたって、インターネットは最も有力なメディアである。インターネットにおいては既存のマス・メディアと違い、情報の送り手と受け手の関係が相対化するからである。しかし、インターネット上の情報は信頼に足る情報ばかりであるとは限らない。それゆえ、インターネット上で情報を扱うにあたっては、メディア・リテラシーはますます必要不可欠な能力となってくる。

また、インターネットはシティズンシップに関する議論を活性化させるであろうし、シティズン・リテラシーの形成にも大きな影響を及ぼすだろう。本章は、このような問題意識から執筆した。

以上に述べてきたことをまとめると、インターネットに代表される電子メディアの世界的な普及は、私たちの生活や思考形態に大きな影響を及ぼしている。身近な出来事はもちろん、国内外における様々な出来事についても、メディアを通して理解することになる。よって、シティズンシップ教育としての情報メディア・リテラシーは、今後ますます重要になってくる。新しい時代のシティズンシップ教育には、メディア・リテラシーの獲得が追加されなければならない。メディアの特質を理解し、そのメリットとデメリットを見極めた上で活用していくことが求められる。情報を受け取る時は批判的に、情報を発信する時は慎重を期さなければならない。

そして、メディア・リテラシーとシティズン・リテラシーをどのように関連づけ、シティズンシップ形成に結びつけていくかについて、理論面でのさらなる構築と実践が今後の課題になるであろう。

注

(1) メディア（media）は、情報を記録・伝達するのに用いられる媒体のことを指すが、日常生活の文脈ではその媒体を扱う機関を指すことも多い。特に、新聞・テレビ・ラジオなど、不特定多数の受け手を対象として情報を発信する機関は「マスメディア（mass-media）」と呼ばれることが多い。

(2) IT（Information Technology＝情報技術）とは、コンピュータを核にしたハードウエア・ソフトウエア・システム・通信などの技術全般を指す。特に、コンピュータについては、大型の汎用コンピュータのみならず個人レベルで使用することの出来るパーソナルコンピュータが念頭に置かれている。ITとはコンピュータや通信技術が高度に発達した社会であり、これによって人と人との関係、人と組織との関係、人と社会との関係を一変させるものであるとしている。IT革命の行き着くところが、後に触れる「ユビキタス・ネットワーク社会」であるとも言われている。

(3) インターネットが普及する以前のコンピュータ・ネットワークとして、パソコン通信がある。インターネットが「世界に開かれたネットワーク」であるとするならば、パソコン通信は限られたメンバー間でだけ情報をやりとりする「閉じたネットワーク」である。パソコン通信は一九八〇年代から一九九〇年代前半にかけて利用され、商用のパソコン通信サービスも行われていたが、インターネットの普及にともなって衰退し、二〇〇九年現在ではほとんど見られなくなっている。

（4）バーバーは、「サイバースペースは放送電波に劣らず公共的なものであり、情報の交通路は私道ではなく公共的な大通りである」と述べ、インターネットの持つ公共的性格について指摘している（Barber 1998 = 2007 : 119）。

（5）ここに関連して、野村（1995）は、インターネット上で構築されるコミュニティを「社交の世界」に見立てた論考を行っている。野村によると、一八世紀の社交界ではお互いの身分や仕事のことなどをもちこむのは無作法とされ、利害から自由な会話を楽しんだ。その人は、発言内容からにじみ出る人格や見識だけから評価され、それは「対等性の作法」を実現していた。インターネットのコミュニティも、その意味における「対等性」があり、それゆえインターネットの世界は「新しい社交の世界」なのだという（野村 1995 : 192）。

（6）奥野卓司は、パソコン通信やインターネットが形成するネットワークは、日本社会の伝統的な人間関係である「血縁」「地縁」によるものではなく、会社を中心とした近代の人間関係「社縁」によるものでもなく、時間と空間を超えて、個メディアによって、自由に結ばれる「情報縁」を生んでいるとし、これを「第三の社会」と呼んでいる。「現在では会社と家庭の両側から溶け出した人々によって、その中間に新しく、家庭でも会社でもない『第三の社会』が生じている」というのである（奥野 2000 : 59）。

（7）印刷技術に限っていえば、陶土製の活字による印刷は西暦一〇四一年の中国で行われ、西暦一二四一年には朝鮮半島で金属活字が発明されており、グーテンベルグが最初ではない。しかし、グーテンベルグの印刷術は、膨大な量の書籍を送り出し、中世の時代を脱し、知識の急速な伝播を実現するルネッサンスへの原動力のひとつとなったことから、ロジャーズはグーテンベルグ以降を「印刷コミュニケーションの時代」と規定している。

（8）また、メイロウィッツは「対面的相互行為や読むこと・書くことに大きな価値を置く人々でさえしばしば電子メディアに頼る」ことから、コミュニケーションの新旧の形式は共在が可能であるとも指摘している（Meyrowitz 1985 = 2003 : 370）。

（9）もちろん、新聞の登場そのものは一六世紀まで遡るが、市民が容易に読めるようになったのは一九世紀に入ってからで、ヨーロッパでも一八三〇年代からである。

（10）タルドは「公衆」を民主政治の担い手として理想の集団であると規定したが、後にリップマンによってこの概念は否定された。

（11）この論はハワード・ラインゴールドが述べており、インターネット上の電子会議室に参加し、積極的に討論を行うことなどを通して参加者同士の連帯を深め合うことが可能であり、バーチャル・コミュニティによって自身のアイデンティティをも形成されるようになっている現状がある（Rheingold 1993＝1995：79）。

（12）この論は金子郁容らが主張しており、インターネットがもたらす情報処理の力は、個人の能力を飛躍的に増大させるものであり、「つながる意志」さえあれば誰でも参加することが出来る共同体であるとするものである（松岡・金子・吉村 1995：72）。

（13）この論はマイケル・ハウベンが「より民主的な政治形態として、サイバースペースにおける直接的な民主主義の可能性」について論じており、このようなバーチャル社会に属する人を「ネティズン」と呼んでいる（Hauben et al. 1997＝1997：35）。また、公文俊平も、「ネティズン」の存在が高度な情報を基にしたモラルの高い理想的な直接民主主義社会を作るであろうと主張している（公文 1996：11）。

（14）この論は金子郁容がボランティア組織における事例を挙げてインターネット上の共同体を論じている（金子 1999：128）。いわゆる権力機構に対抗して独自のネットワークを構築しようとする立場は、ボランティア団体をはじめとする運動組織にとって親和力があり、インターネットはそのための有力なツールとなる。

（15）この論はロベルト・ベルゾーラが指摘している。ベルゾーラによると、大企業は世界規模の資本主義がインターネットを通じて「電子コミュニティ」の市民であるという錯覚を起こさせ、新しいライフスタイルと称して不必要な消費を喚起させるとしている。さらに、先進国が第三世界へ投資するに際してインターネットが果たす役割について「かつての宣教師と同じだ」として批判している（ベルゾーラ 1996：25）。

（16）この論は西垣通が「インターネットは非常にアメリカ的なイデオロギーを内包しており、インターネットの普及に伴って無意識のうちにアメリカン・ヘゲモニーが増す」と指摘している（西垣 1996：296）。

（17）この論は西垣通と樺山紘一が「インターネットが作る電子コミュニティはいつでも退出することが自由であり、既存のコミュニティとは違って自由距離がある」と指摘している（西垣・樺山 1996：73）。その距離がリアリティの希薄化を引き起こしているという。

（18）この論は西垣通と吉岡洋が指摘している。西垣はベネディクト・アンダーソンの『想像の共同体』を引き合いに出しながら、電子コミュニティにおける「崇高性」の形成過程を「聖なるヴァーチャル・リアリティ」として批判的に検討している（西垣・吉岡 1996：48）。

（19）この論は桂英史が指摘している。桂によると、電子コミュニティの構成員は受動的な「端末市民」である。彼らが市民意識を発揚しようとすればするほどネットワークのラディカルな側面と衝突してしまうため、彼らは言論的暴力に鈍感になってしまうという（桂 1996：85）。

(20) この論は西垣の指摘に詳しい。西垣によると、市民の声はインターネットを席巻する世界的な資本システムの前では無視されてしまうか単なる暇つぶしとして消費されてしまうとしている（西垣 1996：298）。

(21) この論は西垣と樺山が指摘している。樺山によると、インターネットはセミクローズな空間という側面もあるとした上で、自分が強力なカリスマと対話しているようなイメージが作られやすいのに、人々はそれを知覚しにくいという。そのため、人々は盲目的にカリスマに従うようになり、電脳ファシズムに陥る危険性があるという（西垣・樺山 1996：74）。

(22) インターネットは、コミュニケーションツールであるにもかかわらず、コミュニケーションの質が低下してしまった現象について、クラウトらは「インターネット・パラドックス」と名付けた。

(23) 世界で初めてメディア・リテラシーが公教育のカリキュラムに取り入れられたのは、一九八七年、カナダ・オンタリオ州においてである（すぐ後に本文で触れる）。カナダでは、州ごとに教育制度が異なっているが、人口の三分の一を占めるオンタリオ州の政策は影響が大きく、今では全州で取り入れられるようになっている。この動きはアメリカにも波及し、北米全体の動きに発展するに至っている。イギリスにおいては、教育改革法が制定された一九八八年の翌年より、全国的なカリキュラムの中に取り入れられた。これらの取り組み例は、菅谷（2000：14）の研究に詳しい。

(24) この定義には、市民とメディアが民主主義社会を創っていくという理念が込められており、市民教育としてのメディア・リテラシー教育も数多く実践されている。

(25) また、斎藤（2002）は、メディア・リテラシーの「クリティカル」であることと同時に「クリエイティブであること」を重視するべきであると述べているが、その理論的裏付けとなる研究は進んでおらず、「クリエイティブであること」を実践するためのカリキュラムも、まだ充分に整備されているとはいえないとしている（斎藤 2002：176）。

(26) 高校における「情報」のカリキュラムでは、「情報A」「情報B」「情報C」の三教科からの選択制になっており、履修の時期や方法は各地方や高校に任されている。具体的には、「情報A」では、ワープロや表計算ソフト、プレゼンテーションソフトの使い方、検索エンジンの使い方やコンピュータの仕組みなどを学習するようになっている。また、ネットワークを利用するために必要な心構えとして、インターネット上にある情報が正しいかどうか判断する力の重要性、個人情報を保護する必要性、著作権をはじめとする知的所有権保護の重要性の説明なども重視されている。「情報B」「情報C」ではさらに高度な内容となっており、インターネットの仕組みや情報セキュリティについて、ネットワーク上でのマナーにも触れられている。

（27）批判的市民性については、James Schwoch et al.（1992）の論考に詳しい。また、学校の中における「メディア文化の教育学（pedagogy of media culture）」の必要性と重要性も主張されている。

（28）西内は、特にテレビメディアの使いこなしについて大いに注目しており、「衛星放送で視聴出来る諸外国のニュースを批判的に読み解いていくことは、地球市民としての国際的な政治意識や経済観を育むのに非常に役立つ」とも指摘している（西内 2004：11）。

（29）メディア・リテラシーを現代のシティズンシップ形成カリキュラムにどのように組み入れていくかについては、二宮（2007：64）が若干の検討を加えている。しかし、様々な試みが行われているものの、まだまだカリキュラムとして確立しているものはなく、今後の検討課題であるとしている。

（30）シティズンシップ教育推進ネットのホームページ（http://www.citizenship.jp/report/）を参照。

（31）イギリスでは、二〇〇二年からシティズンシップ教育が全国共通カリキュラムに追加され、中等教育段階（第七〜一一学年）で必修科目となった。イギリスにおける取り組み事例を紹介した論考としては、山本（2007）が挙げられる。

（32）富山慶典（2002）群馬大学社会情報学シンポジウム基調講演「Eデモクラシーをめぐる諸課題——人文・社会・情報科学からの総合的アプローチの必要性」。

（33）「選挙しよう、選挙に行こう２００９衆議院ネット模擬選挙!!」のウェブサイト（http://senkyo.me）を参照。

（34）「e-デモクラシー」について、同研究会では未だ確定しているものではないと断りつつ、「市民が自由で平等な立場でネット上のコミュニティに参加して、社会的政治的課題を解決するための行動またはプロセス」であると定義している。

（35）ユビキタス（Ubiquitous）の語源はラテン語で、いたるところに存在する（遍在）という意味。インターネットなどの情報ネットワークに時間や場所を問わずアクセスできる環境を指す。ユビキタスが普及すると、場所にとらわれない働き方や娯楽が実現出来るようになる。「ユビキタス・コンピューティング」、「ユビキタス・ネットワーク社会」のように使われ、ＩＴ革命はユビキタス社会の実現であると言われるようになってきている。

（36）アンダーソンは、「（国民意識の基礎を形成するに当たり出版語の果たした役割として最重要だったことは）出版語が、（聖なる言葉である）ラテン語の下位、口語俗語の上位に、交換とコミュニケーションの統一的な場を創造したことである。フランス語、英語、スペイン語といっても、口語はきわめて多様であり、これら多様なフランス口語、英口語、スペイン口語を話す者は、会話においては、おたがい理解するのが困難だったり、ときには不可能であったりするのだが、彼らは、印刷と紙によって相互了解できるようになった」（Anderson 1983＝1997：84）とも述べ、中世ヨーロッパにおいて生じた「出版資本主義」は、人々に想像されうる「あるべき国民の姿」というものを作り出したとしている。

（37）用語としての「Netizen」誕生の経緯については、ハウベンのウェブサイト（http://www.columbia.edu/~hauben/text/WhatIsNetizen.html）で詳しく述べられている。

（38）公文は、この意味で用いられる「ネティズン」の日本語の訳語として「智民」を提案している。

文献一覧

Anderson, Benedict (1983), *Imagined Communities : Reflections on the Origin and Spread of Nationalism*, London : Verso. 白石ほか訳『増補　想像の共同体――ナショナリズムの起源と流行』ＮＴＴ出版、一九九七年。

Appadurai, Arjun (1999), *Modernity at Large : Cultural Dimensions of Globalization*, Minneapolis : University of Minnesota Press. 門田訳『さまよえる近代――グローバル化の文化研究』平凡社、二〇〇四年。

Aronson, Sidney H. (1971), "The Sociology of the Telephone," *International Journal of Comparative Sociology*, XII, 153–167.

Barber, Benjamin R. (1998), *A Place for Us : How to Make Society Civil and Democracy Strong*, New York : Hill and Wang. 山口訳『〈私たち〉の場所――消費社会から市民社会をとりもどす』慶応義塾大学出版会、二〇〇七年。

Dutton, William H. (1999), *Society on the Line : Information Politics in the Digital Age*, New York: Oxford University Press. 宇都宮監訳『オンライン社会の情報政治学――ＩＴ革命の政治・経済・経営・家庭・教育への影響』東海大学出版会、二〇〇二年。

Gumpert, Gary (1987), *Talking Tombstones and Other Tales of the Media Age*, New York : Oxford Univ. Press. 石丸訳『メディアの時代』新潮社、一九九〇年。

Hauben, Michael (1993), "The Net and Citizens: The Impact the Net Has on People's Lives," http://www.columbia.edu/~hauben/text/WhatIsNetizen.html

Hauben, Michael and Ronda Hauben (1997), *Netizens : On the History and Impact of Usenet and the Internet*, Los Alamitos : IEEE Computer Society Press. 井上・小林訳『ネティズン――インターネット、ユースネットの歴史と社会的インパクト』中央公論社、一九九七年。

Hilbert, Martin (2007), *Digital Processes and Democratic Theory : Dynamics, Risks and Opportunities that Arise When*

Democratic Institutions Meet Digital Information and Communication Technologies, open-access online book, http://www.martinhilbert.net/democracy.html
Kraut, Robert et al.（1998）“Internet Paradox : A Social Technology that Reduce Social Involvement and Psychological Well- Being?” *American Psychologist*, Vol. 53, No. 9.
———（2002）“Internet Paradox Revisited,” *Journal of Social Issues*, Vol. 58, No. 1.
Masterman, Len（1985）, *Teaching the Media*, London : Comedia Publishing Group. 宮崎訳「メディアを教える」鈴木みどり編『メディア・リテラシーの現在と未来』世界思想社、二〇〇一年所収。
McLuhan, Marshall（1964）, *Understanding Media : The Extensions of Man*, New York : McGraw-Hill. 栗原・河本訳『メディア論』みすず書房、一九八七年。
Meyrowitz, Joshua（1985）, *No Sense of Place : The Impact of Electric Media on Social Behavior*, New York : Oxford University Press. 安川ほか訳『場所感の喪失——電子メディアが社会的行動に及ぼす影響』上、新曜社、二〇〇三年。
Ministry of Education（1989）, *Media Literacy Resource Guide : Intermediate and Senior Divisions*, Toronto : Queen’s Printer. ＦＣＴ訳『メディア・リテラシー——マスメディアを読み解く』リベルタ出版、一九九二年。
Poster, Mark（1990）, *The Mode of Information : Poststructuralism and Social Context*, Cambridge : Polity Press. 室井・吉岡訳『情報様式論』岩波書店、一九九一年。
Rheingold, Howard（1993）, *The Virtual Community : Homesteading on the Electronic Frontier*, Reading（Mass.）: Addison-Wesley. 会津訳『バーチャル・コミュニティ——コンピューター・ネットワークが創る新しい社会』三田出版会、一九九五年。
Rogers, Everett M.（1986）, *Communication Technology : The New Media in Society*, New York : Free Press. 安田訳『コミュニケーションの科学——マルチメディア社会の基礎理論』共立出版、一九九二年。
Schwoch, James, Mimi White and Susan Reilly（1992）, *Media Knowledge : Readings in Popular Culture, Pedagogy, and Critical Citizenship*, Albany : State University of New York Press.
Tarde, Gabriel（1922）, *L’opinion et la foule*, Paris : Libraire Fêlix Alcan. 稲葉訳（1989）『世論と群集［新装版］』未来社、一九八九年。
Urry, John（1999）, “Mediating Global Citizenship,” http://jwsr.ucr.edu/archive/vol5/number2/html/urry/　池田ほか訳

「マス・メディアと世界市民性」『立命館大学産業社会論集』第三五巻二号。

――― (2000), *Sociology Beyond Societies: Mobilities for the Twenty-first Century*, London and New York : Routledge. 吉原監訳『社会を越える社会学――移動・環境・シチズンシップ』法政大学出版局、二〇〇六年。

池田緑（1999）「電子ネットワークの展開と社会的可能性――グローバリゼーション・多文化／多価値社会と電子ネットワーク」電子ネットワーク研究会編『電子ネットワークと市民社会・市民文化形成』第I分冊所収、慶應義塾大学メディア・コミュニケーション研究所。

NIRA編（2004）『教育の制度設計とシティズンシップ・エデュケーションの可能性』総合研究開発機構。

遠藤薫（2000）『電子社会論――電子的想像力のリアリティと社会変容』実教出版。

―――編著（2004）『インターネットと〈世論〉形成――間メディア的言説の連鎖と抗争』東京電機大学出版局。

大野順子（2005）「地域社会を活用した市民的資質――シティズンシップを育むための教育改革」『桃山学院大学総合研究所紀要』第三一巻二号。

岡本弘基（2005）「インターネットは日本の政治を変えたのか」賀来健輔・丸山仁編著『政治変容のパースペクティブ』所収、ミネルヴァ書房。

奥野卓司（2002）『第三の社会――ビジネス・家族・社会が変わる』岩波書店。

奥村牧人（2009）「英米のシティズンシップ教育とその課題――政治教育の取り組みを中心に」『青少年をめぐる諸問題――総合調査報告書』国立国会図書館調査及び立法考査局。

金子郁容（1999）『コミュニティ・ソリューション――ボランタリーな問題解決にむけて』岩波書店。

桂英史（1996）『メディア論的思考――端末市民の連帯意識とその深層』青弓社。

―――編（1996）『マルチメディアの諸相とメディアポリティクス』ジャストシステム。

公文俊平編（1996）『ネティズンの時代』NTT出版。

経済産業省編（2006）『シティズンシップ教育と経済社会での人々の活躍についての研究会　報告書』経済産業省。

小玉重夫（2003）『シティズンシップの教育思想』白澤社。

今野喜清・新井郁男・児島邦宏ほか編（2003）『学校教育辞典』教育出版。

斎藤俊則（2002）『メディア・リテラシー』共立出版。

佐伯胖（1999）『マルチメディアと教育——知識と情報、学びと教え』太郎次郎社。

CIEC編（2001）『教科「情報」実習へのフライト——明日の情報教育で使える教師のための実践事例集』日本文教出版。

菅谷明子（2000）『メディア・リテラシー——世界の現場から』岩波新書。

鈴木みどり編（1997）『メディア・リテラシーを学ぶ人のために』世界思想社。

——（2001）『メディア・リテラシーの現在と未来』世界思想社。

鈴木崇弘ほか編著（2005）『シチズン・リテラシー——社会をよりよくするために私たちにできること』教育出版。

近勝彦（2004）「e-デモクラシーの発展にブログは有効か」http://www.gscc-ss.com/J/subjects/materials/2004/chika/chika_note203.ppt
富山慶典（2002）「電子民主主義における決定と討議の情報について——意思決定科学からの研究課題」日本社会情報学会編『日本社会情報学会第一七回全国大会研究発表論文集』。

西垣通（1996）「インターネットで共同体は崩れるのか」『世界』六二二号。

西垣通・樺山紘一（1996）「グローバルネットワークは文化を変えるか」『季刊へるめす』六二号。

西垣通・吉岡洋（1996）「インターネットと共同体」『現代思想』二四号。

西内裕一（2004）「シティズンシップ教育と情報メディアアリテラシー」『福島大学総合情報処理センター広報』第二号。

二宮皓（2007）『市民性形成論』放送大学教育振興会。

野村一夫（1995）『社会学の作法・初級編——社会学的リテラシー構築のためのレッスン』文化書房博文社。

——（1997）『インターネット市民スタイル——知的作法編』論創社。

——（2003）『インフォアーツ論——ネットワーク的知性とはなにか？』洋泉社。

藤井玲子（2007）「市民教育としてのメディア・リテラシー——イギリスの中等教育における学びを手がかりに」『立命館産業社会論集』第四二巻四号。

ベルゾーラ、ロベルト（1996）「情報の政治的経済に向けて」『インパクション』九八号。

松岡正剛・金子郁容・吉村伸（1995）『インターネットストラテジー——遊牧する経済圏』ダイヤモンド社。

宮島喬（2004）『ヨーロッパ市民の誕生——開かれたシティズンシップへ』岩波新書。

宮田加久子（2005a）『インターネットの社会心理学——社会関係資本の視点から見たインターネットの機能』風間書房。

——（2005b）『きずなをつなぐメディア——ネット時代の社会関係資本』NTT出版。

山本敏也（2007）「地域コミュニティにおけるシティズンシップの醸成——英国の先進事例から大阪が学ぶこと」大阪府立産業開発研究所『産開研論集』第一九号。

吉田純（2000）『インターネット空間の社会学——情報ネットワーク社会と公共圏』世界思想社。

李妍・柴田邦臣・池田緑（2001）「電子ネットワーク分析への一試論——インターネットと社会参加の関連性を中心に」『慶應義塾大学メディア・コミュニケーション研究所紀要』第五一号。

主な参照ホームページ

シティズンシップ教育推進ネット http://www.citizenship.jp/report/
大阪市立大学大学院・創造都市研究科・e-デモクラシー研究会 http://e.democracy.jp/
早稲田大学メディア・シティズンシップ研究所 http://www.wismc.org/institute/message

第7章　グローバル・シティズンシップの可能性
——地球時代の「市民性」をめぐって

山田竜作

1　プロローグ——「故郷は地球」か

故郷《ふるさと》を聞かれたら
まよわず地球と答えるの
〃争い〃という文字が
辞書から消え去る　その日まで

これは、八神純子が一九八〇年に歌ったヒット曲「Mr・ブルー〜私の地球〜」の歌詞の一節である。この曲は、同年NHK総合テレビで放映された天文科学番組『パノラマ太陽系』のテーマソングでもあった。二一世紀も最初の一〇年が過ぎようとしつつある現在、国際宇宙ステーションでの日本人宇宙飛行士の活躍が報じられ、「地球にやさしい」「エコ」等々という言葉が日常生活に定着するなど、かつての歌に込められた「故郷は地球」というメッセージは以前にもましてリアリティを持つようになっていると言えようか。

さて、そのヒットソングより三〇年を経た今日、「グローバル・シティズンシップ」あるいは「ワールド・シティズンシップ」「コスモポリタン・シティズンシップ」といった議論が急増している（cf. Carter 2001 ; Dower and Williams eds. 2002 ; Heater 2002 ; Linklater 1999, 2002）。これらは言うまでもなく、冷戦終結後のグローバル市民社会論やグローバル・デモクラシー論の興隆と連動しており、「地球市民（global citizen）」あるいは「世界市民（world citizen, cosmopolitan）」という言葉も頻繁に使われるようになっている。やはり「故郷は地球」ということになろうか。だが、「地球市民」「世界市民」などという言葉を持ち出せば、たちどころに次のような反問がなされることも事実だろう――「地球市民？ そのような者は存在するのか？ そやつは一体、何語を話し、何を食べて生きているのだ？」と。このような問いは、決して嗤って一蹴できるものではない。なぜなら、グローバルな次元で市民の権利を保障するような世界政府や、地球規模で共通する言語や文化が存在しない以上――そもそも、それらの存在が望ましいか否か、それ自体が論争的だが――、グローバル・シティズンシップなどあり得ない、という主張には強固なものがあるからである。「地球市民」「世界市民」と言っても、それらは実体のない抽象的で空虚な概念にすぎない、という批判は常につきまとう。故郷は、万人に共通の「地球」ではあり得ず、個別的・具体的な諸種の「共同体」だ、というわけである[(1)]。

にもかかわらず、「グローバル市民社会」や「グローバル・シティズンシップ」をめぐって、政治理論・政治思想の研究者の側からも、国際政治・国際関係論の研究者の側からも、さらには社会学者や教育学者からも、多くの議論が蓄積されつつある。この事実は、グローバルな次元での市民のあり方について考察し論じる必要性が現に存在する、ということをも意味していよう。従来、政治理論・政治思想研究と、国際政治・国際関係研究との間では、十分な対話がなされてこなかったわけだが、近年、この両者を架橋する位置にある議論としてクローズアップされているのが「グローバル市民社会」や「グローバル・シティズンシップ」であることは、認められてよい。実際、これらを鍵概念として、そこに現代デモクラシー理論や社会思想をも含めた「国際政治（あるい

は国際関係）思想」という研究分野も、ひとつの有力な潮流になりつつある。(2)

「地球市民」「世界市民」等といった言葉そのものは、決して新しいものではない。特に「コスモポリタン」は、よく知られているように、一八世紀のカントや古代のストア派の哲学にまで遡れる言葉であるし（cf. Bohman and Lutz-Bachmann eds. 1997 ; Linklater 2002）、この用語の思想史的な系譜をたどることは、さしあたり本章の目的ではない。ここではそれらの言葉の厳密な定義づけや用語の使い分けといったことにはあまり深入りせず、それらを含むものとして以下「グローバル市民」と呼んでおきたい。そして本章において筆者は、たとえさまざまな批判が存在するにせよ、やはり「グローバル市民」の理念を練り上げることは必要である、という立場をとりたい。もっとも、いくつかの留保は必要となろう。まず、「グローバル市民」といっても、必ずしも一定の文化や価値観を共有しているとは想定できない、ということである。そして、この点と関連するが、いわゆる「グローバル市民社会」が、何の対立もない理想的な地球共同社会であるわけではない、ということである。むしろ、現在の私たちの目の前に広がっている世界は、暴力と分断に満ちあふれた世界である。グローバル化のさらなる進展は、経済やコミュニケーション技術の面では著しく地球の一体化を進めるかも知れない。だが同時に、異質な文化を持つ「他者」との接触が増大すれば、文化交流による理想的な相互理解とは正反対の「文明の衝突」（S・P・ハンティントン）やアイデンティティ・クライシスといった、厳しい軋轢・対立・紛争を生じさせることにもなる。本章で考察してみたいのは、そうした異質な「他者」同士が国境を越えて接触する地球時代にあって要請される「市民性」とはいかなるものか、という問題である。

シティズンシップをメインテーマとする本書の最終章において、筆者がサブタイトルで「市民性」という表現を用いることには、それ相応の理由がある。日本ではしばしば「市民権」との訳語を当てられてきたcitizenshipであるが、近年ではカタカナで「シティズンシップ」と表現されることが定着しつつあり、さらには「市民性」と訳される場合も増えてきている。これは、シティズンシップ（＝市民であること）が、国家における人の法的地位のみならず、市民たる人に要請される能力や態度といった「市民的資質」の問題でもある、という認識が広く受容されてきていることの表れと言えよう。しかしながら、「市民性」は同時に、civilityという別の言葉の訳語でもある。日本で「市民性とは何か」「市民（的）であるとはいかなることか」を論じる場合、そこで語られているのがシティズンシップであるのかシヴィリティであるのか。不思議なことであるが、このことはあまり意識されていないのではなかろうか。(3)「市民性」という日本語が一人歩きする前に、その意味を改めて整理しておく必要があるのではないか。

グローバル・シティズンシップをめぐる議論にはおびただしい論点が存在するため、それらを満遍なく整理しようと思えばそれだけで一冊の本となろう。本章は、グローバル・シティズンシップの理念を支持するにせよ否定するにせよ、そこでの「シティズンシップ」をいかなる次元の問題として考えればどのような議論となり得るのかについて、筆者なりに一定の道筋を示すことをひとつの目的としたい。そのために、まずは「グローバル市民（社会）」の議論が何を語っているのかを確認した上で、その中にグローバル・シティズンシップ論の言説を位置づけることを試みる。次に、グローバルな次元で「市民性」を考える場合、その「市民性」とは一体何かについて考察を加える。ここでは暫定的に、市民的であることを「シヴィックであること」と「シヴィルであること」とに分節化し、シティズンシップとシヴィリティをどのように理解するかについて一定の整理をしたい。さらに、グローバル市民社会がしばしば、国境を越えた国際NGO（以下、INGO）に見られるような市民運動・社会運動に着目した形で論じられるのに対して、グローバル化している具体的な場としての都市の問題を再考する。都市論にも分厚い議論の蓄積があり、ここでその深みに入り込むことは極力回避しなければならないが、移民の増大や「アイデンティティの政治」の突出によって急速に多文化化するグローバル都市において「市民的である」とはいかなることか、幾人かの論者の議論を参考にしながら考察したい。最後に、グローバルな市民性を練り上げる上で、「同じ人間」という言い古された普遍的理念をポジティブに見直すことはどのように可能か、問題提起の形で本章を閉じたい。

2 グローバル・シティズンシップをめぐる諸議論

(1) 「グローバル市民社会」と「グローバル市民」

さて、改めて「グローバル市民社会」とは何かを考えた場合、一般的にはあまり語られていないようだが、そこには二重の意味が含まれ得ることに気づかざるを得ない。すなわち、「グローバル化した」市民社会（*globalized* civil society）と、「グローバル市民」が織りなす社会（society of *global citizen*）である。この区別を単に、グローバル「市民社会」と「グローバル市民」社会というように言葉をどこで切るかの問題だと見なしてよいのだろうか。一方で、市民社会がグローバル化したというなら、そこで語られている「市民社会」はそもそも何を意味しているのか。他方で、「グローバル市民」なる人々がいるとするならば、それはいったい誰か。これらは決して自明ではなく、立場によって相当異なった見方が成り立つ。

まず、グローバル化した市民社会と言った場合の「市民社会」を考えてみよう。今日「ネオ・リベラル」と呼ばれる立場からすれば、市民社会とは、国家の介入から自由な「市場」を意味することとなろう。そもそも一九八〇年代に、サッチャリズムやレーガノミクスといった「新保守主義」が席巻していたが、曲がりなりにも資本主義経済へのオルターナティヴとして存在していた東欧の社会主義陣営が一九八九~九一年に相次いで崩壊することで、冷戦の終結はそのまま「自由主義（＝資本主義）の勝利」として受け止められた。旧東欧への市場経済の導入が民主化であるとする潮流の中で、資本主義とデモクラシーの同一視を疑う視点は往々にして奪われがちであったと言えよう。経済のグローバル化は加速し、もはや国家（あるいは政治）の役割は終焉したとまで論じる人々がしばしば「グローバル主義者」と考えられた（cf. Gamble 2000）。「ネオ・リベラリズム」は、以上のような「新保守主義」「グローバル主義」の延長上にあるものと理解できる。冷戦終結直後の「新世界秩序」がこのような認識の上に語られたことは、確認されるべきであろう。

それに対して、利潤追求を直接の目的としていない草の根の市民運動や自発的アソシエーションが、国境を越えて連帯しネットワークを広げていることに着目する立場がある。エコロジー運動や第二波フェミニズム、反核平和運動など、一九六〇～八〇年代に顕著になった「新しい社会運動」が、市民の力による公共空間の創出でありデモクラシーを深化させるものである、と考えられた。特に、東欧民主化と密接にかかわったいわゆる「市民社会の再発見（rediscovery of civil society）」以降の市民社会論では、ユルゲン・ハーバーマスによる「システム」対「生活世界」という対置に依拠しつつ、「システム」の側たる国家および市場経済から自律した公共圏として「市民社会」が語られることが非常に多くなった。ここには、下からのデモクラシー、市民参加、市民的自発性、市民的公共性、市民的連帯、等々といった現代シティズンシップ論に深くかかわる諸論点が含まれている。総じて、こうした意味での市民社会を重視する立場からすれば、グローバル化した市民社会とは、さしずめ「トランスナショナルな社会運動を通じて市民がおりなす公共空間」といった意味合いとなろうし、利潤追求の場たる市場とは区別されることとなる。

だが、トランスナショナルな社会運動を重視する論者がすべて、グローバルな公共圏といった理念を手放しで歓迎しているわけではない。例えばシャンタル・ムフなどは、ローカル・レベルあるいはナショナル・レベルでの「われわれ」意識をグローバル・レベルにまで拡大し人類社会全体を「地球村」と考えるような議論には、異を唱えている。なぜならそのような「われわれ」意識の拡大が、実は特定の（特に西洋の）文化的産物に過ぎないものを不当に地球大に普遍化することにつながりかねないからである。冷戦終結後、ネオ・リベラル的な言説がヘゲモニーを握ることによって、世界はアメリカ中心的な一元化の方向に強力に向けられてしまった。そこでは「自由」にせよ「平等」にせよ「文明」にせよ、アングロ・アメリカ的、あるいは西洋的な「解釈」が唯一の正当性を持つものと主張されてしまう。つまり、本来は西洋という「個別的な」観点による解釈に過ぎないものが「普遍性」を「僭称」する問題である（cf. Mouffe 2005 : chap. 5）。

さらには、グローバルな社会が本当に「市民的な（civil）」社会になっているのか、という極めて根本的な懐疑が存在する。この点を繰り返し論じているのは、「市民社会の再発見」に少なからず関わったジョン・キーンである。冷戦終結後、数々の民族紛争や宗教対立が噴出し、あたかも暴力それ自体が自己目的化したかのような凄惨な悲劇が、世界の各地で見られた。しかも暴力は、マクロな次元だけでなく、国内における都市生活・日常生活といったミクロな次元にも蔓延している。市民社会と呼ばれるものは、必ずしも文字通り「市民的」なのではなく、現実にはむしろ逆の「非市民的社会（uncivil society）」ではないのか（Keane 1998）。さらには、コミュニケーション技術の著しい高度化によって世界大の相互依存関係が深化しつつあるにもかかわらず、すべての国家がそのもたらす恩恵に等しく浴しているわけではなく、北米やヨーロッパ、日本、オーストラリアといった特定の諸国あるいはＩＭＦなどの調整機関が依然として中核となっている。この状態を前にして、デヴィッド・ヘルドらが提唱する「コスモポリタン・デモクラシー」（ヘルド 2002, 2005 ; cf. Archibugi and Held eds. 1995）を安易に構想することなどできない、というのである(4)。

次に、「グローバル市民」とは誰かという問題に移ろう。さまざまな言葉で表現され得る「グローバル市民」とは現代ではどのような人間像であるのかを、あらまし考えてみたい。

まず、ごく一般的なイメージで考えるならば、「グローバル市民」とは、経済的に恵まれ高等教育を受け、何か国語も操ることができる、一握りのエリートということになろうか。このような「グローバル市民」像は、かつての日本であれば「国際人」と呼ばれたであろうが、決して過去のものになってはいない。こうした人間像に当てはまる典型的な存在は、国連職員であろう。国連に限らず、さまざまな国際機関に勤める人々は、おそらく以上の条件を満たすことを要求されるであろうし、自身の出身国の利益よりも世界全体の利益を考慮することが

（少なくとも建前上は）優先される（cf. Heater 1999 : 144–145 ＝ 2002 : 242–243）。また、前述のネオ・リベラル的な視点に立つならば、資本主義経済を基軸とした世界秩序の安定をはかると称する世界銀行やＷＴＯのエリートこそ、「グローバル市民」ということになろうか（cf. Gamble and Kenny 2005 : 23–29）。同時に、この視点からするならば、それこそ地球をまたにかけて（物理的に移動するのみならず、インターネット等を駆使して）金融ビジネスを行う人々や集団も「グローバル市民」視される可能性があろう。無論このような見方は、市民社会を市場から切り離そうとする立場からは支持されないだろうが。

他方、必ずしもフォーマルな立場ではない「グローバル市民」も当然考えられる。例えば、外国語を解せず、一度も海外に出たことのない市井の人であっても、地球の反対側にいる見ず知らずの人々の苦境に思いを馳せることができるならば、「グローバル市民」としての道徳的資質を持ち合わせていると考えることも不可能ではない。あるいは、国境を越えた人の移動の増大によって、多民族化・多文化化が進む現代社会にあって、異文化を受け入れ、寛容な精神と態度を体現した人も、「グローバル市民」たり得ようか。こうした人々は、同じ政治共同体の構成員たる「国民」の外部にいる人々に対して、「個人」として開かれた態度を保持していると言えるからである。また、より積極的な活動を重視するならば、国境なき医師団やアムネスティ・インターナショナルといった人道支援組織や、前述の「新しい社会運動」に自らコミットする、トランスナショナルな市民運動の担い手が「グローバル市民」であるだろう。このような市民は、国家よりも直接的に人間そのものの生活や運命に関わろうとし、他者に対する内発的な責任感に基づいて活動する人々と考えられようか。そのような人々は、必ずしも何らかのＩＮＧＯの一員としてでなく、個人として、文字通りのボランティアとして、世界の紛争地域や難民キャンプなどに赴き活動することもあろう。

そもそも「グローバル化」という言葉それ自体が多様な意味内容を持つ以上、「グローバル化した市民社会」にせよ「グローバル市民」にせよ、一義的な概念規定ができるものではない。しかし少なくとも、ネオ・リベラルな経済的視点でなく、世界的な民主化という視点からグローバル化を論じる場合――それがグローバル市民社会論であれ、グローバル・デモクラシー論であれ、グローバル・ガヴァナンス論であれ(5)――、しばしば言及されるのは、国境を越えた世界的な公共圏（world public sphere）であり、そこで公共性を担う市民運動・社会運動の存在であり、その運動の主体たるＩＮＧＯであろう。こうした議論は、冷戦終結後二〇年の間におびただしく蓄積された。そして、国籍や文化を共有しない人々との連帯や、寛容・非暴力・相互承認といった道徳的・倫理的問題もまた、国際政治における重要な論点となった。国際関係論において、「理想主義か現実主義か」といった二分法が通俗化していた時代からすれば、隔世の感がある。

(2) 政治共同体とグローバル・シティズンシップ

しかし、市民が国境を越えてさまざまな公的活動を行うグローバルな市民社会を認める論者すべてが、「グローバル（あるいはコスモポリタン）・シティズンシップ」という理念を擁護するかと言えば、実際はそうではない。グローバル化の時代に要請されるシティズンシップを検討することに関心が集まっていることは事実であるとしても、それは決して、「グローバル・シティズンシップ」なる概念が広く受容されていることを意味しない。むしろ、この理念・概念に対しては、強力な批判が少なからず存在する。そもそも、すでに検討した「グローバル市民」それ自体が多義的である上に、「グローバル・シティズンシップ」が何を意味するのかについても、論者の間で共通の理解が成立しているとは言い難い。さらには、「グローバル市民（社会）」「グローバル・シティズンシップ」等の言葉が、学術界以外の一般の世界でもかなりの程度流通し、自分自身を「グローバル市民」であると考える人々が現に存在する、という事情がこれらの用語の理解を一層困難にさせている面もあろう。

では、「グローバル市民」ではなく「グローバル・シティズンシップ」となった場合、そこで考えられていることは何か。近年グローバル・シティズンシップ論を精力的に展開しているナイジェル・ダワーは、その短い論文「グローバル・シティズンシップ――是か非か?」の中で、「グローバル・シティズンシップ」という概念を用いることの是非をめぐって種々の論点を取り上げ、賛成側と反対側の考えを検討しそれぞれに批判的コメントを加えている。その中でダワーは、グローバル・シティズンシップをめぐって、何よりもまず以下の二つの対立する理解が成り立つとしている(Dower 2002 : 30)[6]。

(a)グローバル・シティズンシップとは本質的に、人々が道徳的になすべきことに関する倫理的な観念である。

(b)グローバル・シティズンシップとは本質的に、特にグローバルな諸制度・諸機関の成員資格(メンバーシップ)に関する制度的な観念である。

前者の(a)の立場に立つならば、グローバル・シティズンシップとは、個人が人類共同体全体に対して果たすべき義務や負うべき責任の問題となる。ここでは、ある個人が、国家のような一つの人工的な政治共同体に偶然生まれ合わせたという事実は、さして重要とされない。「市民」であるかどうかは、特定の政治共同体に所属していることにではなく、同じ「人間(human being)」として共有する本性(理性など)にその根拠を求められることになる。同じ人間として、例えば自国以外で飢餓や人権侵害に苦しむ人々に同苦し、あるいは全人類の命運を左右する核廃絶や環境保護を自らの問題ととらえ、自身ができること・なすべきことを考え行動する。そうした道徳性や能動性が、グローバル・シティズンシップの内実ということになろう。他方、後者の(b)の立場に立つならば、グローバル・シティズンシップは、それを裏打ちする一定の制度を確立した上で初めて意味を持つ理念だ、ということになる。確かに私たちはみな、それ相応の道徳的な義務と権利を持つ「人間」かも知れない。しかし、「人間」であることと「市民(citizen)」であることは同じではない。伝統的には、「市民であること」を意味するシティズンシップは、「個人(市民)」と「国家」の間の契約関係と考えられてきた。「国家」が古代ギリシャの都市国家であれ近代国民国家であれ、そこで理解されてきたシティズンシップとは、一定の政治共同体の成員資格であった。その政治共同体が国民国家であるならば、「市民」とは事実上「国民《ネイション》」のことであり、シティズンシップはほぼ「国籍《ナショナリティ》」と同義であろう。そして、その共同体のメンバーとして法的に認められることから生じる権利と義務こそが、シティズンシップの内実だということになる。

このように考えると、「グローバル・シティズンシップは是か非か」という問題に対していかに応答するかは、そもそもシティズンシップをどのようなものとして理解するかによって左右されよう。ここで改めて、「シティズンシップ」という言葉で意味され得る内容として、筆者なりに以下のように整理してみたい。

(1)市民権――法的に保障された権利
(2)国民・国籍――国民国家という政治共同体のメンバーシップ
(3)市民的資質――「市民」として求められる能力や行動
①自発的な公的参加、果たすべき義務や貢献、政治共同体への忠誠心
②市民的な態度（作法、礼儀、マナー、寛容さ、等々）

ちなみに、グローバル化時代のシティズンシップを構想するジェラード・デランティによれば、シティズンシップを構成する要素として、「権利」「義務（あるいは責任）」「参加」「アイデンティティ」の四つが挙げられる(Delanty 2000)。これらの要素を、ここでの筆者なりの整理と照らし合わせるならば、それぞれ対応するのは、

・「権利」――(1)市民権
・「義務」――(3)市民的資質①
・「参加」――(3)市民的資質①
・「アイデンティティ」――(2)国籍

ということになろうか。デランティが挙げる要素の中には、直接的に(3)市民的資質②に相当するものは明示され

ていないと思われる。ともあれ、もしもこのような分節化が可能であるとすれば、前述の(a)のグローバル・シティズンシップ理解は、(3)の②にかなりの重心を置いたものであるのに対して、あくまで政治共同体の存在を想定した(b)の理解は、シティズンシップとは(1)～(3)の①であるという前提に立っていると考えられる。

ここでまず検討すべき問題は、「シティズンシップを国民国家から切り離して構想することはどこまで可能か」という点であろう。シティズンシップを基本的にナショナルなものと考える論者として、デヴィッド・ミラーを挙げることができる。(7) ミラーにとって、シティズンシップに必要な「市民的徳性(civic virtue)」が涵養されるのは、基本的に現存するナショナルな共同体においてである。政治共同体を構成する平等な同胞市民が、相互に責任を負うと同時に、自ら属する共同体に対する忠誠と一定の義務の履行を誓う――そうした「徳」は、国民国家の存在なしには保証されない。その意味で、ミラーの考えるシティズンシップは「境界化された(bounded)」シティズンシップなのであって、国民国家を超越したコスモポリタン・シティズンシップなるものを構想することは、以上のような市民的徳性を掘り崩しかねないということになろう(Miller 1999)。

それに対して、ヘルドらによるコスモポリタン・デモクラシー論やグローバル・ガヴァナンスを重視する、アンドリュー・リンクレイターのような立場があり得る。リンクレイターにとっては、現代の複雑な相互依存性の世界にあって、ナショナルなシティズンシップだけでは市民は自らの個人的・集合的な生について自己決定することはできない。また、「デモクラシーの赤字」に陥っている国際組織を民衆のコントロールの下に置くためには、国境を越えた市民性(citizenry)が必要となる。さらに、トランスナショナルな次元で人々が被る損害・苦境に対して、主権国家はもはや唯一妥当な道徳的共同体ではあり得ない。ゆえに、外国人への単なる慈善的行為だけでなく、相互に差異をもった市民たちによる、国境や国益を越えた公共圏が重要となる。リンクレイターにとってそうした公共圏は、市民と外国人との間の新たなディスコース・コミュニティであり、それ自体が「新しい政治共同体」と考えられ得る。コスモポリタン・シティズンシップとは、その新しい共同体に対する義務を意味するもののようである（Linklater 1999：47–49）。

リンクレイターのように、国民国家と切り離されたシティズンシップを構想する論者の多くは、その有力な手掛かりとしてEUの事例に言及するが、ここではその詳細には触れない。一点だけ確認しておくとすれば、確かに「ヨーロピアン・シティズンシップ」がシティズンシップを国民国家の外に「開く」ものであるとしても、それはヨーロッパという「地域」統合の所産であって、むしろ非ヨーロッパを外部に排除することでシティズンシップをヨーロッパ内に「閉じる」契機をも持つものだということである。EUの事例から一足飛びにグローバル・シティズンシップの可能性を語ることについては、慎重にならざるを得ない。

しかしEUそれ自体の問題はともあれ、国民国家から相対的に切り離されたシティズンシップを構想することにリアリティがあるのは、「経済や情報のグローバル化によって国民国家の枠に収まりきらなくなった人々が国境を越えて移動する動態が常態化してきている」からであり、メンバーシップとしてのみシティズンシップを考えることの見直しが迫られているためであろう（寺島 2009：2）。例えばブライアン・ターナーは、近代国民国家の成員であるというアイデンティティが、グローバル化の中で揺らいでいることを、「ポストモダンあるいはコスモポリタン・シティズンシップ」と表現している。ターナーによれば、国家への政治的忠誠心は「熱い（hot）忠誠心」と「冷めた（cool）忠誠心」とに分けることができ、また社会的連帯も「厚い（thick）忠誠心」と「薄い（thin）忠誠心」とに区分できる。そして、彼の言う「ポストモダンあるいはコスモポリタン・シティズンシップ」とは、国家に対する相対的に「冷めた忠誠心」と「薄い」社会的連帯のパターンを併せ持ったシティズンシップである（Turner 2000：141；cf. Turner 1994）。

ここで確認しておくべきことは、いわゆるグローバル・シティズンシップを、従来型のナショナルなシティズンシップと両立しないものとして構想する必要はない、という点である。ちょうどコスモポリタン・デモクラシー論が、ナショナル・デモクラシーを否定するものではなく、国家内部でのローカル（あるいは都市）・デモクラシー、国家単位の伝統的なナショナル・デモクラシー、国家を越えた地域的《リージョナル》デモクラシー、グローバル次元でのデモクラシー、等というようにデモクラシーそれ自体を重層的なものと見なす構想であるように（cf. ヘルド 2002）、シティズンシップもまた、ナショナルかグローバルかといった二者択一ではなく、重層的なものとして構想し得るものと考えることができよう。デランティの表現を用いるなら、サブナショナル、ナショナル、トランスナショナルにわたる多元的なシティズンシップの存在を認める感覚が必要となる（Delanty 2000：5＝2004：13）。

もっとも、権利・義務関係としてのシティズンシップを前提とする場合、世界政府やグローバルな政治共同体が存在しない以上、グローバル・シティズンシップを構想することはそもそも不可能だ、という批判は可能であろう。この論点について示唆を与えてくれるのは、後に触れるグローバル都市論を精力的に展開してきたサスキア・サッセンである。サッセンは、人や資本や情報のトランスナショナルな移動を通じて、そもそもナショナルなものそれ自体が変容を被っており、形式的権利を保障するものとしての国民国家がシティズンシップを独占することはできない、とする（その意味で、やはり問題はナショナルかグローバルかといったところにはない）。彼女にとって、このことはシティズンシップの価値の毀損ではない。そうではなく、外国の企業や投資家やビジネスマンといった外国（人）アクターに対してもまた、一定の権利を保障するような国家のあり方が、国際人権レジームを背景としてある程度形成されつつあることを意味している。ここでサッセンが考えているシティズンシップは、必ずしもナショナル・ベースでないがゆえに「ポスト・ナショナル（post-national）」なシティズンシップであると同時に、外国人への権利保障のための国家の権能をも認めるため、（反ナショナルではなく）「非ナショナル化された（denationalized）」シティズンシップでもある（Sassen 2002：286–288；cf. Sassen 1996＝1999：162–172）。

世界政府的な地球大の政治共同体の存在を前提としなくとも、人権をめぐる国内の法整備を一定程度可能にさせる国際人権レジームがそれなりに機能していることを重視するならば、グローバル・シティズンシップを語ることは可能だということになろう。もっとも、「権利」としての側面からシティズンシップを考えるならば、グローバル・シティズンシップとは結局のところ「人権」を言い換えただけではないのか、との見方も成り立ち得る。[8] グローバル・シティズンシップという概念を持ち出すのであれば、そこでの「シティズンシップ」が狭義の「市民権」にのみ還元されないことを確認する必要がある。「義務」としてのシティズンシップの側面は、次節での議論とも関わってくるが、グローバル・シティズンシップが含意する義務とは人類共同体への義務ということになろう。また、「アイデンティティ」としてのシティズンシップの側面を見た場合、二重国籍取得者や、自分が実際に生活している国家の国籍を取得していなくとも労働者として一定の権利を与えられている居留外国人（デニズン）にとっては、「国籍」にシティズンシップが包括されてしまうわけではない。ただし、シティズンシップをナショナリティと一定程度切り離して考えることが可能であるということが、そのままグローバル・シティズンシップという理念に直結する必然性はない、ということは認められなければならないが。

3　グローバルな次元での「市民的資質」とは

(1)　「シヴィック」と「シヴィル」

他方、先の(3)の②の意味での市民的資質は、領域的な政治共同体を必ずしも前提としない、個人の道徳性・精神性の問題という側面が多分にある。つまり、個人が「市民」に値する存在となるために身につけなければならない性質や態度、行動様式、等々の問題である。こうした観点からシティズンシップを捉えるとすれば、それは「市民権」と言うよりむしろ文字通り「市民（的）であること」「市民性」ということになろう。そして、このことこそ、しばしば「グローバル・シティズンシップは空虚な概念でしかない」との批判を生むひとつの要因になっていると考えられる。要するに、陳腐な道徳論だ、というわけである。

このような批判に応答する前に、確認しておくべきことがある。一口に「市民性」あるいは「市民的資質」と言うが、市民社会論や公共性論において考えられている「市民的であること」には二重の意味が込められているはずである。つまり、「シヴィック（civic）であること」と「シヴィル（civil）であること」である。この両者は、思想史的には同じ語源を有しているとは言え、その意味合いや使われ方は現代では必ずしも同じではない。ゆえにここでは、暫定的に両者を区別して一定の検討を加え、[9]その上でそれらのグローバル次元での意味を考えてみたい。

まず、「シヴィックである」という意味で「市民性」を考えるのであれば、そこには共和主義的な関心が色濃く反映されていることとなろう。つまり、「公共（共通）の事柄」たる「レス・プブリカ（*res publica*）」に関心を持ち、自発的に関わっていこうとする市民／公民のあり方である。市民／公民には、政治共同体の一員としてその全体に貢献するという「市民的徳性」を備えていることが期待され、またそうした徳性を育む土壌ないしそのような徳性を持った人々の営みのありようは「市民文化（civic culture）」と考えられる。こうした、「シヴィックであること」としての「市民性」は、利己主義的・個人主義的な人間像とは反対のものと想定される。二〇世紀以降を考えても、政治的に無関心で受動的とされる私生活中心主義的な「大衆（mass）」に対して能動的な「市民（citizen）」や「公衆（public）」が対置されたり、あるいは、個人主義的リベラリズムの蔓延と価値の共約不可能性に対する危機感から市民的共和主義やコミュニタリアニズムが論じられてきた。参加デモクラシー論のような、市民の積極的な公的参加を重視する議論においては、「シヴィック」の意味での市民性が目指されていたと言ってよかろう。

他方、「市民社会」がcivil societyの訳語であるように、「シヴィルであること」が「市民性」であると考えることもできる。「市民社会」それ自体が、時代や使われる文脈によって極めて多義的な言葉であるが、もともとラテン語の「ソキエタス・キヴィリス（*Societas civilis*）」は、法によって一定の平和的秩序が保たれている政治共同体を意味していたとされる。この原初的な意味で考える限り、「市民社会」は「政治社会」であり、一七世紀のジョン・ロックもまたその意味で「市民社会」を用いていたことはつとに知られている。[10] ゆえにこの時点までは、「シヴィックであること」と「シヴィルであること」は、その意味が大幅に重なり合っていたと考えてよい。しかしすぐに思い浮かぶのは、シヴィルが「市民／公民的」であると同時に「文明的」をも意味することであろう。「文明化」とは言うまでもなく civilization の訳語であり、その意味で「市民社会」は「文明社会」でもある。となれば、「市民」とは「文明化された（civilized）」人間を意味するものと言えようか。ヨーロッパにおいて、「市民社会」が「政治社会」（国家）から切り離され、多様な意味を帯びる言葉になっていったのは、一八世紀中葉から一九世紀中葉にかけての約一世紀の間のことであった（cf. Keane 1988b）。

文明化された状態というものをいかに理解するかも、また困難な問題ではあるが、「野蛮」対「文明」という近代化に伴った図式で考えた場合に重要な要素となるのは、非暴力であろう。一八世紀のアダム・スミスをひくまでもなく、「文明社会」とは「商業社会」でもあったのであり、暴力を伴う国家権力や軍事から自由に民間人が私的な商取引ができる社会、という含意があった。「市民性」を表すはずのもう一つの言葉 civility には、「礼節」という訳語がしばしば当てられる。野蛮性や暴力性を克服し、洗練されたマナーを身につけ、他者に対しては礼儀正しく振る舞う――このような人間の態度は、自分とは異なる価値観や利害を持つ他者と共存し、平和裏に取引するための「作法」であり、ある種の智慧であると言ってよい。日本語では同じ「市民性」であっても、「シティズンシップ」が国家の法によって規定され一定の強制力を伴う権利・義務関係というイメージであるのに対して、「シヴィリティ」はむしろ個人の態度や振る舞い、あるいは道徳性に重心を置いたものと理解することもできよう。

もちろん、シヴィルな状態は非暴力的な状態である、という理解には一定の留保が必要となる。先のキーンがノルベルト・エリアスを参照しつつ論じているように、西洋のいわゆる「文明化」の過程には、それ自体の中に多くの暴力が伴っていた。「文明化」と暴力的な「非市民性（incivility）」とは、表裏一体の関係性であった（Keane 1998 : 119-127 ; cf. Reichardt 2006）。工業化の進展を背景にして、階級格差と貧困をもたらす市民社会の非市民性を「ブルジョア社会」として告発したのが、一九世紀のカール・マルクスであったと考えてもよい。[11]また、非西洋世界に対する「文明化」の暴力性については、多言を要しまい。「文明化」には、歴史的に「西洋化」という意味が含まれていたからである。[12]この点は先述の問題、すなわち特殊西洋的な文化的産物に過ぎないものの「普遍性僭称」の問題と直結する。

以上のように、「文明化」としての「市民化」それ自体が暴力性を伴い、資本主義的な経済活動が「市民性」と「非市民性」の両方を持ち合わせてきたがゆえに、シヴィルであるとはいかなることかをめぐっては、容易に解決のつかない諸問題が含まれていることは確かである。だが、それらを踏まえつつも、「文明化」が「西洋化」を含意してきたという理由のみで「シヴィリティ」をすべて拒否することは決して価値的ではないであろう。異なる価値観や利害を持つ他者と共存する「作法」としてのシヴィリティは――「シヴィル」という言葉を用いるかどうかを別にすれば――、西洋以外の種々の文明の内部にも、それぞれの形で存在してきたはずだからである。[13]次の問題は、「市民性」が諸文化・文明の「間」で、あるいはグローバルな次元で、いかに理解可能かという点である。

(2) グローバルな「市民性」

まず、もしもシヴィックであることが、市民が帰属し忠誠を誓うべき一定の政治共同体が存在することを前提とするならば、繰り返しになるが、地球規模の支配管轄権を持つ政治体が存在しているとは言えない以上、グローバル・シティズンシップを構想するのは不可能だということになる。しかし、政治共同体と言った場合、何を

「政治的」であると考えるかによって、多様なものが想定し得る。政治とは、端的に言えば「公的な営み」であり、その主要な単位は近代以降では国民国家であったろう。だが、公共性を国家権力が独占してしまうことへの批判は、二〇世紀以降――古くはG・D・H・コールやハロルド・ラスキから、現代的な市民政治論、ラディカル・デモクラシー論に至るまで――さまざまな形で繰り返し論じられてきた。国家以外の団体や共同体、さらには社会運動が持つ政治的アクターとしての重要性が認識されている現在、「政治的＝公的」であるとしても「政治的＝国家的」では必ずしもない、ということは再確認すべきであろう。本章2で触れたリンクレイターが、国境を越えた公共圏としてのディスコース・コミュニティを「新しい政治共同体」と考えていることを、ここで想起したい。

また、伝統的な意味での「公／私」区分の揺らぎが語られて久しい。例えば、フェミニズムが繰り返し論じてきたのは、従来の「公／私」区分が女性を私的領域（家庭）に閉じ込める家父長制的性格を持ち、しかもその私的領域の内部にも権力関係が存在するということであった（「個人的なことは政治的である」[14]）。また、健康、きれいな水や空気、安全な食品、等といった私生活のニーズが、国際的な感染症の蔓延や環境破壊によって著しく損なわれるのであれば、それがそのまま公的＝政治的な問題ともなる、ということはすでにエコロジー運動が示してきたところである。従来は「政治的でない」と考えられてきた諸イシューがすぐれて政治的であると見なされるようになり、しかもそれらのイシューが世界的な広がりを見せているのであれば、グローバルな次元でのシヴィックな「市民性」にはそれ相応のリアリティがある。ゆえに、シヴィックであることが、市民の積極的・献身的な公的参加を求めるものであるにせよ、「レス・プブリカ」は必ずしも狭義の政治共同体（国家）とは限らず、むしろ広義の「公的な事柄」と理解した方がよいのではないか。政治には、当然のことながら強制力としての法を伴う「制度」の面があるが、しかし同時に、もっと基本的な人間の「営み」「活動」としての面もある。そして、シヴィックであるかどうかは、「公的な事柄」に関与していく社会的実践《プラクティス》に関わる問題とも捉え得る。

そうなれば、ここで考えられる「市民性」は、必ずしも国家と結びついた法的シティズンシップではなく、むしろ「社会的実践としてのシティズンシップ」とでも言うべきものであろう。これをグローバルな次元で構想することは、十分に可能ではなかろうか。

次に、シヴィルであるという意味での「市民性」をグローバル次元で語ることに意味を見出すとすれば、どの点にであろうか。「市民的資質」としての「市民性」である以上、シヴィルであることをここで資本主義的にのみ理解することは妥当でないだろう。現在のネオ・リベラルな言説的ヘゲモニーのもとでは、そのような理解はもっぱら、「経済的に豊かな高学歴の金融エリートなどがグローバル市民である」といった認識につながりかねないからである。むしろここでは、前述のように、自分とは異なる価値観や利害を持つ他者と平和的に共存するための「作法」としての「シヴィリティ」を考えた方がよかろう。

まずミクロな次元から見るならば、人権・環境・平和等々をめぐって人々が自ら運動を起こす場合――扱っている問題が公的な事柄であるがゆえに「シヴィック」でもあるのだが――、同じ考えを持つとは限らない人々同士が共通の目的のために結びつき（＝アソシエーション）、異なる意見を戦わせつつ運動を持続させるという社会的実践そのものが、日常的に人々の「シヴィリティ」を陶冶することにつながるであろう（cf. Kenny 2004 : chap. 4）。このようにして訓練された道徳性は、政治共同体の存在を前提にする共和主義的な市民的徳性とは必ずしも同じではないものの、やはり一定の徳性と言えよう。次に、マクロな次元で考えるならば、グローバル化が進めば嫌でも異なる文化・文明が接触する事態が増える。その場合、「文明の衝突」を回避するためには、異質な他者をいかに遇するかという問題が問われる。従来の「文明化」が西洋文明の押しつけ・同化を伴いがちだったのに対して、ここで必要とされるのは、異質な他者をそれ自体としてまずは認め、対等な関係性を結んでいこうという態度としての「シヴィリティ」である。

(3) 市民的資質としてのグローバル・シティズンシップ

以上を踏まえた上で、改めてグローバル・シティズンシップの問題に戻ろう。先のターナーなどと一定の認識を共有している社会学者エンジン・アイズィンによれば、二〇世紀最後の二〇年間に経験されたポストモダニゼーションとグローバリゼーションとによって、国民国家がシティズンシップとデモクラシーの唯一の源泉とは言えなくなってしまった。シティズンシップは、単に法的権利としてのみならず、そうした権利を主張したり拡張したり失ったりする「社会過程」としてもまた定義すべきものとなった。そうした言わば社会学的なシティズンシップ定義は、法的支配よりも、規範（norms）、実践（practices）、意味（meanings）、アイデンティティに力点を置くものであり、このようなものとしてのシティズンシップ概念は当然、国家を越えたコスモポリタン・シティズンシップのような議論を生み出すことになる、というのである（Isin 2000 : 5; cf. Isin and Wood 1999）。ここで問われているのはやはり、市民としてのあり方や行動・活動の動態であると言ってよい。

また、比較的早い段階からグローバル・デモクラシーやグローバル市民社会の議論に関わってきたリチャード・フォークは、ネイションあるいは国家という伝統的な境界線を越えてシティズンシップを拡張して考える場合、少なくとも以下の四つのレベルがあると考えている。つまり、①地球全体を、平和・正義・持続可能性の条件と考え、より良き世界を実現しようとする、グローバル市民の精神的熱意、②金融市場の急速なグローバル化と現実の世界システムの変容に伴う、私たちのものの見方の地平のグローバル化、③エネルギー・資源・環境など、人類の生存に関わる問題に対して、必然的に政治的選択および既成の政治的行動を変容させる、言わば必然性に基づいた態度（attitudes of necessity）、④目の前の現実に挫けず、望ましいものによって動機づけられた行動によって、不可能を可能にできるという確信、である。このような四つのレベルから考えられるグローバル市民とは、地球上での政治生活をより良く組織し、実際的な計画を提示する、ある種のグローバルな改革者《リフォーマー》としての個人であるというのである（Falk 1994 : 131–132）。フォークにとっては、地球的問題群の解決が現実に迫られている以上、それらに応戦する市民の精神的態度もまたリアルな問題なのであろう。彼は、従来のウェストファリア体制を前提としたシティズンシップのみを「現実」と捉えるのでなく、むしろ現実的にも規範的にも、新しいシティズンシップは未来（来るべきより良き世界）に根差したものでなければならないと考える。そして、固定的な所属（belonging）に力点を置く従来型のシティズンシップではなく、むしろ流動的な一時的居留者（sojourner）の精神を持った市民のあり方を表すため、彼は「巡礼者市民（citizen pilgrim）」というメタファーを用いている（Falk 2002 : 26–27 ; cf. Hutchings 2005）。

さらに、自らを「グローバル市民」と称する人々に対する膨大なインタビュー調査をまとめたハンス・シャットルの研究によれば、人々が多様な意味で用いている「グローバル・シティズンシップ」という言葉から、三つの基本的な概念が抽出できる。つまり、①「意識（awareness）」としてのグローバル・シティズンシップ、②「責任（responsibility）」としてのグローバル・シティズンシップ、③「参加（participation）」としてのグローバル・シティズンシップである（このうち「責任」と「参加」は、まさに先のデランティによるシティズンシップの構成要素に含まれている）。しかもシャットルは、これらのグローバル・シティズンシップをさらに、それぞれ以下のように細分化している（Schattle 2008 : chap. 2）。

①「意識」としてのグローバル・シティズンシップ

・自分自身がナショナル・アイデンティティにとらわれず、いずこの地にあっても自分の居場所があると感じることができる「自意識（self-awareness）」

・グローバルな相互依存性によって人類全体が運命を共有しており、インサイダーとアウトサイダーという区分を乗り越える必要があると感じる「外に開かれた意識（outward awareness）」

②「責任」としてのグローバル・シティズンシップ

・自分の日常生活が地球上の他の人々に影響を与えることを自覚した上で行動する「道義に基づいた意思決定（principled decision making）」
・貧困などの地球的問題の解決に挺身する際に個々人が感じる「人類の連帯（solidarity across humanity）」

③「参加」としてのグローバル・シティズンシップ
・自分が、現に居住する国家に法的に認められた市民でなくとも、自らが属する共同体の政治的・社会的生活に何らかの貢献をすべく発言し行動する「声と活動（voice and activity）」
・世界経済や国際組織をより民主的にし、人々のエンパワーメントをはかるための「説明責任と改革の要求（call for accountability and reform）」

以上のような諸議論を見た場合、そこで語られている「グローバル・シティズンシップ」が、パスポートと法的地位を重視するナショナル・シティズンシップのモデルとはかなり異なったシティズンシップ・モデルであることが分かるであろう。つまり、前述の「社会的実践としてのシティズンシップ」である。グローバル・シティズンシップは固定的なメンバーシップの問題ではなく、かといって、ナショナルなシティズンシップを否定し、国民国家の権威とそれへの忠誠心を奪い去ってしまうようなものでもない。グローバル・シティズンシップは、人々の能動的な活動に関する概念であり、複合的・横断的な諸共同体――都市共同体、地域共同体、国家、国民共同体、国際的な諸組織、また近隣の集団や職業に基づくアソシエーションなどのネットワーク――における考え方・生活の仕方であると言える（Schattle 2008：3）。「市民的資質」あるいは「市民性」と言った場合、個人の内面的な道徳性・倫理性の問題でもあるが、同時に、市民活動を可能にする実践的な規範意識でもあり得るのであり、空虚な精神論だとして切って捨てることはできまい。そして、一定の（ナショナルな）政治共同体を前提にしなければ、そうした規範意識としての市民的徳性は生じ得ない、というこれまでのシティズンシップ観に対して、グローバルな次元で「市民（的）であること」をすでに実践している一群の人々がいるということを重視するのがグローバル・シティズンシップ論である、と言えようか。こうした次元で語られるグローバルな「市民性」は、「シティズンシップ」と「シヴィリティ」とが大幅に重なり合ったものと理解することが可能であろう。

4　多文化化したグローバル都市における「市民性」

(1)　「都市型社会」としての大衆社会・再考

さて、グローバル市民社会論の多くは、国境を越えた市民の活動領域に注目し、ＩＮＧＯなどについてしばしば言及しているが、グローバルな社会は、国家の外の世界にあるばかりではない。移民が流入する都市は、それが大都市であれ地方都市であれ、程度の差はあれ多民族化・多文化化しつつあり、人々がグローバル化を身近な生活の中で感じる場所となっている。先のサッセンが「グローバル都市」と呼ぶものは、金融・情報・労働力が国境を越えて（いや、インターネットを通じて「空間」それ自体を変容させて）行き交う、グローバル化そのものの「場」である。サッセンがさしあたり考える「グローバル都市」の典型は、ニューヨーク、ロンドン、東京なのであろうが（Sassen 2001）、しかし世界の金融の中心たるこれらの大都市以外の中小の都市であれ、グローバル化と無縁ではあり得まい。そしてここで焦点となるのは、グローバル化した都市の内部で、文化的差異や異質なアイデンティティを持つ「他者」をいかに「市民的」に遇するかという問題である。グローバル市民社会論といわゆる多文化主義論とが、いかなる関係になっているかについては、改めて別の議論が必要になろうが、コスモポリタン・シティズンシップのようなものを構想する場合、多文化主義に言及せざるを得ないことは、例えばウィル・キムリッカによる議論を見ても明らかである（Kymlicka 2002 : chap. 7）。

しかしここでは、現在主流とされる理論とはいささか異なるアプローチをしてみたい。筆者の念頭にあるのは、松下圭一の市民政治・市民文化論である。一九五〇年代後半に日本における大衆社会論の代表的論客であった松下は、一九六六年に発表した論文「『市民』的人間型の現代的可能性」以降、市民の自治・共和としての市民政治と、その制度構想であるシビル・ミニマムを精力的に理論化していった。彼は、古代から近代にいたるヨーロッパ政治思想史の中で、そもそも市民および市民政治が「都市」の理念と密接に結びついてきたことを十分に認識している。その彼が「現代政治の条件」と考えるものは、工業化と民主化である。この二つは、資本主義と社会主義とを問わず、また日本のような非西洋諸国にも見られる普遍的プロセスであり、これが「近代」の市民政治理論と「現代」の大衆社会論との分岐をもたらす――というのが松下政治理論の基本的パラダイムであった（松下 1969）。そして一九七〇年代以降になると、松下はもともと「大衆社会」と表現していたものを「都市型社会」と言い換えた。松下が論じた「市民」的人間型とは、この都市型社会に対応した人間のあり方である（cf. 山田 2004：218–222）。市民が自発的に自治を行う政治文化を、松下は「市民文化」と呼び、市民自治としての市民政治がなされる場として、彼は都市としての自治体を想定した。そして、市民政治が成立する前提条件は、個人が「市民性」を有していることであるが、松下にとってこの市民性とはやはり「シヴィリティ」であったのである（松下 1985：48）。グローバル都市と市民性の諸問題を考えるにあたり、ここで改めて、往年の大衆社会論と現代的な議論とのつながりを再検討してみたい。

実際、大衆社会論とグローバル化論との間には、論じ方において非常に似通ったものがある。松下が重視した、二〇世紀前半の理論家グレアム・ウォーラスやカール・マンハイムを、ここで想起してみよう。前者が「巨大社会（great society）」と呼び、後者が「大衆社会（mass society）」と名づけた現代社会とは、伝統的な共同体的社会（第一次集団と呼んでもよい）が、交通・通信手段の高度な発達を通じてその閉鎖性を喪失することで、全体として一つの巨大なメカニズムと化した社会であり、その内部の構成要素の相互依存性が著しく増大した――要するに、手の届かない遠隔地で起こった出来事も自身の生活に甚大な影響を及ぼす――社会であった（Mannheim 1940）。こうした議論の仕方は、合理化社会を論じた産業社会論や、テクノロジーの高度化をめぐる情報社会論、消費社会論など、その後のいわゆる「現代社会論」に共通のトーンだったのであり、この延長上にグローバル社会論（の少なくとも一側面）があることは見やすい。ここに、先のヘルドのコスモポリタン・デモクラシー論を並べてみればよい。彼の議論では、政治・経済・社会のあらゆる領域での脱国家的な「相互連結性（interconnectedness）」が強調され、ナショナルな共同体が排他的に意思決定することが困難になっていることが強調されている（ヘルド 2002）。もちろん、国内におけるローカルな共同体の間の相互依存性と、主権国家同士の相互依存性とを、同列に扱うわけにはいかないとの異論もあるだろう（現に、主権国家は「崩壊」したわけではない）。しかし、地球規模の共同社会が「成立した」ということに否定的な論者と言えども、ＩＴの普及と高度化によって、世界中のあらゆる政治的・社会的単位の相互依存性と相互連結性が深化・加速化している事実そのものは否定しようがあるまい[15]。

　伝統的共同体が自立性を失い、社会が流動化すること――これが、工業化に伴う都市化・大衆社会化を論じる場合の古典的な説明であったろう。もちろん、大衆社会論は基本的には国民国家という単位を前提にし、その内部でのファシズム化・全体主義化を問題にした。それら二〇世紀前半～中葉にかけての議論の中に、「差異」や「多元性」を重視する現代の多民族国家論や多文化主義論との共通点を求めるのは、アナクロニズムと思われるかも知れない。しかし、移民の増大やマイノリティの自己主張という現象と、現代的なコミュニタリアニズムとを踏まえた「差異の政治」や「アイデンティティの政治」の諸議論においても、「コミュニティ」や「アソシエーション」など、大衆社会論と共通の語彙が用いられている。むしろ、かつて「大衆社会」と訳されてきたmass society を、今日いかに訳すべきかが問われるべきだろう。例えば、「差異の政治」の代表的論客であったアイリス・ヤングもまた、「マス・ソサエティ」という言葉をしばしば用いてきた。ヤングは決して、マス・ソサエティとは何かを厳密に追究したとは言えない。だが、彼女の「マス・ソサエティ」の用い方を見ると、その言葉で意味されているのは、「システム」として官僚制化するのみならず、多文化化し価値観が多様になった、都市社会あるいは「大規模社会」のようである（Young 1990：238；1993：127-128；2000：21-25. cf. 山田 2004：323-324；2008：174）[16]。相互依存性と流動性が増し、人々を結ぶ伝統的紐帯が存在しない社会、という意味でなら、「原子化」や「アノミー」といった言葉がキーワードであった大衆社会論は、現代の多文化主義の問題にも通じるものがあると言わざるを得ない。すなわち、国境の外側から来た異質な他者と日常的に接することで、社会の安定性や価値観が急速に変容する、大規模社会＝都市型社会としての大衆社会である。

ヤング自身、都市の持つパラドックスについて論じている。彼女は、行き過ぎた個人主義と共同体の喪失を問題とするコミュニタリアニズムからの自由主義批判に一定の共感を示しながらも、伝統的共同体を過度に理想視することには極めて批判的である。そうした共同体は往々にして、直接に顔の見える人間関係（a face-to-face relation）と、共同体の成員に共有されるべき伝統的経験や価値やアイデンティティを、「善き社会」の条件として重視しすぎる。そのため、共同体の内部に現実に存在する差異や多様性に対して盲目となり、むしろ異質な文化や価値観を持つ集団を抑圧したり排除する危険性がある。「善き社会」としてのゲマインシャフト的共同体の理念は、このように政治的に望ましくない帰結を招きかねないというのである（Young 1990：227-236）[17]。ヤングはむしろ、このような共同体の理念とも自由主義的個人主義とも異なる、「規範的な理念としての都市生活」（city life as a normative ideal）を提唱する。ここで言う都市生活とは、見知らぬ者同士が共に存在する社会関係のあり方である。都市において、個人や集団は、同じ空間や制度の中に属する者として相互行為するものの、決して同化してしまうことはない。ヤングは、都市の規範的理念として、以下の四つの徳性を挙げている。つまり、①社会的集団の差異を内包する「排除なき社会的差異化（social differentiation without exclusion）」、②差異を持つ者同士が集って隣人意識を持つことが可能になる「場」が多々存在する「多様性（variety）」、③新奇なもの・

驚くべきものに出遭える、刺激的な「魅力（eroticism）」、④特定の共同体の成員にだけ閉じられた空間でなく、誰にでもアクセス可能な「公共性／公開性（publicity）」、である（Young 1990：237–240）。もちろんヤングは、近代の歴史の中で都市が、不道徳性と不自然な人工性と無秩序の巷としてネガティヴな評価を受けてきたことを十分に知っているし、現代にあっても現実の都市が腐敗・貧困・犯罪といった社会的不正義に満ちた空間であることをわきまえている。にもかかわらず、彼女はあえて、個人の自由を確保し、他者（個人・集団）の持つ異質なアイデンティティをそのまま残しながら、しかも見知らぬ者同士が共生する多元的な空間として、共同体ではなく都市の理想像を「理念型」として提示したと言える（cf. Kenny 1996：26–31）。

以上のように考えてくるならば、大規模社会＝大衆社会としての都市には、二つの側面があることが理解できよう。すなわち、

(a)人間関係が希薄化し、不安と暴力が渦巻く「非市民的（uncivil）」な空間

(b)多様な文化が出遭い、交流し共存する、自由で「市民的（civil）」な空間

である。そして、グローバル化が加速し、異質な文化が接触する場が現代都市であるならば、「市民性」の問題は、「異質な他者をいかに遇するか」という、市民としての態度の問題として鋭く問われることとなろう。

(2)　「市民性」とアイデンティティ

松下は、工業化と民主化というプロセスの深化によって、都市における市民の生活様式と文化が平準化すると述べた。彼は「平準化は画一化ではない」として、価値選択や職業分化の多様性が工業化の内部に含まれていることを認めている。彼のいう「平準化」とは、工業化する民主社会であればいずこにも見られるようになる市民生活の「普遍性」のことであろう（松下 1985：80）。それに対して、多文化化する都市の問題を目の前にしてヤングが重視したのは、「普遍性」ではなく「差異」である。ヤングはそのフェミニズム的なシティズンシップ論

において、伝統的なシティズンシップの理念が「公＝一般性」対「私＝個別性」という二分法を前提にし、普遍的な「市民」であるためには私的・個別的な利害や感情を乗り越えなければならないということが前提とされてきた、と指摘している。このような普遍的シティズンシップの理念は、個別性や差異（ひいては市民の多元性・多様性）を否定してしまう。ゆえに彼女は、そうした普遍主義に対して、「異質性を帯びた公衆」という理念を提起した（Young 1989）。一見して「普遍的な」シティズンシップが、実は白人・男性・健常者・異性愛者という「個別的な」基準を潜ませており、それとは異なる人々を直接・間接に排除する危険性を伴う——という論点は、多くの理論家から提起されており、「普遍性（universality）」は今日しばしば非常に懐疑的なまなざしで見られている。

では、「普遍性」が個別性を不可視化する抽象性ゆえに忌避されるのに対して、個別的・具体的な差異やアイデンティティを強調し「承認」すれば被抑圧者の解放につながるのかと言えば、やはりそうとは限らない。現に、グローバル化した都市において、異なったアイデンティティを持つ者同士が「市民的《シヴィル》」に共存できているわけでは必ずしもない。先に触れたように、都市が「多様な文化が出遭い、交流し共存する、自由で『市民的』な空間」という側面を持つにせよ、実際にそのような理想的な状態になるかどうかは保証の限りではない。むしろ、グローバル時代の都市において、経済的・社会的に底辺の位置に固定化されている人々、特定の居住地に閉じ込められゲットー化の状態に置かれている人々、等々が多数存在する。そこには、言語や肌の色などの異質性が具体的に見えれば見えるほど、嫌悪の対象とされ、差別・抑圧・排除・周縁化が生じる、という「非市民的《アンシヴィル》」な現実がある。主流社会の側にいる人々も、「アイデンティティの承認要求」をする周縁化されてきた側も、「差異の尊重」ならぬ「差異へのこだわり」ゆえに排他的になり、共存が困難になる——となれば、具体的な差異やアイデンティティの過剰な強調こそむしろ「非市民的」と見なされる面がある。

ここで、アイデンティティの二面性とでも言うべきものを確認しておく必要があろう。一方で、アイデンティティティは、文字通り「自分は何者か」「自分はいかなる集団に帰属するか」に関わるものである。それが生まれながらの帰属であれ、自身の選択による帰属であれ、アイデンティティは「自分」という存在に具体的な内実を与え、自身の政治的・文化的帰属意識を自覚させるものである。しかし他方、特定のアイデンティティは、一群の人々へのレッテル貼りやステレオタイプ化（W・リップマン）へとつながり、かえって生きた個人の顔や生活が見えなくなる「抽象化」への危険性もはらんでいることを、忘れるわけにはいかない。抽象的なのは、「グローバル市民」や自由主義的な「負荷なき自己」だけではない。コミュニタリアン的な「埋め込まれた自己」さえも、この意味では具体的であるどころか抽象的たり得るのである。このあたりのパラドックスについては、やはりファシズムと共産主義の経験に基づいて大衆の問題を深く抉り出したガブリエル・マルセルが参考になる。マルセルによれば、例えば戦争行為によって他者を絶滅する準備をしなければならなくなった際、「まったく必然的にわたくしは、亡ぼさねばならないかもしれないその存在者の個人的実在についての意識を、失ってしまう。かかる人格的存在を蜉蝣のごとき姿に変えるためには、是非ともその存在を抽象概念に変換してしまうことが必要である。すなわち、コミュニストだとか、反ファシストだとか、ファシストだとか等々のものに変えてしまわねばならぬ」（マルセル 1958：175）。このような、生きた人間を抽象概念にしてしまい、他者の具体的な痛みを感じなくさせてしまう作用を、マルセルは「抽象化の精神」と呼び、しかもそれが他者へのルサンチマンを伴うことに警鐘をならした。この「抽象化の精神」は、ポスト冷戦期の民族紛争のみならず、グローバル時代における多文化主義やアイデンティティの政治においても、アクチュアルな問題であろう(18)。

以上を踏まえた上で、改めてグローバル都市での「市民性」を考えてみよう。繰り返しになるが、多文化化した都市は、異質なアイデンティティを持つ者同士が日常的に接触する場である。問題は、その接触の際に、「異質なのだから理解しよう」という態度に出られるのか、それとも嫌悪感・恐怖心・憎悪・対話拒否といった態度の方が出るのか。前者が「シヴィルな」態度であるとすれば、後者は「アンシヴィルな」態度ということになろう。これを、単なる個人の道徳性の問題として片付けることはできまい。なぜなら、国境を越えた次元での「市民性」は、異質な他者と共存する技量《アート》として要請される、すぐれて政治的な「市民文化」の問題でもあろうからである。

ここで参考になるのは、ベンジャミン・バーバーによる「シヴィリティ」の議論である。市民社会をよりシヴィルなものにするには何が必要か、それを考えるバーバーの議論は、アメリカ国内における実際のメディア・政治家・市民の討議を主に念頭に置いたものであり、必ずしもグローバルな次元でのものではない。にもかかわらず、彼のシヴィリティ論はここでの議論にも示唆的であるので、簡単に触れておきたい。バーバーによれば、討議が真に公共的でシヴィルなものになるためには、以下の条件が重要になる。すなわち、①相互に協力し合う「共通性（commonality）」、②内省的・批判的によく考え抜かれた「熟議（deliberation）」、③意見の相違や多様性を排除しない「包括性（inclusiveness）」、④教条主義に陥らず、意見の修正・発展・矛盾をも容認する「暫定性（provisionality）」、⑤話すだけでなく「聴くこと（listening）」、⑥意見は変わり得るものであり、観点は修正され発展し得る、という前提にたった「学ぶこと（learning）」、⑦エリートと大衆といった縦方向の関係でなく、市民たちの間での「横のコミュニケーション（lateral communication）」、⑧差異はあっても同じ人間存在として他者を見ることができる「想像力（imagination）」、⑨討議者たちを行為者《アクター》へと変える「エンパワーメント（empowerment）」、である（Barber 1998：116–121 = 2007：166–174）。バーバーが重視しているのは、他者から聴くこと・学ぶことを通じて、自身の意見や立場を変容させる用意を持つことであり、そうした開かれた態度こそが「シヴィリティ」の内実であると理解できよう[19]。

先のヤングは熟議デモクラシーの文脈の中で、他者によってなされる反対意見にもまずは耳を傾け、場合によっては自身の意見の変更も受け容れることを「理にかなった態度（reasonableness）」と表現した（Young 2000：24）が、バーバーの「シヴィリティ」と重なり合う。さらにさかのぼるならば、大衆社会論を展開したマンハイムはその最晩年に、ヤングの「理にかなった態度」とほぼ同様の内容のことを「創造的寛容（creative tolerance）」と呼んでいた（Mannheim 1951：204–205＝1976：367–369. cf. 山田 2008：162–164）。たとえ他者を百パーセント理解できないとしても、まず耳を傾けるべき相手として遇すること、および自他の利害やアイデンティティを固定化・絶対化して考えないこと――やはりマンハイムの言葉を借りれば、「自己の不完全さを補ってくれるものに対して、いやでも自分を開いていること」（Mannheim 1929：40＝1979：197）――、これがグローバル都市で要請される「市民性」と考えてよいのではなかろうか[20]。

5　エピローグ――「グローバル市民の行動準則」

グローバル・シティズンシップをめぐって、本章で述べてきた多岐にわたる議論を、ここで改めて整理してみよう。まず、「権利」としてシティズンシップを考えた場合、グローバル・シティズンシップの概念は「人権」に近い。そして、国際人権レジームが果たしている一定の機能を重視する立場からすれば、グローバル・シティズンシップは意味ある概念となるのに対して、人権を法的に保障する世界政府などの地球大の政治共同体が成立していないことを強調する立場にとっては、グローバル・シティズンシップという概念自体が認めがたいものであろう。次に、「アイデンティティ」としてのシティズンシップを考えた場合、それが「国籍」にのみ還元できるものでないという認識は、広く共有され得ると思われる。サブナショナル、ナショナル、トランスナショナルにわたる多元的・重層的なシティズンシップを認めるという感覚が、地球時代には要請されよう。さらに、「参加」の次元での市民的資質としてシティズンシップを考えた場合、グローバル・シティズンシップは、地球的問題群の解決のために、グローバルな次元での公共圏（ディスコース・コミュニティ）に自発的に関わっていこうとする市民の活動性の問題となり、法的地位といった形式的シティズンシップに対して「社会的実践としてのシティズンシップ」と言うことができよう。それはまた、人類共同体に対する何らかの義務感・責任感を伴うものでもある。最後に、日常生活において異質な他者と接触するグローバル化した都市において、他者と共存・共生するための市民的態度（シヴィリティ）としてシティズンシップを考えた場合、グローバル・シティズンシップは個人の道徳面・精神面にかなりの重きを置いた概念となろう。

前述のヤングは、ハーバーマス流に国家・経済（システム）から市民社会（生活世界）を区別する際、「領域」としてでなくむしろ「活動」のあり方の違いとして考えるべきことを提唱した（Young 2000：160）。また、市民文化を論じた松下は、「市民」という人間型が持つであろう生活様式、価値意識、行動準則を問題にした（松下 1985：2）。これらのことは、グローバルな次元での「市民性」を考える場合に重要である。本章で述べてきたのは、「市民（的）であること」とは、市民としての「営み」「態度」「実践」「活動」等々の問題でもあるということであった。「市民性」が「シヴィックであること」であるならば、地球的問題群という「公的な事柄」に関心を持ち活動する市民運動・社会運動は、文字通り「活動」としてのグローバル市民社会ということになる。また「市民性」が「シヴィルであること」ならば、国境を越えてやってくる見知らぬ人々を寛容に遇するという「態度」がグローバル市民の要件ということになる。グローバル・シティズンシップを、「シヴィック」と「シヴィル」の両面を含む規範的要請と理解するならば、ここでのシティズンシップはまさに「社会的実践としてのシティズンシップ」であろう。[21]

グローバル・シティズンシップ、あるいはグローバルな市民性といった問題は、今後も論争的であることは避けられまい。グローバル社会の特徴はボーダーレス化であるとしばしば言われるが、それはボーダー（境界線）がなくなったということを意味しない。確かに、主権国家にとって従来もっとも重要な境界線と考えられてきた国境は、その自明性がますます疑わしくなってきたが、それ以外の境界線――ジェンダーやエスニシティといった「アイデンティティ」、経済格差（古典的に言えば資本主義的「階級」）、多文化都市の内部における「棲み分け」等々——が錯綜している。何らかの境界線を引き、その「内部」と「外部」を分けるという行為は、政治にはつきまとうものであるし、しかもその線引きはしばしば恣意的であり暴力的でさえある（cf. 杉田 2005）。分断に満ちみちたグローバル社会にあって市民性を語るならば、境界線の「外側」にいる人々にどこまで思いを馳せることができるか、どこまで応答可能であるかが常に問われざるを得ない。しかし、コミュニタリアン的に考えるならば、人類社会と言っても所詮は希薄なつながりでしかなく、人はどうしても自分に近い「仲間」（＝境界線の「内側」の人々）を優先的に考えるものだ、ということになろう。だが逆に、ルソーがコスモポリタンを批判して「隣人を愛することから逃れるために、タタール人を愛している」と述べたように、口に人類愛を唱えながら身近にいる人を大切にできないという問題もまた無視し得まい。本章の冒頭で筆者は、グローバル市民なる人々が価値観を共有しているわけではないと述べたし、またある個別の文化的産物に過ぎない価値観や解釈の「普遍性僭称」の問題にも繰り返し触れてきた。にもかかわらず、異質な他者を市民的《シヴィル》に遇するという「社会的実践としてのシティズンシップ」を練り上げようというのであれば、やはり何らかの形で、万人に共有される規範を想定しないわけにはいかないのではなかろうか。

かつて、各人が独自のユニークな（つまり個別的で異質な）存在でありながら、なおかつ他者同士が共通世界を作り出していく、という公的営みとしての「アゴーンの政治」を構想したのは、ハンナ・アレントであった。それが利害であれ価値観であれアイデンティティであれ、異質なもの同士であるならば、そこに一定の対立・抗争（アゴーン）は避けられまい。しかし、アゴーンを許容できる世界こそ、多様性を包摂する多元主義的な世界でもある。そして重要なのは、対立・抗争が、暴力ではなく言葉によって、対話を通じて繰り広げられることであろう。しばしば、対話を重視する熟議デモクラシー論者は、熟議の末の合意形成を目指すあまり、熟議に参加する市民の間に共有される「共通善（common goods）」を想定している、と言われる。しかし、ことグローバル社会に関して考えれば、そのような共通善は想定され得ないか、さもなければ（現状においては）特殊アメリカ的な価値が共通善であるとされてしまう危険性が高い。おそらく、グローバル次元での「アゴーンの政治」において重要なのは、合意形成それ自体よりもむしろ、いかに対立が深刻であろうとも「最後まで対話を手放さない」という態度の方ではなかろうか。そもそも、異質なアイデンティティを持つ「他者」がいてくれなければ、「自己」のアイデンティティも成立しない。対話もまた、固定的な共通善の共有を前提にして初めて成り立つのではなく、むしろ相互に異質だからこそ成り立つものと捉えるべきであろう。その意味で、対話は「闘い」＝「闘技《アゴーン》」である。ただしそれは、非暴力による「闘い」であり、逆説的だが「闘い」を通じて相互に関わり合い結び合い、共通世界を形成しようという民主的な営みであると考えられまいか。

「闘いとしての対話」、および「共通善を想定しない共通世界」を考える際にヒントを与えてくれるのは、ムフによるマイケル・オークショット解釈である。いわゆるリベラル‐コミュニタリアン論争の地平を越えて、構想すべき政治社会のあり方としてムフが示そうとするのは、「実体的な共通善の存在を当然のこととして仮定したりはしないけれども共同性の観念は含んでいるような政治社会（political association）」であり、「政治社会に参加する者同士の結びつきを作り出す倫理—政治的な紐帯は含んでいて、強い意味ではないにしても政治的『コミュニティ』について語ることを可能にしてくれるような、そうした政治社会」である（Mouffe 1993：66＝1998：132–133）。そして彼女が参照するのが、オークショットによる「ウニヴェルシタス（*universitas*）」と「ソキエタス（*socieas*）」との対比である。前者は「単一性」を含意し、共通の実体的な目標を追究したり共通の利益を促進する企てに参画することを意味する。それに対して後者は、行為する際に一定のルールに従うということを市民が承認した上で相互に関係を持つ、という形式的な「市民的結社（civil association）」である。市民が結び合うのは、共通《コモン》の関心なり公的《パブリック》な関心の前提条件に一定の権威を承認するからである。この前提条件は「市民性の慣行（practice of civility）」であり、オークショットはこれを「レス・プブリカ」と呼ぶ——。ムフのオークショット解釈では、「レス・プブリカ」が、共通善という単一の実体的観念を伴わない、個々人の自由の余地のある多元主義的なアソシエーションなのである（Mouffe 1993：66–67＝1998：134–136）。ここでムフが言及しているのも、やはり「シヴィリティ」としての市民性であることは興味深い(22)。ここでの「市民性の慣行《プラクティス》」は、個々人の態度・実践《プラクティス》であると同時に、一定の政治共同体のあり方・制度《プラクティス》でもあるからである。可能性の問題としてここから考えられるのは、「政治共同体を前提とした市民」という論理とは逆の論理、すなわち「市民（の実践）こそ政治共同体を作りだす」という論理である。この可能性は、とりわけグローバル・シティズンシップを考える場合には注目に値する。

もちろん、対立や抗争こそ「政治的なるもの」であるとする闘技的多元主義者のムフが、地球全体をそうしたアソシエーションとしての「レス・プブリカ」だと認めるかどうかははなはだ疑問であるし、おそらく「故郷は地球」といった言説にも異を唱えるかも知れない。しかし、ムフもまた非暴力的な「シヴィリティ」を重視する以上、アイデンティティの個別性を強調して普遍性を拒絶するというだけでは済むまい。現に彼女は、個人の普遍的・人間的な次元を否定するような個別主義については、形をかえた本質主義であるとして拒否している（Mouffe 1993：97＝1998：195）。人間のアイデンティティの偶然性・可変性を重視する彼女の立場からすれば、過剰な個別主義を支持できないのは当然であろう。また、異質なアイデンティティを持つ他者の具体的な痛みを感じないがゆえに、殺せてしまうというのであれば、先のマルセル的な「抽象化の精神」の問題とも結びつく。グローバル化が進む現代にあって、普遍主義《ユニヴァーサリズム》・対・個別主義《パティキュラリズム》といった隘路から抜け出すひとつの方途は、一見して矛盾する以下の条件を満たす「市民性」を追究することの中にあるのではなかろうか。

(a)同じ人間として「共通《コモン》」ではあるが「同質性《セイムネス》」を強いないもの

(b)極めて具体性がありながら、自己絶対化する狭隘な個別主義からは免れているもの

同じ人間？　これは、「人間《ヒューマン・ビーイング》」と「市民《シティズン》」とを区別してきた政治（学）において、無意味で空虚な言辞であろうか。否、もはやそのように切って捨てることはできまい。現に、本章では触れることができなかったも

のの、昨今の国際正義論における重要なキーワードは「人間の安全保障《ヒューマン・セキュリティ》」ではないか。言うまでもなく国際正義論は、本章の冒頭に触れた現代的な「国際政治（国際関係）思想」研究の重要な一分野となっているし（cf. 押村 2008）、人間という共通性を抜きにしてこうした議論は成立しまい。「アゴーンの政治」が異質な他者を「対話に値する対等な存在」と見なすものとするならば、その基盤は、他者もまた「同じ人間」であるという、一見して当たり前すぎる普遍性に求める以外にないのではなかろうか。むしろ、「同じ人間」という言辞を無意味なものとしてきた政治学・政治理論そのもののラディカルな見直しを迫るものこそ、グローバル・シティズンシップ論であるかも知れないのである。

世界市民（コスモポリタン）とは、基本的に「個人」であると考えられる。この場合の個人を、コミュニタリアンが批判したような抽象的な「負荷なき」存在とする必要はなかろう。また、「人類共同体への義務」などと言えば、個人に過重な責任を負わせるのではないかとの懸念もあろうが、前述の都市論を踏まえれば、「人類」をことさら手の届かないものとして考える必要もあるまい。むしろ、目の前にいる具体的な「ひとり」、現実に生きている「ひとり」といかに向き合うかが、地球時代の「市民性」として問われているのではないか。文化や民族、あるいはイデオロギーといった属性でのみ人間を見るのでなく、相互に異質な個人の中に内在する「生命（life）」そのものの普遍性を明らかに見ていく。その上で、その個々の人間に固有の息遣い・痛み・嘆き・苦悩、等々に対して（沈黙にさえも）耳を傾けていく。そして、「闘い」としての対話を通じて、相互に「共通の事柄《レス・プブリカ》」について関わり合っていく――。こうした市民性こそ、非暴力的な「アゴーンの政治」に要請されるグローバル・シティズンシップではないか[23]。もしもこのような市民性を、「グローバル市民の行動準則」と考えることが可能であるならば、さしあたり以下のような態度を訓練し熟成させる必要があるということになろう。

・相手を恐れない、相手にレッテルを貼らない（「抽象化の精神」の回避）
・いかなる状態に置かれても、言葉・対話を手放さない（非暴力）

・対立もまた「レス・プブリカ」をめぐる結びつきのひとつの現れだと見る（対立なき「最終解決」を安易に
求めない政治的成熟）

これらの行動準則に基づいて営まれるであろう「アゴーンの政治」は、闘技的デモクラシーと熟議デモクラシーの両面を持つものと考えられる。ゆえに、「同じ人間」が織りなす「社会的実践としてのグローバル・シティズンシップ」という課題が私たちに突きつけているのは、「政治的なるもの（the political）」のみならず「民主的なるもの（the democratic）」の再考であるとは言えまいか[24]。

「人間生命に内在的な普遍性」という視点からグローバル・シティズンシップ論を展開するというのは、現時点では問題提起の域を出るものではない。しかし、人間に内在する普遍性を考えなおす試みは、例えばジョン・ロックの、各人に固有のものという意味での「プロパティ」概念に着目することで、「政治」に対する「人間」の優位性を復権しようとする論考（cf. 加藤 1993）や、「人間革命」「精神革命」を唱えた南原繁の平和公共哲学を現代に蘇生させようとする「公共的霊性（スピリチュアリティ）」「友愛世界主義」構想（cf. 小林 2006, 2007）[25]といった、昨今の日本政治学の知的営為の中にも見いだせよう。また法哲学における、同質性を伴わない多元主義的な普遍性を模索する「内発的普遍主義」の探求（cf. 井上 2003）も、ここでの問題関心と響き合う。今後グローバル・シティズンシップを練り上げていく場合、グローバルな次元での対話・熟議を可能にする制度構想も重要であるが（cf. 小川 2007）、社会を構成し政治を営む人間それ自体の「生命《ライフ》」観の問い直しもまた、現実的な課題とすべきであろう。従来の政治思想やデモクラシー理論では、「生命」とも「生活」とも「人生」とも訳し得る「ライフ」については、概して私的領域の問題として追いやってきたという感が否めないからである[26]。しかも、地球環境問題を考えれば――ここでエコロジカル・シティズンシップ論に立ち入る余裕はないが（cf. ドブソン 2006）――、「生命」を人間以外の生命体とも通底するものと見る視点も要請されようし、悪しき人間中心主義に陥らない生命観でなければなるまい[27]。

八神純子が「故郷は地球」と歌った一九八〇年、日高六郎は、冷戦期の文脈ではあるが以上の課題に非常に示唆的な一文を残している。それを引用することで本章を閉じたい。

自由の剝奪、人権の蹂躙は、資本主義国で起ころうと、社会主義国で起ころうと、第三世界の独裁国で起ころうと、本質的な相違などありはしない。ブルジョア民主主義的自由がうばわれているのでも、プロレタリア社会主義的自由が失われているのもでない。簡単明瞭に人間の自由がうばわれているのだ。これは単純な発想である。しかし、こうした発想こそ複雑な状況のなかに投げ込まれている人びとの心にとどくのである。

（日高 1980：114）

注

（1）いわゆる「コスモポリタン‐コミュニタリアン論争」は、こうした対立軸によってなされているものと考えられるが、本章ではその詳細に踏み込むことはしない。この論争の動向については、押村（2009）を参照。

（2）こうした知的状況は、例えば筆者が国際関係学部という学部の学生であった一九八〇年代にはあり得ないものであったろう。筆者自身は当時、国際政治思想といった研究分野の必要性を漠然と考えてはいたものの、それが受け容れられる余地はほぼなかったと記憶する。そうした中で、松本（1992）は名誉ある例外的な先駆的業績であったと言ってよい。

（3）例えば、日本政治学会二〇〇八年研究大会において、「市民性とは何か」という極めて啓発的な分科会が設けられていた（一〇月一二日、於・関西学院大学）が、そこで語られた「市民性」は概ね「シティズンシップ」であり、「シヴィリティ」をめぐる議論はなかったと言ってよい。また、主に教育学者が執筆している放送大学大学院の教材に、二宮（2007）があるが、そこでの「市民性」もほぼ「シティズンシップ」のことを意味しているように見受けられる。

（4）キーン自身は、このような現代世界の、非対称的な権力関係をはらんだ相互依存関係を表現するのに、「コスモクラシー（cosmocracy）」という言葉を用いている（Keane 2003, 2005）。

（5）筆者は、これらの諸議論がそれぞれ何を論じているのかを分節化し整理する必要性を感じるが、本章では断念せざるを得ない。さしあたり Dower（2005）を参照。

（6）ダワーは、「グローバル・シティズンシップ」と「ワールド・シティズンシップ」を相互互換的な用語として用いているので、本章で引用する場合には前者の表現に統一した。

（7）ミラーをめぐる議論の詳細については、本書第3章を参照。

（8）先のダワーは、グローバル・シティズンシップが権利の有無によって構成されるとすれば、その場合の権利とは人権である、と認めている（Dower and Williams eds. 2002：xxii）。

（9）この両者の区分については、すでに篠原（1982）、佐伯（1997）において言及されているが、現在の市民社会論やシティズンシップ論で十分に顧みられているかどうかは疑問である。

（10）詳細については、本書第1章を参照。

（11）二〇世紀後半の「市民社会の再発見」以降の市民社会論では、先のハーバーマスの影響の下、国家からも市場からも区別される公共圏としての市民社会がしばしば語られる。だがキーンなどは、市民社会から市場を除外して考えることには懐疑的である。そもそも、経済活動のない市民社会は想定できない。キーンは冷戦末期、国家から自律した領域として市民社会を捉え直し、国家の民主化のためには市民社会の強化が必要であると同時に、それ自体で民主的である保証のない市民社会を民主化するためには国家が必要である、という「二重の民主化」を構想していた（Keane 1988a：chap. 1. cf. 山田 2004：277-280）。そうした知的営為を重ねてきた彼にとって、市場を除外して市民社会を考えてしまうことは、結果的に市場の暴力性を野放しにするように見えるのだろう（ジョン・キーン教授へのインタビュー、二〇〇五年五月二八日、東京）。

（12）例えばインド系人類学者のシャリーニ・ランデリアは、「市民社会」という言葉それ自体があらかじめ、非西洋社会に対するヨーロッパの支配という意味合いを持ってしまっている事実を指摘し、「伝統」対「近代」といった西洋の近代主義的な市民社会観がインド社会への誤解を招いていると論じている（Randeria 2006）。

（13）ここでそれらの具体例を挙げて検討する準備は筆者にはない。さしあたり Hefner ed.（1998）を参照。

（14）アンドリュー・ドブソンは、コスモポリタニズムがしばしば「公的な徳（共通善）」を優先して考えるのに対して、ケアの倫理や共感などの「私的な徳」の可能性を示唆するフェミニズム的批判を重視している（ドブソン 2006：76-84）。また、シティズンシップ論におけるフェミニズムの意義と重要性については、Hutchings（1999, 2002）、岡野（2009）を参照。

(15) こうした論者の例として、アラン・トゥレーヌを挙げることができよう。グローバル化をめぐる彼の認識は、大衆社会論～産業社会論～情報社会論～ポスト産業社会論という一連のトーンに親和的なものとなっているように見える（Touraine 2000：1-15）。

(16) 「大規模社会」という訳語は、五野井（2003）から示唆を得た。なおここでは、「マス・ソサエティ」と「ポストモダン社会」との関係といった厄介な問題には立ち入らない。

(17) このような議論は、大衆社会論を、過去の有機的共同体をロマンチックに理想化したヨーロッパ的議論に過ぎないと批判した、ダニエル・ベルらの論調に驚くほど酷似している。またヤングは、この一九九〇年の著作での都市論を展開するにあたって、一九六〇～七〇年代の社会学者の文献を少なからず参照している。ゆえに筆者は、現代の都市論や市民（性）論を展開するにあたって、かつての大衆社会論からの一定の連続性があることを見落としてはならないと考えたい。

(18) 「アイデンティティの政治」とルサンチマンの関係性については、Kenny（2004：104-107 ＝ 2005：177-182）を参照。

(19) バーバーの『〈私たち〉の場所』（Barber 1998 ＝ 2007）の訳者、山口晃氏は、civility に「市民的礼節」という訳語を当てている。

(20) 寺島俊穂氏は、市民として身につけるべき資質として、①他者感覚、②開かれた態度、③正義感覚、④対等な関係性、⑤非暴力の態度と規範、という五つの規範的内容を挙げているが、ここでの「シヴィリティ」の内容と少なからず重なるものと考えられる（寺島 2009：10-13）。ただし、そこに「正義」が含まれていることからも分かるように、グローバル化した都市において問われるべき問題は、個々人の態度としての「シヴィリティ」だけではない。法・正義レベルで、外国人に対して諸権利を保障するための政策・制度を設計することが重要であり、そうした制度構築のための枠組みが国際人権レジームであることは、論をまたない（それが十分に機能しているかどうかは別問題だが）。

(21) これらを、かつて行動科学がそうであると批判されたような、心理学的・生物学的な〈刺激―反応〉モデルで理解すべきではない。「行動（behavior）」がそうしたモデルを想起させてしまうとすれば、それに対して「市民性」の次元で考えられなければならないのは、行為・振る舞いとしての conduct、あるいは態度・姿勢としての attitude ということになろうか。なお、このような観点から、行動科学が隆盛を極めていた時代のガブリエル・アーモンドらによる「市民文化」研究（Almond and Verba 1963）と、現代的なシティズンシップ論・市民文化論とを、改めて比較検討することも必要であろう。

(22) そして、アソシエーションとしての「ソキエタス」的市民社会を重視するのが「社会・主義」であると主張したのもまた、他ならぬ松下であった（cf. 山田 2004：138, 298-299）。

(23) ただし、万人が関わり合わなければならないか否かについては、また別の議論が必要であろう。相互に関与しないという消極的寛容――チャンドラン・クカサス的に言えば「無関心の政治（politics of indifference）」――が、共存のための一定のシヴィリティを持ち得ることも、否定できないからである。本章では、この点について踏み込む余裕はない。

(24) 「民主的なるもの」の再考という課題については他日を期したいが、さしあたり山田（2007）を参照されたい。

(25) もっとも筆者は、人々の共同性や友愛を重視する際に、ことさらコミュニタリアニズムばかりを持ち出す必要はなかろうと考える。また「スピリチュアリティ」という言葉についても、一般に流布している（精神世界への耽溺を助長するかのような）使い方を見る限り、ある種の危うさを感じざるを得ない。筆者自身は、「同じ人間」にとって共通の事柄に関与する「市民」としての内発性・能動性を陶冶し開花させる、一種の「宗教性」の方に関心がある（自己絶対化につながる閉じた「宗派性」ではない）。これは本書第2章とも連関する問題意識だが、今の筆者にとってはあまりに巨大な問題であるため、今後の長期的な研究課題とさせていただきたい。

(26) 本書第4章で論じられている経済的シティズンシップは、政治（学）における「ライフ」の見直しの、具体的展開のひとつのあり方かも知れない。

(27) 現代思想の影響下にある近年の国際政治学や生命倫理学では、「生―政治」（M・フーコー）や「剝き出しの生」（G・アガンベン）の議論を踏まえつつ、単なる生物学的な生としての「ゾーエー（zōē）」と一定の質を伴った社会的生としての「ビオス（bios）」との対比が語られるようである。しかし、それらと「ライフ」との関係性が政治理論でどのように論じられているか、筆者は寡聞にして知らない。

＊本章は、日本政治学会二〇〇九年研究大会・分科会B7「シティズンシップの歴史とフロンティア」（一〇月一一日、於・日本大学法学部）における筆者の報告ペーパー「グローバル・シティズンシップ？――その議論の諸次元をめぐって」と、部分的に重複していることをお断りしておく。また、本章の草稿の段階で多くの方々から貴重なご示唆を得た。特に、岡本仁宏氏、北村治氏、木部尚志氏、寺島俊穂氏、富沢克氏、的射場敬一氏、丸山正次氏、山崎望氏に御礼申し上げたい。

文献一覧

Almond, Gabriel A. and Sidney Verba (1963), *The Civic Culture : Political Attitudes and Democracy in Five Nations*, Princeton : Princeton University Press. 石川ほか訳『現代市民の政治文化――五ヵ国における政治的態度と民主主義』勁草書房、一九七四年。

Archibugi, Daniele and David Held eds. (1995), *Cosmopolitan Democracy : A New Agenda for a New World Order*, Cambridge : Polity Press.

Barber, Benjamin R. (1998), *A Place for Us : How to Make Society Civil and Democracy Strong*, New York : Hill and Wang. 山口訳『〈私たち〉の場所――消費社会から市民社会をとりもどす』慶応義塾大学出版会、二〇〇七年。

Bohman, James and Matthias Lutz-Bachmann eds. (1997), *Perpetual Peace : Essays on Kant's Cosmopolitan Ideal*, Cambridge (Mass.) : MIT Press. 紺野ほか訳『カントと永遠平和――世界市民という理念について』未来社、二〇〇六年。

Carter, April (2001), *The Political Theory of Global Citizenship*, London : Routledge.

Delanty, Gerald (2000), *Citizenship in a Global Age : Society, Culture, Politics*, Buckingham : Open University Press. 佐藤訳『グローバル時代のシティズンシップ――新しい社会理論の地平』日本経済評論社、二〇〇四年。

Dower, Nigel (2002), "Global Citizenship : Yes or No?," in Nigel Dower and John Williams eds., *Global Citizenship : A Critical Reader*, Edinburgh : Edinburgh University Press.

―――― (2005), "Situating Global Citizenship," in Randall D. Germain and Michael Kenny eds., *The Idea of Global Civil Society : Politics and Ethics in a Globalizing Era*, London : Routledge.

Falk, Richard (1994), "The Making of Global Citizenship," in Bart van Steenbergen ed., *The Condition of Citizenship*, London : Sage.

―――― (2002), "An Emergent Matrix of Citizenship : Complex, Uneven, and Fluid," in Dower and Williams eds., *op. cit.*

Gamble, Andrew (2000), *Politics and Fate*, Cambridge : Polity Press. 内山訳『政治が終わるとき？――グローバル化と国民国家の運命』新曜社、二〇〇二年。

Gamble, Andrew and Michael Kenny (2005), "Ideological Contestation, Transnational Civil Society and Global Politics," in Germain and Kenny eds., *op. cit.*

Heater, Derek (1999), *What is Citizenship?*, Cambridge: Polity Press. 田中・関根訳『市民権とは何か』岩波書店、二〇〇二

年。
——— (2002), *World Citizenship : Cosmopolitan Thinking and Its Opponents*, London : Continuum.
Hefner, Robert W. ed. (1998), *Democratic Civility : The History and Cross-Cultural Possibility of a Modern Political Ideal*, New Brunswick: Transaction.
Hutchings, Kimberly (1999), "Political Theory and Cosmopolitan Citizenship," in Kimberly Hutchings and Roland Dannreuther eds., *Cosmopolitan Citizenship*, Basingstoke : Macmillan Press.
——— (2002), "Feminism and Global Citizenship," in Dower and Williams eds., *op. cit.*
——— (2005), "Subjects, Citizens or Pilgrims? : Citizenship and Civil Society in a Global Context," in Germain and Kenny eds., *op. cit.*
Isin, Engin F. (2000), "Governing Cities without Government," in Engin F. Isin ed., *Democracy, Citizenship and the Global City*, London : Routledge.
Isin, Engin F. and Patricia K. Wood (1999), *Citizenship and Identity*, London : Sage.
Keane, John (1988a), *Democracy and Civil Society*, London : Verso.
——— (1988b), "Despotism and Democracy : The Origins and Development of the Distinction between Civil Society and the State 1750-1850," in John Keane ed., *Civil Society and the State : New European Perspectives*, London : Verso.
——— (1998), *Civil Society : Old Images, New Visions*, Stanford: Stanford University Press.
——— (2003), *Global Civil Society?*, Cambridge: Cambridge University Press.
——— (2005), "Cosmocracy and Global Civil Society," in Gideon Baker and David Chandler eds., *Global Civil Society : Contested Futures*, London : Routledge.
Kenny, Michael (1996), "Paradoxes of Community," in Bryan Doherty and Marius de Geus eds., *Democracy and Green Political Thought : Sustainability, Rights and Citizenship*, London : Routledge.
——— (2004), *The Politics of Identity : Liberal Democratic Theory and the Dilemmas of Difference*, Cambridge : Polity Press. 藤原ほか訳『アイデンティティの政治学』日本経済評論社、二〇〇五年。
Kymlicka, Will (2002), *Contemporary Political Philosophy : An Introduction*, second edition, Oxford : Oxford University Press. 千葉ほか訳『新版　現代政治理論』日本経済評論社、二〇〇五年。

Linklater, Andrew（1999）, "Cosmopolitan Citizenship," in Hutchings and Dannreuther eds., *op. cit.*

———（2002）, "Cosmopolitan Citizenship," in Engin F. Isin and Bryan S. Turner eds., *Handbook of Citizenship Studies*, London : Sage.

Mannheim, Karl（1929）, *Ideologie und Utopie*, Bonn : Friedrich Cohen. 高橋・徳永訳『イデオロギーとユートピア』、中公バックス世界の名著68、中央公論社、一九七九年。

———（1940）, *Man and Society in an Age of Reconstruction : Studies in Modern Social Structure*, London : Routledge and Kegan Paul. 福武訳『変革期における人間と社会――現代社会構造の研究』みすず書房、一九六二年。

———（1951）, *Freedom, Power and Democratic Planning*, London : Routledge and Kegan Paul. 田野崎訳『自由・権力・民主的計画』、マンハイム全集第六巻、潮出版社、一九七六年。

Miller, David（1999）, "Bounded Citizenship," in Hutchings and Dannreuther eds., *op. cit.*

Mouffe, Chantal（1993）, *The Return of the Political*, London: Verso. 千葉ほか訳『政治的なるものの再興』日本経済評論社、一九九八年。

———（2005）, *On the Political*, London: Routledge. 篠原訳『政治的なものについて――闘技的民主主義と多元主義的グローバル秩序の構築』明石書店、二〇〇八年。

Randeria, Shalini（2006）, "Entangled Histories: Civil Society, Caste Solidarities and Legal Pluralism in Post-colonial India," in John Keane ed., *Civil Society : Berlin Perspectives*, Oxford : Berghahn Books.

Reichardt, Sven（2006）, "Civility, Violence and Civil Society," in Keane ed., *op. cit.*

Sassen, Saskia（1996）, *Losing Control? : Sovereignty in an Age of Globalization*, New York : Columbia University Press. 伊豫谷訳『グローバリゼーションの時代――国家主権のゆくえ』平凡社、一九九九年。

———（2001）, *The Global City : New York, London, Tokyo*, second edition, Princeton: Princeton University Press. 大井ほか訳『グローバル・シティ――ニューヨーク・ロンドン・東京から世界を読む』筑摩書房、二〇〇八年。

———（2002）, "Post-National and Denationalized Citizenship," in Isin and Turner eds., *op. cit.*

Schattle, Hans（2008）, *The Practices of Global Citizenship*, New York: Rowman & Littlefield.

Touraine, Alain（2000）, *Can We Live Together? Equality and Difference*, translated by David Macey, Cambridge : Polity Press.

Turner, Bryan S.（1994）, "Postmodern Culture/Modern Citizens," in Steenbergen ed., *op. cit.*
――――（2000）, "Cosmopolitan Virtue : Loyalty and the City," in Isin ed., *op. cit.*
Young, Iris Marion（1989）, "Polity and Group Difference : A Critique of the Ideal of Universal Citizenship," *Ethics*, Vol. 99, No. 2. 施訳「政治体と集団の差異――普遍的シティズンシップの理念に対する批判」『思想』第八六七号、一九九六年。
――――（1990）, *Justice and the Politics of Difference*, Princeton : Princeton University Press.
――――（1993）, "Together in Difference : Transforming the Logic of Group Political Conflict," in Judith Squires ed., *Principled Positions : Postmodernism and the Rediscovery of Value*, London : Lawrence & Wishart.
――――（2000）, *Inclusion and Democracy*, Oxford : Oxford University Press.

井上達夫（2003）『普遍の再生』岩波書店。

岡野八代（2009）『シティズンシップの政治学――国民・国家主義批判［増補版］』白澤社。

小川有美（2007）「グローバル化からグローバル対話社会へ」遠藤誠治・小川有美編著『グローバル対話社会――力の秩序を超えて』所収、明石書店。

押村高（2008）『国際正義の論理』講談社現代新書。

――――（2009）「グローバル化と共同体論の位相転換――コスモポリタン‐コミュニタリアン論争の行方」政治思想学会編『政治思想研究』第九号。

加藤節（1993）『政治と人間』岩波書店。

五野井郁夫（2003）「デモクラシーと境界を越える正義――Iris Marion Young, *Inclusion and Democracy* を読む」『相関社会科学』第一三号。

小林正弥（2006）「公共的霊性と地球的平和――新しい平和運動の構築に向けて」『公共研究』第三巻一号。

――――（2007）「ディープ・ピースと友愛世界主義――南原平和公共哲学の再構成」千葉眞・小林正弥編著『平和憲法と公共哲学』所収、晃洋書房。

佐伯啓思（1997）『「市民」とは誰か――戦後民主主義を問いなおす』ＰＨＰ新書。

篠原一（1982）『ポスト産業社会の政治』東京大学出版会。

杉田敦（2005）『境界線の政治学』岩波書店。

寺島俊穂（2009）「市民活動とシティズンシップ」『法学論集』第五八巻六号。

ドブソン、アンドリュー（2006）、福士ほか訳『シチズンシップと環境』日本経済評論社。

二宮晧（2007）『市民性形成論』放送大学教育振興会。

日高六郎（1980）『戦後思想を考える』岩波新書。

ヘルド、デヴィッド（2002）、佐々木ほか訳『デモクラシーと世界秩序――地球市民の政治学』ＮＴＴ出版。

――（2005）、中谷・柳原訳『グローバル社会民主政の展望――経済・政治・法のフロンティア』日本経済評論社。

松下圭一（1969）『現代政治の条件［増補版］』中央公論社。

――（1985）『市民文化は可能か』岩波書店。

松本博一（1992）『国際関係思想史研究』三省堂。

マルセル、ガブリエル（1958）、小島・信太訳『人間――それ自らに背くもの』創文社。

山田竜作（2004）『大衆社会とデモクラシー――大衆・階級・市民』風行社。

――（2007）「包摂／排除をめぐる現代デモクラシー理論――『闘技』モデルと『熟議』モデルのあいだ」日本政治学会編『年報政治学』二〇〇七年Ⅰ号。

――（2008）「後期カール・マンハイムの政治思想的考察・序説」（四・完）『政経研究』第四五巻一号。

あとがき

本書『シティズンシップ論の射程』は、日本大学法学部・藤原研究室を中心とする、政治学および隣接分野の研究者たちによって、二〇〇六年頃から不定期に開かれてきた「シティズンシップ研究会」の研究成果である。すでに本書の各論文で明らかなように、「シティズンシップ」とは実に多義的な概念であり、さまざまな角度からの議論が必要である。本書をまとめるにあたり、私たちは、執筆者の間で「シティズンシップとは何か」に関する共通見解を持つことを意図的に避けた。むしろ、各人が持つ問題関心によって、シティズンシップをめぐっていかに多様な議論が展開できるか、その違いの方を重視したと言ってよい。それがそのまま、シティズンシップという言葉が秘める豊饒な可能性を示すことにつながると考えたからである。本書のタイトルが、シティズンシップ論の「射程」となっている所以である。その私たちの試みが、どの程度成功しているか、それについては読者諸賢の判断をあおぐよりない。

執筆者それぞれが異なった研究環境に置かれているため、原稿を取りまとめて一冊の本に仕上げるまでには、数々の困難が伴った。それらを乗り越えて、研究成果をこうして世に問うことができるのは、日本経済評論社の清達二氏のご尽力の賜物である。私たちの研究会にたびたび足を運ばれては、学術者の社会的使命を問いかけられ、若い世代の研究者の成長に期待を寄せられた清氏の言々句々が、共同研究者たちの執筆意欲を大いに刺激したことは間違いない。記して感謝申し上げたい。

二〇〇九年一一月　「ベルリンの壁」崩壊二〇周年の節目を迎えて

編　者

［ラ行］

［タ行］

［ナ行］

［ハ行］

［マ行］

［ヤ行］

索引

［ア行］

［カ行］

［サ行］

執筆者紹介（*編者）

*藤《ふじ》 原《わら》 孝《たかし》（序論，第 1 章）
日本大学法学部教授．1945 年生まれ．日本大学大学院法学研究科修士課程（政治学専攻）修了．主要業績として，『西欧政治思想史序説』三和書籍，2000 年，マイケル・ケニー『アイデンティティの政治学』（共訳）日本経済評論社，2005 年．

杉《すぎ》 本《もと》 竜《たつ》 也《や》（第 2 章）
日本大学法学部助手．1974 年生まれ．日本大学大学院法学研究科博士後期課程（政治学専攻）満期退学．主要業績として，「アレクシス・ド・トクヴィルにおける『アリストクラシー』概念の意義——自由主義と共和主義の統合のために」『法学研究年報』第 37 号，2007 年，「トクヴィルとフランス二月革命——デモクラシー・革命・自由」『政治思想研究』第 9 号，2009 年．

佐《さ》 藤《とう》 高《たか》 尚《ひさ》（第 3 章）
成蹊大学・日本大学・昭和女子大学講師．1972 年生まれ．成蹊大学大学院法学政治学研究科博士後期課程（政治学専攻）満期退学．主要業績として，マイケル・ケニー『アイデンティティの政治学』（共訳）日本経済評論社，2005 年，『新版 現代政治の理論と諸相』（共著）三和書籍，2006 年．

石《いし》 井《い》 健《けん》 司《じ》（第 4 章）
近畿大学法学部准教授．1966 年生まれ．日本大学大学院法学研究科博士後期課程（政治学専攻）満期退学．主要業績として，「ホブハウスによる「ヘーゲル＝ボザンケ的国家論」批判」『近畿大学法学』第 49 巻 2・3 号，2002 年，『政治学へのいざない［第 2 版］』（共著）成文堂，2008 年．

安《やす》 章《あき》 浩《ひろ》（第 5 章）
尚美学園大学総合政策学部准教授．1968 年生まれ．早稲田大学大学院政治学研究科博士課程（行政学専攻）単位取得退学．主要業績として，クリス・ソーンヒル『現代ドイツの政治思想家』（共訳）岩波書店，2004 年，『行政の未来』（共著）成文堂，2006 年．

毛《もう》 利《り》 康《やす》 秀《ひで》（第 6 章）
日本大学・国士舘大学・高千穂大学講師．1968 年生まれ．日本大学大学院文学研究科博士後期課程（社会学専攻）満期退学．主要業績として，『デジタルアーカイブの高度利用』（共著）トランスアート，2007 年，『コンピュータリテラシー——文系学生のための情報処理［第 4 版］』（共著）愛智出版，2009 年．

*山《やま》 田《だ》 竜《りゅう》 作《さく》（序論，第 7 章）
日本大学国際関係学部准教授．1967 年生まれ．シェフィールド大学社会科学部大学院 Ph. D. コース（政治理論専攻）修了．主要業績として，『大衆社会とデモクラシー——大衆・階級・市民』風行社，2004 年，マイケル・ケニー『アイデンティティの政治学』（共訳）日本経済評論社，2005 年．

シティズンシップ論の射程

2010年4月20日　第1刷発行

定価（本体4400円＋税）

編　者　藤原　孝
　　　　山田竜作

発行者　栗原哲也

発行所　株式会社日本経済評論社

〒101-0051 東京都千代田区神田神保町3-2
電話 03-3230-1661　FAX 03-3265-2993
E-mail: info8188@nikkeihyo.co.jp
振替 00130-3-157198

装丁＊渡辺美和子　印刷・製本／シナノ印刷

落丁本・乱丁本はお取替えいたします　Printed in Japan

ISBN978-4-8188-2101-9